21世纪 经济管理新形态教材
金融学系列

U0365844

Financial Risk Management

金融风险管理

张晓明　陈芬菲◎编著

清華大学出版社
北京

内 容 简 介

　　金融风险管理是金融领域的核心,随着经济全球化和金融科技化的发展,金融风险日趋复杂化和多样化,对金融风险进行量化的重要性愈加突出。本书系统介绍了金融风险管理的基本内容、量化工具和管理方法。全书共分为九章,内容包括:金融风险概述;利率风险;市场风险;信用风险;操作风险;流动性风险;表外风险;其他风险;资本充足率。本书对金融风险管理进行了全面而深入的分析,通过大量的计算例题帮助读者掌握每一种模型的具体量化方法,使读者能同时提升在金融风险管理理论上的认识能力和在金融实务上的量化能力。本书适合用作高等院校经济、金融、管理类专业的教材,也可作为金融风险管理师(FRM)考试的参考教材。

图书在版编目(CIP)数据

　　金融风险管理/张晓明,陈芬菲编著.—北京:清华大学出版社,2023.7
　　21世纪经济管理新形态教材.金融学系列
　　ISBN 978-7-302-64036-3

　　Ⅰ.①金…　Ⅱ.①张…②陈…　Ⅲ.①金融风险－风险管理－高等学校－教材　Ⅳ.①F830.9

　　中国国家版本馆CIP数据核字(2023)第128786号

责任编辑:王　青
封面设计:李召霞
责任校对:宋玉莲
责任印制:曹婉颖

出版发行:清华大学出版社
　　　　　网　　　址:http://www.tup.com.cn,http://www.wqbook.com
　　　　　地　　　址:北京清华大学学研大厦A座　　　　　邮　　编:100084
　　　　　社 总 机:010-83470000　　　　　　　　　　　邮　　购:010-62786544
　　　　　投稿与读者服务:010-62776969,c-service@tup.tsinghua.edu.cn
　　　　　质量反馈:010-62772015,zhiliang@tup.tsinghua.edu.cn
印 装 者:北京嘉实印刷有限公司
经　　销:全国新华书店
开　　本:185mm×260mm　　　印　　张:14.75　　　字　　数:339千字
版　　次:2023年7月第1版　　　　　　　　　　　　印　　次:2023年7月第1次印刷
定　　价:49.00元

产品编号:098424-01

前　言

改革开放以来,中国金融业发展迅速,但与此同时,金融业的风险也在不断积聚,如果不谨慎加以防范,就有可能引发系统性金融风险,甚至酿成全面金融危机。正因如此,金融风险的防范是党中央、国务院高度重视的问题。2019 年 1 月 21 日,习近平总书记针对风险防范提出明确要求:"既要高度警惕'黑天鹅'事件,也要防范'灰犀牛'事件;既要有防范风险的先手,也要有应对和化解风险挑战的高招。"金融安全是国家安全的重要组成部分,牢牢守住不发生系统性金融风险的底线,切实维护金融稳定,已成为我国金融监管的重中之重。

随着金融科技的快速发展,金融风险的量化变得越来越重要。然而,对于学习金融风险管理的学生来说,如何运用抽象的金融理论在真实的金融世界中进行量化,是一件较为困难的事情。因此,我们在编写本书的过程中,除了对各种金融风险进行全面的介绍,还利用大量的运算例题让学生对每一种金融风险进行量化计算,以便更好地掌握各种模型的量化和具体应用。本书还配有相应的练习题,帮助学生在学习完每一章节的内容之后,对重要知识点进行测试、巩固及应用,更好地掌握每一种金融风险的计算方法。除此之外,我们在书中对于金融风险量化的重要模型(如 KMV 模型)提供代码和运算案例,方便学生实际上机操作,掌握风险的度量。我们力图在阐述金融风险管理理论的同时,通过提供国内外的风险管理案例,加深读者对金融风险管理的理解,提高兴趣,从而熟练掌握金融风险量化的方法。

本书共分九章:第一章介绍了金融风险的概念、特点、类型,金融风险管理理论的发展以及对于经济的意义等;第二章至第六章介绍了传统的利率风险、市场风险、信用风险、操作风险和流动性风险,包括概念、成因、特点、度量模型及管理方法等;第七章介绍了商业银行表外风险的基本概念、特点及分类,表外业务与金融机构清偿力的关系,表外业务风险管理办法等;第八章介绍了其他风险的类型、概念、管理及影响,包括外汇风险、国家风险和破产风险等;第九章介绍了资本的功能、杠杆率及资本充足率的计算方法与监管要求,巴塞尔协议Ⅰ、Ⅱ和Ⅲ的演变趋势等。

与国内外其他同类型教材相比,本书的主要特征可以概括如下。

(1) 量化性。本书除了详细讲解各种金融风险管理模型的基本原理外,还重点应用具体的计算案例对模型进行量化,使学生可以熟练掌握每一种风险的量化方法。书中提供了 KMV 模型代码和案例,方便学生进行具体的量化计算分析。此外,本书还配备了详尽的练习题与解析,方便学生自主检查学习成果。

(2) 全面性。除了传统的利率风险、市场风险、信用风险和流动性风险等,书中还详细介绍了表外风险和近年来金融机构面临的其他风险,全面叙述了各种风险管理的基本原理和技术,既注重微观层面的风险管理,也强调宏观层面的风险监控。

（3）深入性。书中不仅详细阐述了每一种金融风险管理理论和模型,还深入分析了每一种模型在具体运算案例中的应用,深入浅出,帮助学生更好地掌握金融风险量化的方法。

（4）创新性。我们力图紧跟金融风险管理理论和模型的最新发展成果,结合实事,以更新颖的形式讨论金融风险监管框架等。

本书既适合作为高等院校经济、金融、管理类专业的风险管理课程教材,也可作为银行从业资格证书、金融风险管理师（FRM）考试等风险管理相关执业证书的参考教材。为了给教师提供授课的灵活性,书中用 ∗ 号标出选讲内容,这部分内容教师可以根据授课对象的接受程度自行决定是否进行课堂讲授。

在编写本书的过程中,我们参考了国内外同行的大量研究成果和著作,博采众长,在此对这些同行表示由衷的感谢。感谢所有关心本书出版的同事和朋友,感谢家人的默默陪伴和付出。

由于笔者能力有限,对于书中出现的纰漏和错误,敬请各位读者不吝批评指正。

目 录

第一章

金融风险概述

学习目的

☞ 掌握金融风险的概念及特点

☞ 掌握金融机构的特殊功能

☞ 掌握金融机构所面临的各类风险的类型

☞ 了解风险管理理论和实践的发展

☞ 评价金融风险管理对于经济的意义

在现代市场经济中,金融行业是风险程度最高的领域。而且随着金融行业的竞争逐渐加剧、金融机构间的联系日益密切及全球化趋势的发展,金融风险的联动性及对经济的破坏性显著增加。因此,金融风险管理对于促进金融业和经济高质量发展具有深远的意义。而深刻了解金融风险是有效管理金融风险的必要前提,因此本章通过概括介绍金融风险帮助读者形成对金融风险的基本认识。第一节主要介绍金融风险的概念及特点;第二节介绍金融机构的特殊性;第三节主要介绍金融机构在经营活动中所面临的金融风险的类型,包括利率风险、市场风险、信用风险、表外风险、操作风险、外汇风险、流动性风险等;第四节主要介绍金融风险管理的理论发展历程和意义。

第一节 金融风险的概念及特点

金融是现代经济的核心,金融市场是整个市场经济体系的动脉。但是金融领域也是市场经济中风险最高的行业。一方面,金融机构间的联系和竞争加剧使一家金融机构的风险可能对整个金融体系的稳健运行构成威胁;另一方面,经济全球化和金融全球化使一国的金融风险能够迅速传染至其他国家。金融本身的高风险性及其多米诺骨牌效应,使金融体系的安全、高效、稳健运行对经济全局的稳定和发展至关重要。只有深入了解并真正把握金融风险的概念及特点,才能更好地进行风险管理。

一、金融风险的概念

金融风险是指与金融相关的风险,如金融市场风险、金融产品风险、金融机构风险等。一家金融机构发生的风险所带来的后果,往往并不局限于对其自身的影响,而是具有较强的负外部性。如果某些交易活动失败,可能会威胁一家金融机构的生存;如果一家金融机构倒闭,可能由于关联和传染效应对整个金融体系产生冲击;如果金融体系运转失灵,则会导致整个经济社会发生严重的系统性风险。

由于风险本身的复杂性和重要性,理论界和实务界对风险形成了多种表述,长期以来并没有统一的界定。广义的风险通常是指未来结果的不确定性,既包括未来损失的可能性,也包括收益的可能性。狭义的风险则主要强调损失的不确定性。针对风险的常见定义有以下几种。

(一)风险是一种不确定性

风险是一种不确定性。不确定性是指人们不能确切地知道或掌握事物的未来状态。在经济学中,不确定性是指不能准确知道未来的收益和损失等经济状况的分布范围和状态。因此,从结果的不确定性出发对风险施加定义,风险的结果有好有坏。未来状态的不确定性越大,风险就越大。《新帕尔格雷夫经济学大辞典》将风险定义为不确定性,其中不确定性既包括外生的不确定性,也包括内生的不确定性。但美国经济学家奈特(1921)在《风险、不确定性和利润》中指出风险与不确定性不能完全等同,他将风险定义为"可测定的不确定性",而将"不可测定的不确定性"定义为"真正意义上的不确定性",并且指出风险既有可能带来利润,也有可能带来损失。现代风险管理更强调风险是一种可测量的不确定性,从而可以进行量化分析。

(二)风险是造成损失的可能性

这是典型的、传统的风险定义,只重视下侧风险,即损失的可能,而将盈利机会排除在外。事实上,这种定义在概念上是存在一定缺陷的。因为风险是事前概念,是发生损失或盈利结果的可能状态,在风险事件实际发生前风险就已经存在,此时损失或盈利并没有发生。而损失是事后概念,是事件发生后的确定状态,此时风险已经消除。因此,从严格意义上讲,风险和损失是不能并存的两种状态,而且只重视下侧风险这种定义不符合现代风险管理的要求。

(三)风险是实际结果对期望值的偏离

在该定义下,风险是风险因素围绕其期望值上下波动造成的结果,如利率风险是利率波动造成的风险。该定义主要用于定义易于量化的市场风险,而且将风险定义为波动性的实质是认为风险是双侧风险,即不仅考虑了风险因素不利的波动——下侧风险,还考虑了风险因素有利的波动——上侧风险,因此风险的最终结果可能是损失也可能是盈利。考虑双侧风险的定义与仅考虑单侧风险的定义相比,更符合全面风险管理的发展趋势。

二、金融风险的特点

在经济全球化和金融全球化不断发展、金融创新不断涌现的背景下,金融风险的表现形式、影响范围等都在不断发生变化。尽管如此,金融风险仍然具有以下一些共同特点。

(一)金融风险的普遍性

金融市场参与者面临的市场瞬息万变。由于信息的不对称性,没有人能够充分地把握市场的运行。金融风险是不以人的意志为转移而客观存在的,因此只要存在金融活动,就会伴随着金融风险。金融风险普遍存在而且不可能被完全消除,只能通过积极防范和管理来减轻金融风险带来的消极影响。

(二)金融风险的不确定性

金融风险就是一种不确定性。金融风险最终造成未来的收益和损失等经济状况的分布范围和状态不能确知。但是目前通过分析金融风险并掌握一定的信息,运用概率论、统计学、现代化技术等手段,建立各项金融风险的技术参数,可以估算出未来各种可能性出现的概率,进而对金融活动的不确定性进行测度。

(三)金融风险的隐蔽性和突发性

金融风险并不必然是在金融危机之时才存在,金融活动自身的不确定性所造成的损失往往会被表面上的良好表现所遮蔽。以银行的信贷业务为例,造成风险"隐蔽性"的原因是:①银行的信贷业务是一种循环过程,导致许多损失或不利因素被信用循环所掩盖;②银行等存款型金融机构可以产生派生存款,因此属于即期金融风险造成的后果可以被通货膨胀、贷款偿还等形式所掩盖;③由于金融行业的垄断、政府的干涉、政府的特权,使某些已经暴露出来的金融风险被人为的行政压制所掩盖。

金融风险的突发性与其隐蔽性特征密不可分。由于金融机构具有一定的创造信用的能力,所以能够在很长一段时间内不断地创造新的信贷,从而掩饰过去的亏损和问题。而这些风险因素不断地累积,最终就会以突发的形式表现出来。

(四)金融风险的复杂性

金融风险的复杂性可以表现为诱发金融风险的原因的多样性、金融风险类型的多样性及存在领域的广泛性。首先,诱发金融风险的原因包括自身的脆弱性和周期性,监管制度上的缺陷和失误,金融市场中不合理行为导致的行为偏差。其次,金融风险的类型繁多,利率风险、市场风险、信用风险等都是金融风险的具体表现。最后,金融风险存在的领域十分广泛。股票市场、债券市场、信贷市场、外汇市场、金融衍生品市场等都是金融风险形成与集聚的场所和领域。

(五)金融风险的传染性

金融风险的传染性是指金融机构的风险损失不仅影响自身的生存和发展,还会导致众多的储蓄者和投资者遭受损失,甚至会威胁到其他金融机构的生存,从而引起社会动荡,这也是金融风险与其他风险的显著差异。金融风险具有传染性的原因主要有以下几方面。首先,金融机构作为储蓄和投资的信用中介,一方面联结着成千上万的储蓄者,另一方面联结着众多的投资者,金融机构经营管理的失败必然因连锁反应而造成众多储蓄者和投资者的损失。其次,金融机构不仅可以向社会提供信用中介服务,而且可以通过信贷创造派生存款,从而可能使金融风险成倍扩散。最后,随着金融创新不断涌现,金融系统结构、行为和关系越来越复杂,各大金融机构之间开展了许多综合的金融业务。机构与机构之间,乃至国家与国家之间的沟通也越来越频繁。这种密切联系使某个产品、某个主体或某个细分市场的单点风险一旦处理不当,就很有可能交叉传染其他产品、其他主体和其他市场,导致金融风险在很短时间内由点向面扩散。同时,经济全球化和金融全球化的发展将使个别国家的金融风险迅速传染至全球范围。

(六)金融风险的可控性

金融风险的可控性是指金融体系的主体可以通过一定的方法对风险进行事前识别、预测,事中化解和事后弥补。首先,人们可以通过分析不同金融风险的本质和成因,识别金融风险的各种因素,为控制风险提供前提,从而达到识别、分析和预测的目的。其次,可以利用概率统计、现代化技术等手段,建立各项金融风险的技术参数,从而为金融风险的控制提供技术手段。最后,现代金融制度是控制金融风险的有效手段。金融制度的建立、健全与创新发展使金融主体的行为受到法律法规的约束,并将金融风险纳入可控制的制度保障体系。

综上所述,金融风险在金融市场中普遍存在,而且存在不确定性、隐蔽性、突发性、复杂性、传染性等特征。因此,在深入了解并正确把握金融风险特征的过程中,我们不仅要从单个层面去认识,还要从系统的角度去认识,这也是有效控制金融风险的必然要求。

第二节　金融机构的特殊性

金融市场为资金的供需方提供了一座桥梁,帮助资金从盈余者流向资金短缺者,而金融机构就是在这座桥梁中参与各类金融资产交易、提供资金流通便利的重要组成部分。因此,金融机构在整个国民经济运行中起着举足轻重的作用。金融机构通过疏通、引导资金的流动,促进和实现资源在经济社会中的分配,提高全社会经济运行的效率。

一、金融机构的特殊性

(一)没有金融机构的社会

由于我们生活的世界中很早就有了金融机构的存在,因此对于金融机构提供的便利,我们早已习以为常。为了更加深刻地理解金融机构在整个经济社会中发挥的重要功能,我们可以试想一个有金融市场,但没有金融机构的社会:有额外储蓄的投资者,通常是家庭投资者,他们将资金投资于企业证券市场时,储蓄将从家庭直接流向企业,证券则将从企业流向家庭储蓄者(见图 1-1)。虽然在这个社会中,家庭和企业之间实现了资金的转移,但是存在许多问题。

图 1-1　没有金融机构的社会

1. 监督成本

由于没有金融机构,一旦家庭通过购买企业的证券,把钱借给企业,他们就需要不断监督或检查企业的行为。因为他们必须确保企业管理人员不会卷款潜逃,也必须确保企业管理人员不会把资金浪费在那些净现值低甚至为负数的项目上。这类监督行为对任何单个的家庭来说,其成本都是极其高昂的。每个人都希望别人替自己监督企业的经营状况,后果就是谁也不会进行监督,导致证券市场的投资风险增大,投资吸引力下降。

2. 流动性成本

流动性一般是指无损失状态下迅速变现的能力,既考虑了变现速度,也考虑了变现价值。股权和债权通常都具有相对较长的期限,相对于现金等资产而言流动性较差。因此,在选择是持有现金还是长期证券时,家庭也许出于流动性的考虑而更愿意持有现金,尤其是计划在不久的将来利用储蓄进行消费支出时。

3. 资产价格风险

在金融市场上,家庭之间可以进行企业资产和债券的交易。但是投资者仍然面临出售证券时的资产价格风险以及证券的二级市场交易所涉及的各种交易成本。这意味着,当某个投资者有流动性需求时,为了获得流动性资金,他不得不接受市场上的报价,即使是不利价格,在这种情况下,金融市场对投资者的吸引力就会降低,投资者可能不愿意将钱投入金融市场。

由于在这种简单社会中存在众多问题,家庭储蓄者宁愿放弃证券投资类储蓄,而是以现金的形式进行储蓄,所以家庭储蓄者与企业之间的资金流动水平非常低,不利于金融资源的有效配置。而金融机构所具备的特殊功能可以有效解决上述问题,从而提高资金的流动性。

(二) 存在金融机构的社会

在现实生活中,金融机构在资金盈余者与资金短缺者间发挥着中介作用,为资金流通提供了极大的便利:银行通过存款融资,将资金贷给企业;基金公司通过向公众发行基金份额将小笔资金集合起来进行投资;证券公司代理投资者进行股票买卖;等等。虽然不同种类的金融机构在金融市场中扮演的角色有所差异,但概括来说,金融机构通常主要扮演两种特殊角色,如图 1-2 的下半部分所示。

1. 经纪人角色

金融机构扮演经纪人角色时,会专门为储蓄者提供信息和交易服务。例如,证券企业通过其设立的证券营业部接受客户委托,代理客户买卖证券的业务赚取佣金。与家庭储蓄者相比,由于规模经济的作用,金融机构能够以更有利的价格和更高的效率买卖证券,降低交易成本。在履行经纪人功能的过程中,金融机构降低了家庭与企业之间的交易成本和信息成本,极大地促进了储蓄率的提高。

2. 资产转换角色

在担任资产转换者的过程中,对家庭储蓄者而言,金融机构发行的证券具有较低的监督成本、流动性成本和资产价格风险,极大地优于企业发行的证券。在资产转换过程中,金融机构购买企业发行的金融债权凭证(股票、债券及其他债务证券,这些证券被称为初

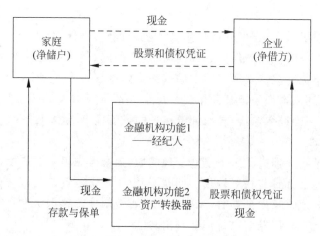

图 1-2　资金流通过程

级证券），并通过向家庭投资者出售存款、保单等债权凭证来融资。金融机构的这种金融债权凭证可以被看作二级证券，因为这些资产都是以企业发行的初级证券为担保的，而企业又将得到的资金投资于真实资产。金融机构创造的这类金融产品给顾客带来的好处是使金融风险得到转换。存款凭证的风险远低于债券和股票，家庭投资者购买这种低风险的资产，而银行等金融机构购买债券、贷款、股票等高风险资产，从而在其中充当了资产转换器的作用，将高风险资产转换成低风险资产。但金融机构如何实现风险转换并获取利润呢？答案就在于金融机构的特殊功能可以有效降低前面提到的监督成本、流动性成本和资产价格风险。

二、金融机构的特殊功能

（一）降低信息成本

普通投资者如果直接投资于企业发行的证券，必须及时、全面地监督企业的行为并需要在收集信息时付出较高的成本。如果监督失败将会给投资者带来委托-代理成本，即企业经理人利用投资者的资金从事与金融合约承诺相违背的行为。投资者收集信息的难度越大、成本越高，代理人违约的可能性就越大。在这种情况下，委托人的利益将会由于代理人的行为而受到损害。而普通投资者如果将资金交给金融机构则能有效地解决这一问题。

一方面，金融机构作为委托监督人，更有动力并且能以更低的成本收集信息。由于金融机构的投资金额巨大，所以企业行为与金融机构有很大的利益关系。因此，金融机构通常比任何单个投资者都有更大的动力去收集信息和监督企业的行为。这种行为也缓解了小投资者由于搭便车而使所有人都没有收集信息的动力导致最终无人收集信息的问题。此外，由于信息收集存在规模经济效应，金融机构收集信息的平均成本较低。

另一方面，金融机构作为信息生成者，会创造新的金融债务工具（如银行贷款）来更加有效地进行监督。银行贷款合同可以制定更详细的条款以增加金融机构的监督能力。而且，银行贷款的期限通常短于债券的期限，这种期限较短的特点使金融机构对借款人拥有更大的监督和控制权。具体而言,在做展期的决定时,金融机构收集的有关企业的信息会不断更新。当银行贷款合同的到期期限足够短时,银行将对企业经营和财务状况方面的详细信息非常了解。因此,金融机构通过监督可以收集到更多的信息,从而有效降低资金融入方与融出方之间的信息不对称程度。

(二)降低价格风险和流动性风险

金融机构向投资者提供新的二级证券。这些证券相对于初级证券(如企业股票和债券)而言,价格风险更低、流动性更高,如银行和储蓄机构的活期存款、货币市场共同基金份额。金融机构一方面向储户提供流动性较高且价格风险较低的合约,另一方面投资于流动性较低且风险较高的企业证券,但是却能保证自己的稳健经营。这背后的原因是金融机构具有分散风险的能力。金融机构的投资规模庞大,当不同投资的收益并非完全正相关时,金融机构可以通过规模效应来分散绝大部分风险,特别是只与某个企业相关的风险。欧美一些国家的实际投资经验表明,一项包含15种证券的分散投资就可以带来显著的分散化效益。因此,随着金融机构的资产组合中证券种类的增加,资产组合的风险将会不断下降,当然下降的速率是递减的。由于金融机构在投资过程中能利用大数法则,因此能实现上述过程。但是对于许多家庭储蓄者来说,由于其资金规模较小,持有的资产组合中种类较少,分散风险的能力也很小。

风险分散使一个金融机构能够更准确地预测其资产组合的预期回报。一个在国内及全球市场上进行资产分散的金融机构几乎可以获得一种无风险的回报。因此,金融机构可以在承担较高的资产价格风险的同时提供高流动性、低风险的资产供家庭储蓄者购买。

(三)降低交易成本

交易成本是指达成一笔交易所要花费的交易对象成本之外的成本,也指买卖过程中所花费的全部时间和成本,如普通投资者在购买证券时需要支付的佣金、合同制定成本等费用。与在信息收集过程中具有规模经济效应一样,金融机构在交易成本上也能享受规模经济带来的好处。金融机构在集中资金后大批量购买资产,平均交易成本会下降,要低于零售投资者的交易成本。

(四)传导货币政策

金融机构的货币政策传导功能是指中央银行可以利用货币政策工具,通过金融机构传导到企业和个人,从而引起实际经济活动和经济变量的变化,进而对消费和投资产生影响。例如,货币政策的变化使银行可以提供的贷款数量发生变化,放贷量的变化会使主要依靠银行贷款进行外部融资的企业的经济行为随之改变。

(五)期限转换与时间中介

在扮演资产转换角色时,金融机构通常提供短期债务合约(如存款凭证)来融资,再使用资金投资于债券、抵押贷款等长期债务,这是金融机构的期限转换功能。金融机构通过期限转换帮助投资者将期限较长的资产转换为期限较短的资产。虽然期限不匹配会使金融机构面临利率风险,但是金融机构可以通过套期保值等方式更好地管理这种风险。套期保值工具包括期货、互换、期权等衍生工具。因此,金融机构比普通投资者更有能力承担期限不匹配带来的风险。

同时,银行、人寿保险、养老基金、信托等金融机构可以帮助投资者实现财富的代际转移,既包括财富从投资者年轻到年老阶段的转移,也包括向下一代的转移,这是金融机构的时间中介功能,它不同于期限转换功能。

(六) 面额转换功能

由于许多资产以很大的面额出售,它们要么超出了单个储蓄者的能力范围,要么会导致储蓄者持有十分缺乏分散化的资产组合。例如,美国早期刚推出大额可转让存单时,规定存单的最低面额是 10 万美元。个人投资者也许没有能力购买这样的金融工具,而是通过与其他众多小投资者一起购买货币市场共同基金的股份,家庭储蓄者可以克服购买资产时面临的较大的最低面额的限制。这种间接进入市场的方式使小储蓄者也可以利用其资产组合有效分散风险。

(七) 支付结算功能

支付结算是指单位、个人在社会经济活动中使用票据(包括支票、本票、汇票)、银行卡和汇兑、托收承付、委托收款等结算方式进行货币给付及其资金清算的行为,其主要功能是完成资金从一方当事人向另一方当事人的转移。《支付结算办法》(银发〔1997〕393 号)第六条规定:"银行是支付结算和资金清算的中介机构。未经中国人民银行批准的非银行金融机构和其他单位不得作为中介机构经营支付结算业务。但法律、行政法规另有规定的除外。"商业银行作为货币结算和收付的中间人,对于加速资金周转和商品流通、促进经济发展具有重要作用。

(八) 信贷配置

信贷配置是金融宏观调控政策之一,由于商业银行等金融机构掌握着大量的资金,因此对于一些特殊行业的发展必须给予信贷支持。农业、交通运输业、住宅不动产等特殊行业具有利润低、风险高且投资回收期长的特点,这类行业的企业在融资方面受到较大约束。但是这类弱势行业通常对国民经济有着至关重要的作用,因此为支持弱势行业的健康发展,各国都有一定的信贷配置政策予以倾斜。除了商业银行要对特殊领域进行信贷分配外,我国还专门设立了国家开发银行、中国进出口银行、中国农业发展银行三大政策性银行。政策性银行不以营利为目的,其信贷配置向弱势行业倾斜,其中,国家开发银行主要支持交通、能源等基础设施和基础产业贷款,为国民经济重大中长期发展战略服务;中国进出口银行主要支持进出口贸易贷款,促进中国对外经济贸易投资发展与国际经济合作;中国农业发展银行则主要支持农业发展贷款、农产品收购贷款等,承担农业政策性金融业务。

由于金融机构在经济社会中的特殊职能,如果金融机构因不善经营、过于冒险等行为而破产,将会严重扰乱国家经济活动,因此金融机构必须受到严格的监管。例如,巴塞尔协议Ⅲ将最低风险资本要求、外汇监管和市场约束作为银行监管的三个支柱,要求银行同时识别当前的风险和将来的风险,建立一个更为前瞻性的资本监管方法。

第三节　金融风险的类型

金融机构管理的主要目标是提高股东的收益率,而能否有效控制金融风险在很大程度上决定着管理者能否实现这一目标,金融风险也因此成为金融体系中每一位从业者都需要了解和掌握的内容。根据不同的划分依据,金融风险可以分为不同的类型。本节按照金融风险的性质,将现代金融机构面临的各种风险分为利率风险、市场风险、信用风险、表外风险、操作风险、外汇风险和流动性风险等。

一、利率风险

利率风险(interest rate risk)是指市场利率变动的不确定性给金融机构带来的损失。金融机构作为资产转换器,一方面,在金融机构的负债方,金融机构一般通过为投资者提供流动性更好、期限更短的二级证券来融资;另一方面,在资产方,金融机构将融入的资金用来购买流动性更差、期限更长的初级证券。金融机构的资产转换使其资产和负债到期期限并不匹配,这也使金融机构暴露在利率风险下。金融机构通常面临再融资风险、再投资风险、市场价值风险三类利率风险。

1. 再融资风险

金融机构如果持有比负债期限更长的资产,则会面临潜在的再融资风险(refinancing risk)。假设一家金融机构以 1 亿元、1 年期限的负债作为资金来源,投资于期限为 2 年的 1 亿元资产,其负债的期限短于资产的期限,如图 1-3 所示。

假设这家金融机构的负债成本为年利率 5%,资产的年收益率为 7%。那么,第一年,该金融机构用借入 1 年期短期资金、贷出 2 年期长期资金的方法,将利差锁定在 2%,也就是金融机构第一年的盈利是 200 万元。

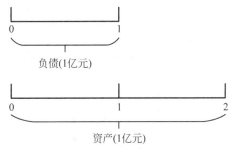

图 1-3　再融资风险:借短贷长

但是,金融机构并不能确定第二年的利润。如果金融机构的负债成本保持不变,仍能以 5% 的年利率再融资,并将利差继续锁定在 2%,那么金融机构在第二年仍可以获得 200 万元的收益。但是如果第二年的负债成本上升,金融机构需以 9% 的年利率为一年期负债融资,那么第二年的利差实际上就变为 -2%,金融机构将损失 200 万元,使第一年赚取的正利润被第二年的损失所抵消。如果第二年的负债成本提高至 9% 以上,金融机构第二年的损失将超过第一年的盈利,在这两年的经营中将遭受损失。因此,只要金融机构持有较负债期限长的资产,它就会面临潜在的再融资风险,这种风险就是展期或再融资的成本大于资产回报的风险。

2. 再投资风险

金融机构如果持有比资产期限更长的负债,则会面临潜在的再投资风险(reinvestment risk)。假设一家金融机构借入 2 年期 1 亿元债务,负债成本仍为 5%,投资于期限为 1 年的 1 亿元资产,资产收益率仍为 7%,其负债的期限超过了资产的期限,如图 1-4 所示。

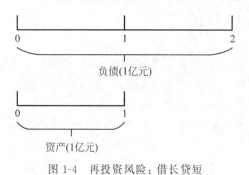

图 1-4　再投资风险:借长贷短

第一年,金融机构将利差锁定在 2%,能够盈利 200 万元。但是由于持有资产的期限比较短,因此在第一年结束后金融机构需要进行再投资,而再投资的利率具有很大的不确定性。当第二年的再投资利率维持在 7%时,金融机构同样能够盈利 200 万元;但当第二年的再投资利率下降为 3%时,金融机构的利差将变为 -2%,第二年将亏损 200 万元;当第二年的再投资利率下降至 3%以下时,金融机构第二年的亏损将超过 200 万元,在这两年的经营中将蒙受损失。因此,金融机构暴露于再投资风险之下,即相对负债持有期限较短的资产时,金融机构面临借入较长期资金再投资的利率不确定性。

3. 市场价值风险

从理论上说,资产和负债的市场价值等于其未来现金流量的现值之和。当利率上升时,现金流量的贴现率上升,从而减少了资产或负债的市值。相反,利率的下降会使贴现率下降,从而增加资产和负债的市值。金融机构的负债期限通常短于资产期限,当利率上升时,相较于负债价值的下降幅度,资产价值的下降幅度更大,净资产的价值将减少,使金融机构遭受经济损失,从而面临破产的风险。

只要金融机构的资产与负债期限不匹配,就会受到利率风险的影响。因此,对于想避免利率风险的金融机构来说,期限匹配是最好的策略。但是这与金融机构的资产转换功能存在冲突:资产转换功能要求金融机构持有流动性更好、期限更短的负债和流动性更差、期限更长的资产,期限匹配要求金融机构的资产与负债的期限相匹配。因此,期限匹配在降低利率风险暴露程度的同时,也降低了金融机构作为资产转换者承担风险可以获得的利润。一些金融机构(如商业银行)会比其他机构更倾向于资产负债期限的不匹配。

【拓展阅读 1-1】 利率风险管理策略

而且由于资产和负债的有效期限与各项资产、负债的期限有所差异,金融机构无法进行完全匹配从而不能完全消除利率风险。本书将在后面详细讨论利率风险产生的原因及测量利率风险的方法。

二、市场风险

从理论上讲,金融机构可以根据期限和二级市场的流动性将资产和负债分为银行账户和交易账户。银行账户主要包含存款和贷款等传统资产和负债,相对缺乏流动性,因此其持有期限较长。交易账户中所包含的资产、负债和衍生合约,如股票、债券、期货等,能够在金融市场上迅速交易。如果金融机构不是出于长期投资、融资或对冲的目的持有资产和负债,而是主要通过积极地买卖交易账户中的资产和负债来获取收益,就会产生市场风险,因此市场风险也被称为交易风险。

市场风险(market risk)是指市场价格因素的不利波动给金融机构的交易账户带来损失的风险,如利率、汇率或者其他资产价格发生变化时,金融机构交易账户中的资产和负债面临的波动风险。因此,市场风险与利率、股票回报、外汇风险有着密切的联系。当金融机构持有未对冲的债券、股票、外汇、商品和衍生工具的多头或空头头寸,且价格的变动方向与预期相反时,交易工具的价格变动越大,金融机构面临的市场风险就越大。因此,金融机构管理者需要计算每天所面临的市场风险,以达到有效控制的目的。

三、信用风险

信用风险(credit risk)又称违约风险,是指借款人、证券发行人或交易对方因各种原因,不愿或无力履行合同条件而构成违约,致使银行、投资者或交易对方遭受损失的可能性。如果金融机构持有的所有金融债权的本息都能在约定期限日内获得偿还,金融机构就能收回它贷出的本金加上利息回报,那么这些金融债权就没有风险。如果借款人违约,金融机构预期将收到的本息就会面临风险,金融机构可能赚不到利息甚至会损失部分或全部的本金。金融机构的长期贷款或购买的长期债券的信用风险要比短期的大,因此银行和人寿保险企业等主要持有长期资产的金融机构所面临的信用风险要比货币市场共同基金和财产保险企业等主要持有短期资产的金融机构所面临的信用风险更大。

按照成因,可将信用风险分为违约风险、交易对手风险、信用转移风险、可归因于信用风险的结算风险等形式。

1. 违约风险

违约风险是指由于各种原因,债务人或证券的发行者无法按时偿付债务,无法履行其债务合同。例如,借款企业可能由于经营管理不善面临亏损,或者市场的变动导致企业产品销售不畅、资金周转不灵,无法偿付本金和利息。一般情况下,借款人的经营风险越大,其信用风险也越大。

2. 交易对手风险

交易对手风险是指由于交易对手不能按照合同约定履行义务而导致经济损失的风险。在交易的现金流结算之前,由于未结算的证券、商品和外汇交易市场价值随着市场因素的变化而变化,因此这笔交易对于交易双方的价值可能随时发生变化。当履行交易义务会给交易对手造成亏损时,交易对手可能出现违约情况,从而存在交易对手信用风险。

3. 信用转移风险

信用转移风险是指债务人的信用评级在风险期内由当前评级状态转移至其他所有评级状态所引发的风险。该风险主要通过信用转移矩阵管理(如著名的 CreditMetrics 信用风险评价模型)对信用转移风险进行测量。该方法是以概率分析为基础的信用风险分析方法,它使用贷款的历史损失数据来推算当前一家银行贷款组合中贷款损失所占的比重,从而确定贷款损失准备是否充足。

4. 结算风险

信用风险中的结算风险是指由于交易对手的信用原因导致结算不能按期发生的风

险。由于两个国家的支付体系可能不在相同时间开始运作,因此可能存在交易的一方执行了交易,另一方却可能已经破产而无力交付用于补偿或冲销的货币的情形。赫斯塔特风险即为这类风险的典型。

金融机构可能面临的潜在损失表明,金融机构需要在贷款或者投资债券时,先对借款人进行信息收集工作,并结合自身的经营管理水平和信贷管理信息系统的状况,跟踪收集借款人的经营管理信息并进行风险预警通报等工作,制定相应的风险管理制度,提高本息得到偿还的概率。

四、表外风险

现代金融机构最显著的趋势之一,就是表外业务的增长以及由此引发的表外风险(off-balance-sheet risk)的增加。20世纪80年代以来,在金融自由化背景下,金融机构之间的竞争不断加剧。金融机构迫于生存压力和发展需要,纷纷进行调整,如银行逐渐向垂直专业化、水平多样化、组织扁平化的趋势发展。通过调整,金融机构逐渐弱化"信用中介"的职能,"服务中介"的功能不断加强,使表外业务快速发展。金融机构主要的表外业务包括如下几项:

(1)担保类业务,是指商业银行接受客户的委托对第三方承担责任的业务,包括担保(保函)、备用信用证、承兑等。

(2)承诺业务,是指商业银行在未来一个日期按照事先约定的条件向客户提供约定的信用业务,包括贷款承诺等。

(3)金融衍生交易类业务,是指商业银行为满足客户保值或自身头寸管理等需要而进行的货币(包括外汇)和利率的远期、掉期、期权等衍生交易业务。

(4)证券发行前交易,银行及其他金融机构(尤其是投资银行)经常会在证券发行之前签订买卖承诺。

(5)贷款出售,越来越多的银行及其他金融机构在提供表内贷款后,不是将其持有到期,而是迅速地卖给外部投资者。作为贷款的提供者和出售者,金融机构在经营方式上更像贷款经纪商,而不像传统的资产转换者。

表外业务可以使金融机构为客户提供多样化服务、增加手续费收入,从而更好地适应多变的市场,但同时也存在一些潜在的风险。因为表外业务虽然并未反映在资产负债表中,但当某一或有事件发生时,它们就会从表外转至表内成为真正的资产和负债。因此,表外业务在一定程度上影响着金融机构未来的获利能力和偿付能力。此外,由于表外业务的不确定性,表外业务往往伴随着比表内业务更大的风险,甚至对金融机构经营的安全性存在威胁。

由于表外业务本身具有不确定性和隐蔽性等特点,因此表外业务风险与表内业务风险相比在特征上也有巨大的差异。总的来说,表外业务风险具有如下特征。

(1)透明度较差。由于很多表外业务不能反映在财务报告中,因此金融机构目前的会计信息很难全面地反映表外业务的规模和质量,使其经营行为具有一定的隐蔽性。这也使金融监管部门很难准确地把握金融机构的全部表外业务活动,不能准确地评价其经营成果,从而无法对银行的表外业务活动进行有效的监督与管理。

（2）不确定性高。表外业务是一种多元化的经营业务,涉及的流程多、部门广。而且一项表外业务往往涉及多种风险,不同种类的风险之间的弥补关系也更加复杂,因此防范风险的难度加大。同时,在金融市场不稳定的情况下,或有资产和或有负债的表外业务更有可能转化为表内业务,增加了金融机构的经营难度和负担。

（3）潜在风险高。目前,部分金融机构的表外业务并未受到金融法规的严格限制和约束,尤其是金融衍生工具类表外业务,大多数金融机构不要求有足够的资金储备并且不受规模的约束,自由度较大。但是由于衍生金融工具自身具有高杠杆性,其微小的失误往往也会给金融机构带来难以估量的打击,所以金融机构表外业务的潜在风险极高。

因此,金融机构应更加注重表外业务风险管理,并加强对表外业务的风险监督,促进表外业务的持续健康发展。

五、操作风险

虽然业界针对操作风险的具体定义有着比较大的争论和分歧,但对操作风险应包括的基本内容已达成一定的共识。根据巴塞尔协议Ⅲ的规定,操作风险（operational risk）是因内部流程、人员和系统不足及故障或外部事件而造成损失的风险。操作风险中包含法律风险,但不包括战略风险或声誉风险。

操作风险存在于金融业务的各个方面,具有普遍性。相较于金融机构所面临的其他风险,操作风险同时具有人为性、多样性、内生性、风险与收益非对称性、关联性等特点。

1. 操作风险具有人为性

由于操作风险主要来自金融机构的日常运营,因此人为因素在操作风险的形成原因中占了绝大部分。只要是与人员相关的业务,都存在操作风险。如果说市场风险来自金融市场上价格的波动、信用风险来自债务人的违约,那么大多数操作风险则来自金融机构内部的人为因素或失误。

2. 操作风险具有多样性

操作风险在金融机构中无处不在,构成其业务经营中重要的组成部分,并且从各方面都体现了多样性。从覆盖范围看,操作风险几乎覆盖了金融机构经营管理的所有方面;从业务流程看,它既包括后台业务、中台业务,又包括前台与客户面对面的服务;从风险的严重程度看,它既包括工作疏忽、计算失误等小问题,又包括影响很大的内外部欺诈、盗用等恶性事件;从风险的主体看,它既包括操作人员的日常操作性失误,又包括高层管理的决策失误。

3. 操作风险具有内生性

相比市场风险、信用风险等由于外部不确定性因素所引起的外生性风险,操作风险大部分是一种内生风险。操作风险的产生原因通常与金融机构内部不合规因素密不可分,因此操作风险的防范取决于金融机构的结构、效率和控制能力。只要金融机构的业务没有被中断,操作风险将永远存在,并成为业务经营中的重要组成部分,因此金融机构只能对操作风险进行管理,而不能完全消除。

4. 操作风险具有风险与收益的非对称性

信用风险和市场风险与收益的一般原则遵循高风险高收益、低风险低收益的特点,存在风险与收益的对应关系。但是操作风险则不然,操作风险仅为下侧风险,即并不能因承担该风险而给金融机构带来潜在盈利,而只能使金融机构承担损失,因此操作风险损失在多数情况下与收益的产生没有必然联系。

引发操作风险的事件主要分为高频低损事件和低频高损事件两类。高频低损事件是经常发生但是损失很小的操作风险事件;而低频高损事件虽然很少发生,却能给金融机构带来灾难性后果。

5. 操作风险具有关联性

操作风险常常伴随着信用风险、市场风险等其他风险,这将使市场风险和信用风险的冲击更加严重。操作风险的大小与金融机构的业务规模、交易范围紧密相关,业务交易量大、规模大、结构变化快的业务领域更有可能受操作风险的影响,而业务品种单一、规模小、交易流程简单的业务领域则不太可能受操作风险的影响。

随着世界经济一体化、金融市场全球化的发展,银行及其他金融机构面临的竞争压力不断加大。金融产品尤其是金融衍生产品不断推出,网上银行、电子商务等新的交易模式也开始出现,计算机信息技术的迅猛发展使金融机构面临的风险越来越复杂而且难以控制。由操作风险引发的金融案件频频发生,使整个金融界遭受巨大的损失,如日本的住友银行、大和银行及英国的巴林银行因操作风险受到的损失都超过 10 亿美元。近几年来,国内由于操作风险引起的票据大案也不断发生,2016 年农业银行 39 亿元票据大案又一次拉开票据案件多发期的序幕,天津银行、中信银行相继爆出票据案件,一度引起金融界的恐慌。

操作风险以其单个案件即可造成巨额损失的特点引发了全球金融监管者、从业人员尤其是风险管理者的高度重视,但对于如何完全避免该类事件的发生,尤其是如何规避不同岗位之间的合谋等风险事件,仍然缺乏良好的解决方案。

为遏制金融操作风险案件蔓延的势头,巴塞尔银行监管委员会(简称巴塞尔委员会)2004 年 6 月发布巴塞尔协议 Ⅱ,首次将操作风险与信用风险、市场风险并列为金融机构面临的三大风险,要求将操作风险作为独立的范畴纳入银行风险管理框架,要求各金融机构为操作风险配置相应的资本金。在巴塞尔协议 Ⅲ 针对操作风险要求的新规中,为简化操作风险框架,采用了单一的标准法替代原有的四种方法和内部模型法,由业务规模参数(BIC)和内部损失乘数(ILM)两大部分构成现行的操作风险管理框架。银行需对财务数据进行收集、分析、分类,梳理损失事件数据,这对银行内部运营管理精细化水平提出了更高的要求。

六、外汇风险

随着全球一体化趋势的发展,各国金融机构开始向国外扩展业务,这也使金融机构开始暴露在外汇风险下。外汇风险(foreign exchange risk)是指一个经济实体或个人,在国际经济、贸易、金融等活动中以外币计价的资产或负债因外汇汇率的变动引起价值上升或下跌造成的损益。

要了解外汇风险是如何产生的,我们可以假定一家中国金融机构给一家美国企业发放了一笔美元贷款。如果美元对人民币贬值,中国放贷的金融机构收回本息的人民币价值就会减少。如果美元贬值到足够低的水平,将收回的美元兑换成人民币时,金融机构的总回报有可能是负值,即外汇贬值的损失可能超过在最初汇率水平上投资于本地货币所能获得的利息收入。

一般来说,金融机构可以持有外币资产或者发行外币负债。假设一家中国金融机构持有一笔价值 2 亿美元的贷款资产,仅持有 1 亿美元的大额美元存单负债,见图 1-5。此时这家中国金融机构在美元资产上持有 1 亿美元净多头,即持有的外币资产多于外币负债。如果在投资期内美元对人民币贬值,这家中国金融机构就会遭受损失,因为以人民币计算,美元贷款资产的贬值幅度大于美元存单负债的下降幅度。因此,这家中国金融机构面临要按比它刚持有外国资产负债头寸时低的汇率水平清算其外国净资产的外汇风险。

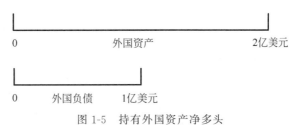

图 1-5　持有外国资产净多头

相反,如果这家中国金融机构持有 2 亿美元的负债,而仅持有 1 亿美元的资产,那么该机构拥有外国资产的净空头,如图 1-6 所示。该机构面临投资期内美元对人民币升值的外汇风险,因为以人民币计算,美元负债成本的上升幅度超过美元资产带来的回报的上升幅度。

图 1-6　持有外国资产净空头

不过仅使外币资产和外币负债的金额相匹配,金融机构并不能完全对冲风险。试想一下,金融机构持有相同金额 1 年期美元资产和半年期美元负债,账面价值相匹配,但是期限不匹配,那么在半年末金融机构偿还美元负债后,又将成为美元资产的净多头,面临美元贬值的风险。因此,金融机构只有在某一外汇的金额与期限两方面都匹配时,才能对冲或免除外汇风险和外国利率风险。

具体来说,外汇风险包括交易风险、经济风险和折算风险三个类型。

1. 交易风险

交易风险是指在未来某个时间内,将以外币计价的交易折合为本币时,由于汇率变动而导致的损失。与其他企业不同,金融机构的交易风险主要是由于金融机构在外汇市场上开展外汇买卖业务、以外币投资和借贷等原因导致的外汇市场波动。金融机构各种外汇资产和负债的组合与期限如果不匹配,则将同时面临外汇风险和国外利率风险。

2. 经济风险

经济风险暴露是企业价值对于汇率变动的敏感程度,是指由于未预见汇率的变化,导致公司未来现金流量的变化,进而影响公司的市值。公司的价值变动取决于汇率变动对未来销量、价格和成本的影响。

3. 折算风险

折算风险是指由于未预料到的汇率变化引起企业资产负债表中项目金额变动的风险。折算风险产生的原因是为了合并母子企业的财务报表,将用外币计价的外国子企业的财务报表转变为用母企业所在国货币重新进行会计核算时,导致账户上股东权益项目的潜在变化,从而造成了风险。

七、流动性风险

在 2009 年中国银行保险监督管理委员会印发的《商业银行流动性风险管理指引》中,对流动性风险(liquidity risk)进行了如下定义:"流动性风险是指商业银行虽然有清偿能力,但无法及时获得充足资金或无法以合理成本及时获得充足资金以应对资产增长或支付到期债务的风险。"由于金融机构资产和负债所对应项目的期限存在差异,因此流动性风险是金融机构管理过程中天然存在的最基本的风险种类之一。

流动性风险可以分为资产流动性风险和负债流动性风险。资产流动性风险是指资产到期不能如期足额收回,进而无法满足到期负债的偿还和新的合理贷款及其他融资需要,从而给金融机构带来损失的风险。负债流动性风险是指金融机构以往筹集的资金特别是存款资金,由于内外因素的变化而发生不规则波动,从而对金融机构的经营产生冲击并导致损失的风险。

金融机构在自身流动性不充足时,为应对没有意料到的流动性需求,可能会被动地进行资产负债调整,造成流动性风险损失。虽然金融机构一般可以从货币市场上借入额外的资金来弥补突然的现金短缺,但仍可能面临流动性危机。当金融机构筹资能力不足时,只能通过变卖一些流动性较差的资产来满足债权人的提款需求。由于没有足够的时间讨价还价,这些资产可能以非常低的价格进行交易,而这将进一步加大流动性风险。这类严重的流动性问题最终可能造成挤兑的局面,即所有的债权人担心金融机构将来无法满足提现要求而同时要求提款。而这会把金融机构的流动性问题变成偿付能力问题,迫使银行提前进行清算,使账面上的潜在损失转化为实际损失,甚至导致银行破产。因此,有效控制流动性风险也是维持银行正常且安全经营的前提。

八、其他金融风险

除上面介绍的利率风险、市场风险、信用风险、表外风险、操作风险、外汇风险、流动性风险外,国家风险、声誉风险、破产风险也成为金融机构越来越关注的风险。

国家风险(country risk)是指经济主体在与别国经济主体进行国际贸易与金融往来时,由于别国经济、政治和社会等方面的变化而遭受损失的风险。根据国家风险产生的原因,国家风险可以细分为政治风险、经济风险和社会风险三类。政治风险是指一国发生的政治事件或一国与其他国家的政治关系发生变化对金融机构造成不利影响的可能性。经济风险是指境外金融机构仅受到特定国家直接或间接经济因素的限制,而使本国金融机构遭受损失的风险。社会风险是指由于经济或非经济因素造成特定国家的社会环境不稳定,从而使金融机构遭受损失的风险。

声誉风险(reputation risk)是指由于意外事件、机构政策调整、市场表现等产生的负面结果,可能对金融机构的声誉造成损失的风险。中国银行业监督管理委员会对声誉风险做了如下定义:"声誉风险是指由商业银行经营、管理及其他行为或外部事件导致利益相关方对金融机构给出负面评价的风险。"声誉风险管理的好坏直接影响存款人、贷款人等利益相关者及整个市场对金融机构和金融行业的信心,是决定金融业能否持续健康发展的重要因素。因此,巴塞尔委员会将声誉风险列入第二支柱,指出银行应将声誉风险纳入风险管理流程。目前,加强声誉风险管理并将其纳入金融机构全面风险管理的整体框架,已经成为各国金融监管部门的共识。

破产风险(insolvency risk)是上面所说的利率风险、市场风险、信用风险、表外风险、操作风险、外汇风险、国家风险和流动性风险单独或者共同导致的结果。严格来讲,当金融机构所有者的资本或股东权益的来源不足以弥补前面讨论的一种或多种风险引起的损失时,就会导致破产。一般来说,金融机构股权资本对负债的比率越高,即其财务杠杆越小时,金融机构承受损失的能力越强。因此,在面临众多风险的情况下,金融机构的管理层和监管者都把资本(及资本充足率)作为衡量其清偿力和发展潜力的重要指标。

第四节　金融风险管理的发展历程及意义

随着金融一体化和经济全球化的发展,金融风险日趋复杂化和多样化,金融风险管理的重要性愈加突出。金融风险管理包括对金融风险的识别、度量和控制。由于金融风险对经济、金融乃至国家安全的消极影响,在国际上,许多大型企业、金融机构和组织、各国政府及金融监管部门都在积极寻求金融风险管理的技术和方法,以对金融风险进行有效识别、精确度量和严格控制。

一、金融风险管理的发展历程

在金融风险管理的实践中,金融风险管理理论产生并发展起来。金融风险管理理论起源于 20 世纪 30 年代,但真正成型却是 20 世纪 80 年代,这与当时接连不断的金融危机是密不可分的,如 1987 年美国的"黑色星期一"大股灾、1990 年的日本股市危机、1992 年的欧洲货币危机、1994—1995 年的墨西哥比索危机、1995 年的巴林银行倒闭、1997 年的亚洲金融危机等。这些事件的发生给世界经济和金融市场的健康发展造成了巨大的破坏,同时也使人们意识到金融风险管理的必要性和紧迫性。为了加深读者对于风险管理的理解,下面将对风险管理理论的产生和发展进行梳理。

(一) 传统风险管理

公元前 916 年的共同海损(general average)制度和公元前 400 年的船货押贷制度被认为是保险与风险管理思想的雏形。但在概率论产生之前,人们无法对风险进行量化分析,只能进行朴素的风险分析和风险规避,处于消极的风险管理阶段。随着大数法则的出现,尤其是概率论产生后,安全管理与保险开始通过概率论、大数法则来计算财产和生命的损失分布,推动了风险理论与实证研究的产生。

最早的量化风险管理思想形成与对利率期限结构的研究有关。1896 年,欧文·费雪提出的纯粹预期假设认为,长期债券的预期平均年收益是预期短期利率的平均值。为了包括风险因素,希克斯和卡尔博特林对纯粹预期理论进行了修正,提出了流动性偏好理论,认为短期债券的流动性比长期债券高,因此长期债券要有比短期债券更高的流动性风险补偿。利率期限结构理论的研究推动了利率风险管理在实践和理论上的发展。1938 年,弗雷德里克·麦考利在此基础上提出了利率久期和凸性的概念,久期和凸性可以说是最早的风险管理工具。

学术界普遍认为,现代意义上的风险管理理论和实践始于 20 世纪 30 年代的美国。1930 年,美国宾夕法尼亚大学所罗门·许布纳博士在美国管理协会(American Management Association,AMA)召开的一次关于保险问题的会议上首次提出了风险管理的概念。在以后的若干年里,更多学术会议开始对风险管理问题展开深入的研究和讨论。最初的风险管理以保险行业为代表,但随着风险管理实践的不断发展和保险功能局限性的显现,许多企业开始减少对传统保险购买的依赖,在组织内部自行控制风险。因此,尽管保险仍然是风险管理的一个重要工具,但已不是风险管理的唯一方法,风险管理从此迈入了新纪元。

真正意义上的风险管理起源于 20 世纪 50 年代的美国。马科维茨于 1952 年在《证券组合选择》中提出了用资产收益预期度量预期收益、用资产收益标准差异度量风险的概念,并给出了在预期收益水平下最大限度地降低投资风险的最佳组合计算方法。马科维茨的均值-方差方法将风险定量化,为现代金融风险管理提供了理论依据。20 世纪 50 年代之后,美国学者开始重视风险管理的理论研究,大中企业也纷纷设立风险管理部门及风险管理职务。1964 年,在资产组合理论和资本市场理论的基础上,美国学者威廉·夏普、林特尔等推导出了资本资产定价模型(CAPM),证明单个资产的总风险中只有系统性风险对资产的预期收益有贡献,投资者不会因为该资产的非系统性风险而获得额外的期望回报。迄今为止,CAPM 在各国的金融决策和风险管理中得到了广泛的应用。

在金融衍生产品的风险管理方面,布莱克与斯科尔斯于 1973 年提出了一种基于股票标的资产的看涨期权的定价公式。该公式的含义是,期权的风险实际上反映在标的物的价格变化中,而且标的物价格也能反映市场对未来的预测。他们的研究为金融衍生工具的定价提供了理论依据,也为其在风险管理中的应用提供了重要的理论依据,被称为现代金融管理理论发展的里程碑。

20 世纪七八十年代,风险管理发展迅猛,并在世界各地蔓延。美、英、法、德、日等国相继成立了国家和地区的风险管理组织,许多公司也成立了风险管理部门从事风险的分析与处理,风险管理成为一种全球性的运动。到了 80 年代后期,人们不仅希望预防风险,还希望从风险管理中获益,因此产生了以风险为基础的资源配置和绩效考核理论。这一时期,由于科学技术和经济发展水平突飞猛进,人类面临的风险种类逐渐增加,危害日益加大,因此风险管理理念在全球范围内进一步传播与发展。与此同时,风险管理发展成为企业管理中一个具有相对独立功能的管理学科,与企业经营管理、策略管理一样具有重要地位。

(二) 现代风险管理理论

20 世纪 90 年代以来,由于国际金融监管的放松和资产证券化的深入,金融市场规模不断扩大,波动性也不断加大。金融风险管理理论成为现代企业风险管理的重要内容,并且已经从定性的分析发展到运用先进数学模型进行定量的分析和研究的阶段。

1. 风险价值 VaR 模型

以 VaR(Value at Risk)损失为基础的风险管理方法被提出并逐步兴起。VaR 是在既定头寸下可能发生的市场价值的最大损失估计值,是给定置信区间下的某个持有期内的最坏预期损失。RiskMetrics 模型和 CreditMetrics 模型是 VaR 模型在市场风险和信用风险计量上的典型代表。RiskMetrics 模型是通过将资产分为股票、债券、外汇和商品分别求得各类资产的 VaR 值,从而计算所有资产的 VaR 值。CreditMetrics 模型则是通过利用历史的信用评级迁移矩阵,求得任何组合在资产的信用评级迁移影响下其价值的 VaR 值。目前,VaR 方法已经成为全球主要金融机构广泛研究并采用的金融风险评估和计量模型。

2. 整体风险管理理论

虽然 VaR 模型在对风险的定量计算方面发挥着重要作用,但由于 VaR 仅基于客观概率(probability)计算金融资产风险,只关注风险的统计特征而并不关注全部风险,所以 VaR 模型也存在一定的局限性。金融风险管理的新进展即整体风险管理(total risk management,TRM)系统则在现有风险管理系统的单一变量"概率"的基础上加入了"价格"(price)和"偏好"(preference)因素,以求达到客观计量与主体偏好两方面的均衡,从而实现对风险的全面控制,为完整的金融风险管理开辟了新的道路和视野。

(三) 全面风险管理

从巴林银行、爱尔兰联合银行、长期资本基金倒闭等个体事件,到墨西哥金融危机、亚洲金融危机、拉美部分国家金融动荡等系统性事件,都表明损失不再是由单一风险造成的,而是由信用风险、市场风险和操作风险等多种风险因素交织作用导致的。因此,在进行风险管理时,必须从全局出发,构建完善的全面风险管理体系。风险管理逐渐进入一个全新的阶段——全面风险管理阶段。由于这种新型的整体化风险管理是从企业全局出发的,因此常被称为企业风险管理(enterprise risk management,ERM)。

企业风险管理关注的主要是风险对冲及风险对整个企业价值的影响,是风险管理理论发展的最新方向。全面风险管理的核心思想是对企业内部各个层面、各个业务单位、各类风险进行整体的综合管理。全面风险管理理念的产生源于美国反虚假财务报告委员会下属的发起人委员会(The Committee of Sponsoring Organizations of the National Commission of Fraudulent Financial Reporting,COSO)对风险管理的研究。COSO 认为,制定风险统一定义、提供主要原理与概念、具有明确的方向与指南的风险管理框架将有助于企业迎接这一挑战。2004 年 9 月,COSO 发布《企业风险管理——整合框架》研究报告,这标志着全面风险管理理论的建立。2004 年,巴塞尔协议 Ⅱ 也将市场风险和操作风险纳入资本约束的范围,提出了资本充足率、监管部门监督检查和市场纪律三大监管支柱。2010年,巴塞尔协议Ⅲ又在三大监管支柱的基础上,新增了杠杆率监管机制和流动性风险监管指标,成为推动全面风险管理理论成熟的重要力量。全面风险管理的发展,使风险管理理论的内涵更加丰富、涉及面更广。实践中的风险管理也日趋成熟,新的风险管理方法不断涌现。2016年,我国银监会为引导银行业树立全面风险管理意识、完善全面风险管理体系,发布了《银行业金融机构全面风险管理指引》,标志着我国商业银行全面风险管理已从探索阶段进入全面落实阶段。

从上述梳理和分析可以看出,随着社会的不断发展,风险管理的重要性愈加显著,风险管理理论研究也越来越深入。传统的风险管理以防范损失为主要内容,而现代风险管理已经远远超越了这一范畴,不仅包括内部控制和风险对冲等防范损失的活动,还包括风险定价、经济资本配置、经风险调整的资本回报率等以盈利为中心的风险管理活动。由于风险管理的重要性,目前风险管理活动与投资决策和融资决策融合在一起,成为企业管理的核心内容。

二、金融风险管理的意义

考虑到金融机构自身追求股东利益最大化的目标以及金融风险的巨大危害性,有效控制金融风险无论是对微观经济还是宏观经济而言都具有重要意义。

(一)金融风险管理对于微观经济的意义

1. 以较低成本避免或减少金融风险造成的损失

通过对利率、汇率和股票价格的变动趋势的科学预测,并采取相应的防范措施,金融机构可以在很大程度上避免损失。在严格的信用评价制度下,债权人通过对借款人的事前甄别,可以提前防范信贷风险;在发放贷款之后,债权人通过完善的风险预警系统,可以及时发现问题,并采取相应的防范措施,避免借方违约。而且,金融机构通过严格的内部控制,可以防止员工滥用职权进行财务违法行为,防止内部人为谋取个人利益而损害股东的利益。

2. 稳定经济活动的现金流量

经济主体通过制定各种风险防范对策,能够在经济、金融变量发生波动的情况下仍然保持相对稳定的收入和支出,保证生产经营活动免受风险因素的干扰,并提高资金使用效率,从而获得预期利润率。

3. 为合理决策奠定基础

一方面,金融风险管理为管理经济主体划定了行为边界,约束其扩张冲动,也对市场参与者的行为起到了警示和约束作用;另一方面,金融风险管理也有助于经济主体把握市场机会。

4. 有利于金融机构和企业实现可持续发展

金融风险管理能够提高金融机构和企业的管理效率,并在一定程度上保证金融机构和企业的经营稳定,避免行为短期化。同时,一个拥有健全的风险管理体系的金融机构或企业能够在社会上建立良好的信誉,赢得顾客的信赖,从而在激烈的竞争中不断发展壮大。

(二)金融风险管理对于宏观经济的意义

1. 有助于维护金融秩序,保障金融市场安全运行

严重的金融风险会导致金融市场的秩序紊乱,扰乱正常生产和生活,甚至引发金融危机,造成社会恐慌,对生产力有巨大的损害。金融风险管理旨在通过消除和尽量减轻金融风险的不利影响,维护正常的金融秩序。

2. 促进宏观经济的持续稳定和健康发展

金融风险将会导致实际收益率、产出率、消费、投资等的降低,风险越大,下降的幅度越大。因此,金融稳定与实体经济的发展是紧密相连的,金融风险管理是推动整体宏观经济稳定与发展的重要手段。打赢防范化解重大风险攻坚战,是保持经济社会大局稳定的战略之举,是推动实现高质量发展的关键之举,是落实"以人民为中心"发展思想的惠民之举,是提升金融业核心竞争力的务实之举。

【拓展阅读 1-2】 巴林银行倒闭案——百年银行为何只值 1 英镑?

【练习题】

1. 什么是金融风险?金融风险会对经济社会造成什么影响?

2. 简述金融机构在中介业务中履行的两项职能。

3. 金融机构具有哪些方面的特殊性?

4. 金融风险具有哪些特点?

5. 金融机构在经营过程中面临哪些风险?

6. 金融风险管理理论经历了哪几个阶段的发展?

7. 简述金融风险管理对于经济社会的意义。

8. 下述金融机构的交易活动会面临哪些金融风险?

a. 利率风险;b. 信用风险;c. 市场风险;d. 表外风险;

e. 操作风险;f. 外汇风险;g. 国家风险。

(1) 一家银行运用 1 年期存款发放 1 000 万元、10 年期的固定利率抵押贷款。

(2) 中国的一家银行通过 1 年期固定利率存款为美国企业提供 1 年期固定利率贷款。

(3) 中国的一家银行收购日本的一家银行。

(4) 中国的一家金融机构在欠发达国家债券市场上购买债券。

(5) 一家银行利用与其他银行签署的远期合同对冲利率风险。

(6) 一家财产保险公司将收到的保费投资于 30 年期债券。

即测即练

扫码答题

第二章

利 率 风 险

学习目的
- ☞ 掌握利率风险的概念和成因
- ☞ 重点掌握再定价模型
- ☞ 重点掌握持续期模型
- ☞ 重点掌握有效期限模型
- ☞ 了解利率风险管理策略

本章首先介绍利率风险的概念和成因,然后重点介绍衡量金融机构利率风险的三种方法:再定价模型、期限模型和持续期模型。再定价模型是一种基于账面价值现金流量的分析方法,注重利率变化对金融机构净利息收入的影响。另外两种方法都是基于市场价值来控制利率风险的模型,侧重利率变化对金融机构的资产、负债及其净值的影响。相比期限模型,持续期模型不但考虑了金融机构资产负债表的杠杆程度,还考虑了资产负债现金流量的支付与收取时间。在某些情况下,金融机构也可以使用自己的风险价值模型(参见第三章)来衡量利率风险。最后在此基础上,简要探讨利率风险管理策略。

第一节　利率风险概述

一、利率风险的概念和成因

巴塞尔委员会于 1997 年 9 月发布的《利率风险管理原则》将利率风险界定为银行的财务状况暴露在利率变化之中。所谓利率风险,是指在利率市场化的条件下,利率波动引起金融机构资产、负债和表外头寸市场价值的变化,从而导致金融机构市场价值和所有者权益损失的可能性。

在利率市场化的环境里,金融机构和管理者都必须面对利率风险。金融机构如果不能很好地预测利率变动,甚至自身判断与实际利率走势相悖,就会面临收益损失及股东权益减少等风险。随着我国利率市场化进程的不断推进,利率的浮动范围在不断拓宽,变动的频率愈发频繁,此时如果管理方法失当,利率风险将随着利率的不确定性变动急剧提升,最终可能危及整个金融体系。

(一)利率风险的分类

《利率风险管理原则》中按照利率风险来源的不同,将利率风险分为重新定价风险、收益率曲线风险、基本点风险和隐含期权风险等。

（1）重新定价风险是指源于银行资产、负债到期日的不同或重新定价的时间不同的风险，前者主要针对固定利率，后者则主要针对浮动利率。利率波动会对银行利差收入与内在价值造成不可预期的影响。如果银行长期贷款以短期存款作为融资来源，贷款现金流在期限内固定而存款利息可变，当利率上升时，存款利息支出增加而贷款利息收入固定不变，则会使银行利差收入减少。

（2）收益率曲线风险是指由于收益率曲线变化，给银行投资收益或投资组合的内在价值带来损失的风险。收益率曲线是将各种期限不同的债券收益率在图表上连接成一条线而形成的曲线，其斜率一般随经济周期而发生变化。当收益率曲线发生突然位移或斜率变化时，可能对银行利差收入或内在价值造成不利影响，成熟期之间收益率的变化幅度不同会导致利率风险。长期利率通常高于短期利率，但在银行周期的扩张时期，由于货币政策的反向操作，出现长短期利率的倒挂现象，会使银行遭受损失。在金融恐慌时期，长短期利率倒挂较为常见。

（3）基本点风险是由于具有类似定价性质的不同工具在利息调整上的不完全相关性所造成的风险。在计算资产收益和负债成本时，采用了不同类别的基准利率，当基准利率的调整不一致时造成的风险就是基本点风险，又称基准风险。基本点风险的表现形式有两种：一是存贷款利率波动不一致；二是短期存贷款利差波动与长期存贷款利差波动不一致。当利率发生波动时，基准的不同步会给资产、负债及表外工具之间的现金流和盈利带来影响。利率波动会对银行利差收入与内在价值造成不可预期的影响。例如，基于国债每月利率重新定价的一年期贷款与基于 SHIBOR 利率每月重新定价的一年期存款，如果利率波动幅度不一致，在二者利率价差缩小时会给银行造成损失。

（4）隐含期权风险是越来越重要的一种利率风险，源于银行资产、负债和表外业务中所隐含的期权。通常，利率水平如果发生较大的变化，将会促使借款者提早偿还其银行贷款，或者促使储户提前从银行取出定期存款，这对银行的盈利来说，显然构成了另一种风险来源。在存贷款合同中隐含着客户的选择权，即客户可根据意愿选择是否提前归还贷款本息、提前支取存款，而商业银行对此只能被动应对。期权通常是在对期权买方有利的条件下执行的，银行作为金融工具或金融合约的卖方，期权性工具不对称的支付特征使其面临风险。

此外，其他利率风险类型还包括成熟期不相匹配的风险与净利息头寸风险。

（1）成熟期不相匹配的风险。1978—1983 年，美国许多负债敏感的金融机构的大量亏损经历使银行家们开始认识到缺口头寸所具有的风险。金融监管机构也因此规定各银行必须定期检查自身的利率风险头寸，要求通过建立各自的利率风险管理政策来限制其承受的利率风险数额。但是只有当银行资产和负债的成熟期相互匹配时，才能避免利率敏感期不同所带来的缺口风险；而资产和负债之间在成熟期上的不相匹配只是利率风险的一种形式，因此不能仅以成熟期相匹配的程度来衡量一家银行所承受的利率风险。

（2）净利息头寸风险。一家银行的净利息头寸也能使其承受额外的利率风险，它可以被看成是另一种形式的基本点风险。当一家银行的生息资产总额超过其有息负债总额时，该银行的净利息头寸为正，即该银行的生息资产中有一部分是依靠无须支付利息成本的负债为资金来源。然而,这种正净利息头寸对商业银行而言也具有一定的风险。这是因为,虽然银行的一部分筹资成本始终为零,但与这部分无息负债相对应的生息资产的利率是可以自由变动的,如此一来,净利息头寸为正的银行的利差收入在利率下降的情况下会减少,而在利率上升的情况下会有所增加。

(二)利率风险的成因

1. 利率水平预测和控制的不确定性

利率市场化使利率波动变得越发不确定,这是形成利率风险的直接原因。从商业银行自身的角度来看,它们对自己的金融产品拥有定价权,可以决定自身的负债成本和信贷资产的收益率。但其定价能力受到市场的约束,必须参考市场利率来制定自身的存贷款业务的利率水平。在市场化条件下,影响市场利率变化的决定因素也是多种多样的。商业银行很难准确预测这些因素,从而给商业银行合理定价、获得最大化的利息收入带来了挑战。

2. 资产负债期限结构的不对称性

在我国商业银行的资产负债结构中,以存贷款为主,收费性服务、金融衍生品交易等表外业务占比很小,决定了我国商业银行的资产负债比西方现代银行的资产负债对利率变动更加敏感。由于存贷款业务种类、数量、利率不同,因此利率会对银行的筹资成本、资产收益、负债成本和所有者权益造成负面影响,从而可能使商业银行遭受损失。

3. 为保持流动性而导致利率风险

商业银行为了保持稳健运营,需要保持足够的流动性资产以满足随时支付的需求。通常情况下,银行会通过购买国债、短期公司债券、短期商业票据等低风险资产,将流动性风险保持在低水平。债券的市场价格与利率水平成反比,当利率上升时,债券价格下降,债券现值变小;在利率波动较大的时期,债券会受到市场剧烈波动的影响。商业银行在这种情形下,为了维持流动性出售债券,就可能遭受损失。

4. 非利息收入业务对利率变化越来越敏感

20世纪80年代以前,金融机构的收益主要来自传统的净利息收入,但随着公司新业务的不断拓展,如开展贷款管理服务和增加资产证券化、表外业务等业务,公司的手续费和其他收入迅速增加。在一些大的银行,这些非利息收入甚至超过了传统的净利息收入。这些非利息收入类业务对市场利率的变动也十分敏感,会受到利率风险的影响。例如,某些金融机构为不动产抵押贷款组合提供收取本息和贷款管理服务,并按其管理的资产总额收费。当利率下降时,该机构同样会由于许多不动产抵押贷款提前还款而导致服务费收入减少。

【拓展阅读 2-1】 英国诺森罗克银行挤兑事件

二、中央银行货币政策与利率风险

中央银行承担着一个国家或经济体货币政策的管理职责,在经济发展与金融市场运行中始终处于核心地位。中央银行货币政策的调整对利率水平的变动有着重要影响,从而影响金融机构的资金成本及资产的收益率。有研究表明,货币因素对实际利率的影响可能比通常假设的更持久，其中有多种可能的传导渠道。在某些货币政策制度下，如在过去 30 年和金本位时期，通货膨胀预期更容易被锚定，因此名义利率的变化可持续传递到实际利率。实际利率的趋势也受到货币政策制度变化的影响。货币政策制度对实际利率的持续影响引发了对只关注实体变量的储蓄-投资框架的深层次质疑，进一步突出了自然利率在政策制定中的实际局限性[①]。

基准利率是影响中央银行与商业银行货币政策传导的关键政策工具。中国人民银行设定的具有基准作用的利率工具主要包括再贷款利率、再贴现率、超额存款准备金利率以及常备借贷便利利率、中期借贷便利利率等。中央银行通过利率工具实现基础货币的吞吐，适时调控商业银行的流动性和资金成本，引导商业银行的信贷投向和规模以及市场利率的升降变化。一方面，从源头上控制基础货币的总量，实现对利率的调控，控制好货币供应的总闸门；另一方面，通过利率的高低变化实现对商业银行融资成本的调控，以商业银行为中介向下游传导利率政策，对实体经济进行间接调控。

第二节　再定价模型

再定价模型，也称融资缺口模型，从本质上说，是用账面价值分析在一定时期内金融机构净利息收入对市场利率的敏感性。这种方法的依据是金融机构利息收入和利息支出是否随着市场利率水平的变化而变化。

一、利率敏感性与再定价缺口

利率敏感性是指按照当期的市场利率对某期限内的资产或负债进行重新定价。换句话说，它意味着金融机构的管理者在改变每项资产或负债所公布的利率之前需等待的时间。利率敏感性资产（RSA）是指在一定考察期内到期的或需要重新确定利率的资产，主要包括短期贷款、政府或个人发行的短期证券、可变或可调整利率的贷款与证券等。利率敏感性负债（RSL）的定义则类似于利率敏感性资产，是指在一定考察期内到期的或需要重新确定利率的负债，主要包括短期存款、同业拆借、货币市场借款等。

金融机构在某一组期限内的再定价缺口，则由利率敏感性资产与利率敏感性负债之间的差额表示，即 RSA－RSL。通常，负缺口（RSA＜RSL）使金融机构面临再融资风险，这是因为金融机构在此期限内的利率敏感性负债多于利率敏感性资产，利率的上升将使该机构的利息净收益下降。为了便于分析，假设 RSA 和 RSL 的利率上升变化相同，则利息支出的增加会大于利息收入的增加，从而净利息收入减少。反过来，正缺口（RSA＞RSL）则使金融机构面临再投资风险，此期限内的利率下降将使利息收益下降额大于利息支出下降额，导致金融机构的利息净收益减少。

累计缺口（CGAP）是指金融机构某等级期限内所有缺口值之和。比较常用的累计缺口是 1 年期等级再定价缺口。利率敏感性也可以用缺口比率（即累计缺口与资产的百分

① 参见 BORIO C E, DISYATAT P, JUSELIUS M, RUNGCHAROENKITKUL P. Why so low for so long? A long-term view of real interest rates[J]. BIS Working Papers, 2017, No.685。

比)来衡量。缺口比率不仅直接反映了金融机构的利率风险情况,即正的或负的再定价缺口,而且通过比值的形式可以反映风险的相对大小。

为进一步分析利率变化对净利息收入的影响程度,建立以下模型:

$$\Delta \mathrm{NII}_i = (\mathrm{GAP}_i) \Delta R_i = (\mathrm{RSA}_i - \mathrm{RSL}_i) \Delta R_i \qquad (2\text{-}1)$$

其中:

$\Delta \mathrm{NII}_i =$ 在第 i 个期限等级内,净利息收入的变化值;

$\mathrm{GAP}_i =$ 在第 i 个期限等级内,利率敏感性资产和负债之间账面价值的差额;

$\Delta R_i =$ 在第 i 个期限等级内,对资产和负债造成影响的利率的变化值。

同理,假设 ΔR_i 是影响资产和负债的平均利率变化值,则在第 i 个期限等级内,金融机构的净利息收入的累计影响为

$$\Delta \mathrm{NII}_i = (\mathrm{CGAP}) \Delta R_i \qquad (2\text{-}2)$$

上述方法非常简单和直观地反映了利率变化对金融机构净利息收入的影响。然而,当利率上升时,资本或者市场价值也会发生损失。不过,由于再定价模型采用的是账面价值记账法,资产和负债是以历史价值或历史成本入账,利率变化的影响就只体现在利息收入或利息成本,即利润表中的净利息收入,而不是资产负债表中的资产与负债上,因而市值损失在定价模型中被忽略了。

【例 2-1】 假设表 2-1 是某商业银行的简化资产负债表(这里的期限日是指当计算再定价缺口时各项资产和负债所剩下的期限日)。如何计算该银行的 1 年期累计缺口和缺口比率?

表 2-1　某商业银行资产负债表　　　　　　　　　　　　　单位:万元

资　　产		负　　债	
短期消费贷款(1 年期)	4 500	活期存款	3 000
长期消费贷款(2 年期)	3 000	3 个月期大额可转让存单	4 500
3 个月期国库券	2 000	3 个月期银行承兑汇票	2 000
6 个月期国库券	3 000	6 个月期商业票据	4 500
5 年期中期国债	6 500	1 年期定期存款	2 500
10 年期固定利率抵押贷款	2 500	3 年期定期存款	3 000
30 年期浮动利率抵押贷款(每 6 个月调整一次利率)	3 000	5 年期定期存款	3 500
		所有者权益	
		股本	1 500
	24 500		24 500

解题分析:

(1) 通过对资产或负债在 1 年期内是否即将到期或是否需要重新确定利率来判断其利率敏感性。由此可知:

1 年期等级利率敏感性资产包括短期消费贷款、3 个月期国库券、6 个月期国库券、30 年期浮动利率抵押贷款。

1 年期等级利率敏感性负债包括 3 个月期大额可转让存单、3 个月期银行承兑汇票、6

个月期商业票据、1 年期定期存款。在这里,由于活期存款的显性利率接近零,而且活期存款也是银行核心存款之一,总体来看并不会随着时间而变化,我们将活期存款视为非利率敏感性负债。

(2)通过计算得到 1 年期等级利率敏感性资产和负债:

$$RSA = 4\ 500 + 2\ 000 + 3\ 000 + 3\ 000 = 12\ 500(万元)$$

$$RSL = 4\ 500 + 2\ 000 + 4\ 500 + 2\ 500 = 13\ 500(万元)$$

(3)该商业银行的 1 年期再定价的累计缺口为

$$
\begin{aligned}
CGAP &= RSA - RSL \\
&= 12\ 500 - 13\ 500 \\
&= -1\ 000(万元)
\end{aligned}
$$

1 年期累计缺口比率为

$$CGAP/A = -1\ 000/24\ 500 = -4.08\%$$

二、再定价模型的应用

再定价模型不但在概念上容易理解,而且当利率变化已知时,很容易预测盈利性的变化。此外,银行能够使用再定价模型调整其资产负债结构,或通过对资产负债表中资产与负债的调节在利率变化中获利。因此,以前银行一直使用再定价缺口衡量利率风险。直到现在,一些小商业银行和储蓄机构仍然使用再定价缺口衡量利率风险。

(一)利率变化相同

累计缺口是利率敏感度的一种衡量方法。当利率敏感性资产与利率敏感性负债的利率变化程度相同时,根据式(2-1)和式(2-2),很容易看出累计缺口与净利息收入变化之间的关系。显然,当累计缺口或缺口比率为正时,净利息收入变化与利率变化正相关;相反,当累计缺口或缺口比率为负时,净利息收入变化与利率变化负相关。而且,累计缺口的绝对值越大,预期净利息收入的变化就越大,即金融机构的利息收入相对利息支出增加或减少得更多(见表 2-2)。

表 2-2　累计缺口、利率变化与净利息收入变化

	累计缺口	利率变化	利息收入变化		利息支出变化	净利息收入变化
1	>0	↑	↑	>	↑	↑
2	>0	↓	↓	>	↓	↓
3	<0	↑	↑	<	↑	↓
4	<0	↓	↓	<	↓	↑

因此,在预期利率会上升时,金融机构倾向于保持正的再定价缺口或累计缺口;反之,在预期利率会下降的情况下,金融机构往往会保持负的再定价缺口或累计缺口,以获取利益。我们称之为缺口效应。

【例 2-2】 在例 2-1 中,假设利率敏感性资产与利率敏感性负债的利率都上升了 1 个百分点,则 1 年期等级累计缺口带来的预期净利息收入变化每年大约为

$$\Delta NII = CGAP \cdot \Delta R$$
$$= -1\,000 \times 0.01$$
$$= -10\,(万元)$$

同样,假设金融机构的利率下降了 1%,则累计缺口带来的金融机构预期净利息收入变化为

$$\Delta NII = CGAP \cdot \Delta R$$
$$= (-1\,000) \times (-0.01)$$
$$= 10\,(万元)$$

如果利率下降了,由于累计缺口为负,利息收入比利息支出减少得慢,因此净利息收入增加。

(二)利率变化不同

在现实中,利率敏感性资产与利率敏感性负债的利率变化情况往往是不同的,即资产与负债的利率差会随利率的变化而变化。如果利率差增加,当利率上升时,利息收入比利息支出增加得多;当利率下降时,利息收入比利息支出减少得少。相反,若利差减少,当利率上升时,利息收入比利息支出增加得少;当利率下降时,利息收入比利息支出减少得多。这种效应称为利差效应。

由此可见,在累计缺口一定的情况下,无论利率变化方向如何,利差变化与净利息收入变化正相关。也就是说,在其他条件一定的情况下,利差增加,净利息收入增加;利差减少,净利息收入减少。

【例 2-3】 假设金融机构某个时点利率敏感性资产与利率敏感性负债相等,且均为 12 500 万元。假设利率敏感性资产的利率上升 1.2%,利率敏感性负债的利率上升 1%,即利率差增加了 0.2%,导致净利息收入的变化为

$$\Delta NII = RSA \cdot \Delta R_{RSA} - RSL \cdot \Delta R_{RSL}$$
$$= \Delta\,利息收入 - \Delta\,利息支出$$
$$= 12\,500 \times 1.2\% - 12\,500 \times 1\%$$
$$= 25\,(万元)$$

(三)综合效应

根据前文的定义,综合考虑累计缺口效应和利差效应,假设利率敏感性资产利率变化为 ΔR_{RSA},利率敏感性负债利率变化为 ΔR_{RSL},则可以得到

$$\Delta NII = RSA \cdot \Delta R_{RSA} - RSL \cdot \Delta R_{RSL}$$
$$= RSA \cdot \Delta R_{RSA} - RSL \cdot \Delta R_{RSA} + RSL \cdot \Delta R_{RSA} - RSL \cdot \Delta R_{RSL} \quad (2\text{-}3)$$
$$= CGAP \cdot \Delta R_{RSA} + RSL \cdot (\Delta R_{RSA} - \Delta R_{RSL})$$

由式(2-3)可以看出,等式右边第一项为缺口效应,第二项为利差效应。因此,式(2-3)反映了缺口效应和利差效应的综合影响。在金融机构拥有正(负)的累计缺口的情况下,当利率变化与利差变化相同(相反)时,金融机构的管理者能准确地预测净利息收入的变化方向。然而,当累计缺口与利差二者对净利息收入的作用方向相反时,净利息收入的变化方

向就取决于累计缺口、利率变化、利率敏感性负债规模及利差变化的大小(见表 2-3)。

表 2-3 累计缺口、利差、利率与净利息收入变化

行	累计缺口	利率变化	利差变化	NII 变化
1	>0	↑	↑	↑
2	>0	↑	↓	↑↓
3	>0	↓	↑	↓↑
4	>0	↓	↓	↓
5	<0	↑	↑	↓↑
6	<0	↑	↓	↓
7	<0	↓	↑	↑
8	<0	↓	↓	↑↓

三、再定价模型的缺点

(一)忽视了市场价值效应

再定价模型由于采用了账面记账法,而忽视了利率变动的市场价值效应,因此只能部分地衡量金融机构的实际利率风险暴露程度。一方面,利率变动会影响资产和负债的利息收入与支出;另一方面,利率变动还会影响资产和负债的市场价值,即它们产生的现金流量的现值也会变化。事实上,当利率变化时,金融机构的资产负债表中几乎所有资产和负债的现值都会发生变化。

(二)存在等级期限内的匹配问题

在期限等级再定价缺口的计算过程中,不可避免地忽略了在这个等级内资产和负债的分布情况。例如,在某一期限等级内,利率敏感性资产和负债的金额可能是相等的。但是,通常负债可能在接近该等级的后端再定价,而资产可能在接近该等级开始时再定价。在这种情况下,用再定价缺口方法计算期限等级再定价缺口时,该等级包括的时间跨度越小,期限内不匹配问题就越小。如果金融机构管理人员能够计算出未来 1 天的期限缺口,就能更好地反映净利息收入的利率风险情况。

(三)忽视了实际支付流量的变化

金融机构现实中会不断吸收和偿付存款,并发放和收回贷款。这可能导致某些非利率敏感性资产和负债所产生的支付流量是具有利率敏感性的。例如,即使某项资产和负债对利率是不敏感的,但每年可能会给金融机构支付一些本金或利息。这样,金融机构会从非利率敏感性的资产组合中获得支付流量,从而面临再投资风险。为了更为精确地衡量再定价缺口,金融机构管理人员应该识别各项资产和负债项目将会出现的现金支付流量,并将这些金额加到利率敏感性资产或负债中。

【例 2-4】 在表 2-1 中,通过计算每项资产和负债项目在该年可以收到的支付流量(见表 2-4),可以更为精确地衡量 1 年期等级的再定价缺口。

表 2-4   不同资产和负债的现金支付流量   单位：万元

资　产			负　债		
	1 年以下支付流量金额	1 年以上支付流量金额		1 年以下支付流量金额	1 年以上支付流量金额
短期消费贷款(1 年期)	4 500		活期存款	400	2 600
长期消费贷款(2 年期)	1 000	2 000	3 个月期大额可转让存单	4 500	
3 个月期国库券	2 000		3 个月期银行承兑汇票	2 000	
6 个月期国库券	3 000		6 个月期商业票据	4 500	
5 年期中期国债	500	6 000	1 年期定期存款	2 500	
10 年期固定利率抵押贷款	1 000	1 500	3 年期定期存款	300	2 700
30 年期浮动利率抵押贷款(每 6 个月调整一次利率)	3 000		5 年期定期存款	200	3 300
			所有者权益		
			股本		1 500
合计	15 000	9 500		14 400	10 100

对支付流量做了调整后，1 年期等级的再定价缺口为

$$\text{CGAP}=15\,000-14\,400=600（万元）$$

此外，支付流量本身也不是独立于利率变化的。具体而言，当利率上升时，许多人会推迟偿还其抵押贷款的本息，从而导致对抵押贷款产生的支付流量估计可能变得过于乐观。而当利率下降时，人们会提前偿还其固定利率抵押贷款，导致支付流量会上升更多。这种支付流量对利率变动的敏感性就成了再定价模型的又一个缺陷。

(四)忽视了表外业务现金流量

再定价模型中，利率敏感性资产和负债主要包括资产负债表中的资产和负债，然而利率的变化对表外资产和负债的现金流量也会产生很大的影响。例如，金融机构可以通过利率期货合约对冲利率风险。当利率变化时，出于逐日盯市过程的需要，这些期货合约每天都会为金融机构带来正的或负的现金流量，这些流量可以抵消表内的缺口风险暴露。因此，应该将这种期货合约产生的抵消性现金流量引入再定价模型。

第三节　期　限　模　型

再定价模型采用账面价值，衡量利率风险时只反映了利率变化对利息净收益的影响，然而忽视市场价值效应可能会带来严重危害。因此，期限模型和持续期模型都以市场价值为基础，考虑利率变化对资产、负债的市场价值的影响。

一、价格-收益率-期限的关系

金融机构资产负债组合的市场价值可以反映现实的经济情况或资产和负债的真实价

值。下面我们以固定收益证券为例,探讨价格、收益率和期限之间的关系。

【例 2-5】 假设金融机构持有三种债券,其面值均为 100 元、年息票率均为 10％且均是 1 年付息 1 次,到期期限则分别为 1 年、2 年、3 年。当到期收益率为 10％时,这三种债券的价值均为 100 元。

假设债券到期收益率升至 11％,则三种债券的市场价值下降为

$$P_1 = \frac{100+10}{1.11} = 99.1$$

$$P_2 = \frac{10}{1.11} + \frac{10+100}{1.11^2} = 98.29$$

$$P_3 = \frac{10}{1.11} + \frac{10}{1.11^2} + \frac{100+10}{1.11^3} = 97.56$$

三种债券因利率上升 1％,遭受的资本损失 ΔP_1、ΔP_2、ΔP_3 分别为

$$\Delta P_1 = 99.10 - 100 = -0.9$$
$$\Delta P_2 = 98.29 - 100 = -1.71$$
$$\Delta P_3 = 97.56 - 100 = -2.44$$

从上面的例子可以看出:

第一,到期收益率的上升将减少固定收入证券的价值;反之,到期收益率的下降将增加固定收入证券的价值。

第二,当利率上升时,固定收入资产或负债的期限越长,其市场价值的下降幅度越大。

第三,随着期限的延长,资本损失增加的幅度在递减。

上述结论同样适用于持有资产或负债组合的情形。资产组合的期限(M_A)是指组合中的各项资产期限的加权平均,其权重分别为按市场价值计算的资产组合中每项资产占总资产的比重;负债组合的期限(M_L)是指组合中的各项负债期限的加权平均,其权重为负债组合中每项负债占总负债的比重。于是,可以得到:

(1) 利率的上升通常会导致金融机构资产、负债组合市场价值的减少;利率的下降通常会导致金融机构资产、负债组合市场价值的上升。

(2) 当利率上升时,资产、负债组合的期限越长,其市场价值下降的幅度越大;当利率下降时,资产、负债组合的期限越长,其市场价值上升的幅度越大。

(3) 当利率上升时,组合价值随着期限的延长而下降,不过下降的速度是递减的。

二、资产和负债组合的期限模型

如前所述,利率上升或下降对金融机构资产负债表的净影响取决于资产组合期限与负债组合期限的不匹配方向和程度,也就是资产和负债组合的期限缺口,亦即资产和负债组合的加权平均期限之差($M_A - M_L$)的大小。

通常,大多数商业银行和储蓄机构倾向于持有大量抵押贷款、消费贷款、商业贷款和债券等期限相对较长的固定收入资产,同时发行存单、短期存款等期限相对较短的负债,这就导致资产的期限大于负债的期限。基于此,下面的讨论假设金融机构 $M_A - M_L > 0$。

由资产负债恒等式可知,净值的变化(ΔE)等于资产组合的变化(ΔA)减去负债组合

的变化(ΔL),即 $\Delta E = \Delta A - \Delta L$。当利率上升时,资产和负债的市场价值都会下降。然而,由于资产组合的期限比负债组合的期限长,因此资产组合(A)的市值下降幅度比负债组合(L)大,也就是说资本净值(E)会减少,即 $\Delta E < 0$。与此同时,利率风险还会随着期限缺口绝对值的增加而增加。

【例 2-6】　假设某金融机构将 1 亿元投资于息票利率为 10% 的 3 年期债券,同时通过发行 9 000 万元、利率为 10% 的 1 年期存款来筹资,权益资本为 1 000 万元。

(1) 如果市场利率从 10% 上升到 11%,则 3 年期债券的价值将下降 2.44%(见例 2-5),1 年期存款的市值为

$$L = \frac{900 + 9\,000}{1.11} = 8\,919(万元)$$

负债变化率为

$$\Delta L / L = \frac{8\,919 - 9\,000}{9\,000} = -0.9\%$$

因为资产市值下降的幅度大于负债,资本净值从 1 000 万元下降到 837 万元,损失 163 万元,或者说损失 16.3%。

(2) 如果利率从 10% 上升到 17%,上升 7 个百分点,则

$$A = \frac{1\,000}{1.17} + \frac{1\,000}{1.17^2} + \frac{1\,000 + 10\,000}{1.17^3} = 8\,453(万元)$$

$$L = \frac{900 + 9\,000}{1.17} = 8\,462(万元)$$

$$E = -9(万元)$$

这时,金融机构的所有者权益将下降 1 000 万元以上,致使金融机构破产。

【例 2-7】　假设某金融机构把 1 亿元都投资于 30 年期的固定利率债券(以年复利计算),同时发行 9 000 万利率为 10% 的 1 年期存款来筹资,权益资本为 1 000 万元。

在这种情况下,如果利率从 10% 上升为 11.5%,30 年期债券的价格将下降为

$$A = \frac{1\,000}{1.115} + \frac{1\,000}{1.115^2} + \cdots + \frac{1\,000}{1.115^{29}} + \frac{1\,000 + 10\,000}{1.115^{30}} = 8\,745(万元)$$

可见,资产价格减少了 1 255 万元。金融机构 1 年期存款的市场价值会下降为

$$L = \frac{900 + 9\,000}{1.115} = 8\,879(万元)$$

负债减少了 121 万元。由于资产价值大幅下跌,$E = -134$ 万元,金融机构的净值消失。

对比上面两个例子可以发现,当金融机构资产和负债的期限极端不匹配时(在例 2-7 中,期限缺口为 29 年),利率仅上升 1.5% 就能使其 1 000 万元的净值完全消失。相反,当期限缺口较小(在例 2-6 中,期限缺口为 2 年)时,7% 的利率升幅才能使金融机构的权益消失。

因此,根据期限模型,金融机构要想对利率风险免疫,最好的办法是使其资产和负债的期限相匹配,也就是说,金融机构的期限缺口为零,即 $M_A - M_L = 0$。

三、期限模型的缺点

资产和负债期限相匹配的策略虽然有助于金融机构防范利率风险,但在实际中这种策略并不能始终消除金融机构面临的全部利率风险。下面以两个例子说明期限模型存在的主要问题。

【例 2-8】 假设金融机构将 1 亿元的资产初始投资于票面利率为 10% 的 1 年期债券,9 000 万元的负债为 1 年期利率为 10% 的存款,权益资本为 1 000 万元。显然,此时期限缺口为零,即 $M_A - M_L = 0$。

若利率上升 1%,金融机构的资产价值变为

$$A = \frac{11\,000}{1.11} = 9\,910(万元)$$

由于此时负债价值变为 8 919 万元(见例 2-6),所有者权益为 9 910 元,减少了 9 万元。这主要是因为并非所有的资产都是用存款来融资的,部分资产是通过所有者权益融资的。当利率上升时,只有 9 000 万元的存款受到直接影响,而受到直接影响的资产却有 1 亿元。

【例 2-9】 假设金融机构向存款人发行了一张 1 年期大额可转让存单,存单的面值为 100 万元、利率为 15%。同时,金融机构把 100 万元贷给一家公司,年利率为 15%,期限为 1 年。依据合同,金融机构要求公司半年后偿还一半贷款,剩下的一半到年底再还。

显然,金融机构 $A = L$ 且 $M_A - M_L = 1$。年末到期日,金融机构会支付给存款人 100 万元加上 15 万元的利息,即 115 万元。

假设年中的再投资收益率为 R,金融机构 1 年期贷款在年末的所有现金流量为
$$A = (50 + 7.5) + (50 + 7.5) \times (R/2) + (50 + 3.75)$$

(1) 如果整个到期期间利率不变($R = 15\%$),则 A 为 1 155 625 元。这时,发放贷款所获的现金比支付给存款人的现金多 5 625 元。其原因是,金融机构能够在下半年以 15% 的利率再投资其部分本金和利息。

(2) 如果下半年利率降到了 12%($R = 12\%$),此时 A 为 114.7 万元。在此情形下,金融机构年末损失了 3 000 元。这是因为年中收到的现金流量只能按较低的利率进行投资。

由此可见,期限模型存在两个主要缺陷:一是未考虑金融机构资产负债表的杠杆比;二是忽视了金融机构资产和负债现金流发生的时间。因此,即使期限匹配,金融机构仍然面临利率风险。

第四节　持续期模型

与到期期限相比,持续期(也称为久期、有效期限)是衡量资产或负债利率敏感性的一种更完善的方法,因为持续期不但考虑了资产或负债的期限,还考虑了所有现金流发生或支付的时间。因此,持续期缺口是一种测量利率风险的更全面的方法。监管者也越来越多地使用这种模型来确定暴露于利率风险下的金融机构的资本准备。

一、持续期

（一）持续期的计算

严格地讲，持续期是一种以现金流量的相对现值为权重的加权平均到期期限。根据定义，持续期的一般计算公式为

$$D = \frac{\sum\limits_{t=1}^{N} CF_t \cdot DF_t \cdot t}{\sum\limits_{t=1}^{N} CF_t \cdot DF_t} = \frac{\sum\limits_{t=1}^{N} PV_t \cdot t}{\sum\limits_{t=1}^{N} PV_t} \tag{2-4}$$

其中，$D =$ 以年为单位的持续期；

$CF_t =$ 在 t 时间内收到的债券的现金流量；

$N =$ 现金流量发生的最后一个时期；

$DF_t =$ 贴现因子；

$PV_t = t$ 时期末现金流量的现值，其值等于 $CF_t \cdot F_t$。

持续期公式中的分母等于债券现金流量的现值，在有效市场中也等于债券的市场价格；分子等于债券收到的每一笔现金流量的现值乘以收到现金流量所需时间之和。

从时间价值的角度看，持续期计算的是需要偿还最初的投资所需的时间。在持续期内收到的现金流量反映的是初始投资的偿还；在持续期之后、到期之前收到的现金流是金融机构的利润或者是回报。

1. 付息债券的持续期

假设每年利息支付次数为 m、年收益率为 R，持续期可表示为以下具体形式：

$$D = \frac{\sum\limits_{t=1/m}^{N} \dfrac{CF_t \cdot t}{(1+R/m)^{mt}}}{\sum\limits_{t=1/m}^{N} \dfrac{CF_t}{(1+R/m)^{mt}}} \tag{2-5}$$

【例 2-10】 假设 6 年期债券每年支付一次利息，年息票率是 8%，债券面值是 100 元，现行到期收益率是 8%。表 2-5 说明了持续期的计算过程。

表 2-5　年息票率和收益率皆为 8% 的 6 年期债券的持续期

t	CF_t	DF_t	$CF_t \cdot DF_t$	$CF_t \cdot DF_t \cdot t$
1	8	0.925 9	7.407	7.407
2	8	0.857 3	6.859	13.718
3	8	0.793 8	6.351	19.053
4	8	0.735 0	5.880	23.520
5	8	0.680 6	5.445	27.225
6	108	0.630 2	68.058	408.348
			100	499.271

$$D=\frac{499.271}{100}=4.993（年）$$

从时间价值的角度看，100 元初始投资将在 4.993 年后收回，在 4.993 年与到期 6 年之间，债券为投资者带来利润或者说回报。

【例 2-11】　假设 2 年期国债的面值为 100 元，每半年支付一次利息，年息票率为 8%，年到期收益率为 12%。则根据定义，有

$$P=\frac{4}{1.06}+\frac{4}{1.06^2}+\frac{4}{1.06^3}+\frac{104}{1.06^4}=93.07（元）$$

$$D=\left(\frac{4}{1.06}\times0.5+\frac{4}{1.06^2}\times1+\frac{4}{1.06^3}\times1.5+\frac{104}{1.06^4}\times2\right)/P=1.883（年）$$

2. 零息债券的持续期

零息债券或者折扣债券以低于面值的价格发行，到期时发行者按面值赎回，在发行和到期之间没有诸如利息支付之类的现金流量。因此，零息债券的持续期等于到期期限，即 $D=M$。

显然，只有零息债券的持续期等于其到期期限，其他任何到期前有现金支付的债券的持续期都会小于其到期期限。

3. 永久债券的持续期

永久债券是一种每年都支付固定息票利息的债券，这种债券的显著特征在于它没有到期日。也就是说，它是一种永久债券，即 $M=\infty$。

根据持续期定义，可以算出：

$$D=1+\frac{1}{R} \tag{2-6}$$

可见，虽然永久债券不会到期，但在收益率一定的情况下，其持续期却是有限的，而且随着利率的上升，永久债券的持续期会缩短。

【例 2-12】　假设年收益率是 $R=6\%$，则这张永久债券的持续期为

$$D_1=1+\frac{1}{0.06}=17.67（年）$$

基于货币的时间价值，收回这张永久债券的初始投资需要 17.67 年。在此之后，债券为投资者创造的是利润。当收益率上升到 18% 时，永久债券的持续期缩短为

$$D_2=1+\frac{1}{0.18}=6.56（年）$$

4. 浮动利率贷款和债券

浮动利率债券是指发行时规定债券利率随市场利率定期浮动的债券，也就是说，债券利率在偿还期内可以变动和调整。浮动利率债券通常是中长期债券。浮动利率债券的利率通常根据市场基准利率加上一定的利差来确定。浮动利率债券的持续期通常是购买这一债券与下一次对息票利率或利率进行重新调整的时间间隔，我们称之为债券再定价的时间。

【例 2-13】　假设对于一种永久性浮动利率债券，金融机构在每年年初都将重新设定该年年末应支付的息票利息。若某投资者在第一年的年中，即 $t=1/2$ 时购买了该债券（见图 2-1）。

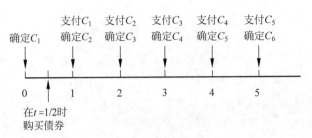

图 2-1 浮动利率债券

根据债券价格公式，在购买时，这一债券的现值（P）为[1]

$$P = \frac{C_1}{1+\dfrac{R}{2}} + \frac{C_2}{\left(1+\dfrac{R}{2}\right)(1+R)} + \frac{C_3}{\left(1+\dfrac{R}{2}\right)(1+R)^2} +$$

$$\frac{C_4}{\left(1+\dfrac{R}{2}\right)(1+R)^3} + \frac{C_5}{\left(1+\dfrac{R}{2}\right)(1+R)^4} + \cdots + \frac{C_\infty}{\left(1+\dfrac{R}{2}\right)(1+R)^{\infty-1}}$$

$$= \frac{C_1}{1+\dfrac{R}{2}} + \frac{1}{1+\dfrac{R}{2}}\left[\frac{C_2}{1+R} + \frac{C_3}{(1+R)^2} + \frac{C_4}{(1+R)^3} + \frac{C_5}{(1+R)^4} + \cdots + \frac{C_\infty}{(1+R)^{\infty-1}}\right]$$

可见，等式右边括号中的部分是在第一年年末出售该债券的合理价格（P_1）。第一年年末也是设定第二次息票利率的时候，只要可变动的息票利率和收益率的波动完全对应，方括号中现金流量的现值是不受利率变动影响的，因此债券：

$$P = \frac{C_1}{1+\dfrac{R}{2}} + \frac{P_1}{1+\dfrac{R}{2}}$$

其中，C_1 是在投资者购买该债券时已经预先设定好的固定的现金流量，P_1 是固定的未来现金流量的现值，因而购买该债券就类似于购买两种单独偿付的大幅折扣债券，每种债券的到期期限都是 6 个月。因为大幅折扣债券的持续期与到期期限相同，因而该浮动利率债券的持续期为 $D=1/2$ 年。可见，浮动利率债券的久期正是购买这一债券与债券下次再定价之间的时间间隔。

（二）持续期的性质

根据前面的计算公式，我们列举了几种情形下国债（每半年支付一次利息）的持续期（见表 2-6）。

表 2-6   国债的持续期（每半年付息一次）

期限	息票利率/%	到期收益率/%	持续期
1	8	12	0.980

---

[1]   在这里，不够一个整的息票支付时间所获得的任何现金流入都是以单利为贴现率贴现的。

续表

期限	息票利率/%	到期收益率/%	持续期
2	6	12	1.909
2	8	12	1.883
2	8	16	1.878
3	8	12	2.709

通过对比,可以归纳出持续期与债券的到期期限、收益率和息票利率关系的三个重要性质:

(1)在其他条件相同的情况下,固定收入资产或负债的持续期随着到期期限的延长而增加,但是增速是递减的。

(2)在其他条件相同的情况下,持续期随着收益率的提高而减少。这是因为贴现率越高,对靠后的现金流量的贴现程度就越重。也就是说,资产或负债靠后的现金流量相对于早先的现金流量来说,其重要性或者说权重会下降。

(3)在其他条件相同的情况下,债券的息票利息或所承诺支付的利息越高,持续期越短。这是因为,息票利息或所承诺支付的利息越高,投资者可以越快地收到现金流量,因此在持续期的计算中,这些现金流量的现值的权重就越大。根据货币的时间价值,息票支付的金额越大,期初的投资收回得越快。

二、持续期的经济含义

假设某年付息债券的现行价格等于债券将要支付的息票利息和本金的现值的总和,即

$$P = \frac{C}{1+R} + \frac{C}{(1+R)^2} + \cdots + \frac{C+F}{(1+R)^N} \tag{2-7}$$

其中：P＝债券的价格；

C＝年息票利息；

R＝到期收益率；

N＝到期的期限数；

F＝债券的面值。

债券价格对到期收益率求导,可以得到

$$\frac{\mathrm{d}P}{\mathrm{d}R} = -\frac{1}{1+R} \cdot (P \cdot D) \tag{2-8}$$

通过变换可得

$$\frac{\dfrac{\mathrm{d}P}{P}}{\dfrac{\mathrm{d}R}{1+R}} = -D \tag{2-9}$$

从经济上理解,持续期 D 是一种利率弹性指标,反映了债券价格对微小利率变化的敏感性。为了更好地理解利率敏感性,我们对式(2-8)进行整理,可得

$$\frac{\mathrm{d}P}{P} = -D\left[\frac{\mathrm{d}R}{1+R}\right] \tag{2-10}$$

从式(2-10)可以看出,当利率发生微小变化时,债券价格会按照相反的方向发生变化,其变化值为利率变化$\left(\frac{\mathrm{d}R}{1+R}\right)$的$D$倍。由此可知,在利率变化一定的情况下,如果利率上升,持续期较长的债券将比持续期较短的债券遭受更大的资本损失;如果利率下降,持续期较长的债券将比持续期较短的债券获得更大的资本利得。同时,持续期模型下,收益和损失是对称的,即相同的微小利率变化导致的资本利得与所造成的资本损失是相对应的。

定义修正持续期 $\mathrm{MD}=D/(1+R)$,可以得到更为直观的形式:

$$\frac{\mathrm{d}P}{P} = -\mathrm{MD}\cdot \mathrm{d}R \tag{2-11}$$

同理,如果债券每年支付 m 次利息,可以推导得到

$$\frac{\mathrm{d}P}{P} = -D\cdot\frac{\mathrm{d}R}{1+(1/m)R} \tag{2-12}$$

综上所述,持续期不但从现金流量的角度衡量资产或者负债的平均期限,而且是一种直接衡量资产、负债的利率敏感性或利率弹性的方法。D 越大,债券价格变化越大,从而利率风险也越高。

【例 2-14】 在例 2-10 中,息票率为 8%、收益率为 8% 的 6 年期债券的持续期约为 $D=4.993$ 年。假设收益率将上升 1 个基点,即从 8% 上升到 8.01%,则

$$\mathrm{d}P/P = -4.993\times(0.000\ 1/1.08)$$
$$= -0.000\ 462 = -0.046\ 2\%$$

由此可见,收益率上升 1 个基点,债券价格将下降 0.046 2%,或下降 $100\times0.046\ 2\%=$ 0.046 2 元。

【例 2-15】 在例 2-11 中,当收益率为 12% 时,年息票率为 8%、每半年支付一次利息的 2 年期国债的持续期为 1.883 年。如果利率上升一个基点,则

$$\mathrm{d}P/P = -1.883\times(0.000\ 1/1.06) = -0.000\ 178 = -0.017\ 8\%$$

也就是说,利率上升一个基点,债券价格下降 0.017 8 个百分点。容易计算出收益率为 12% 时国债的价格为 93.07 元,利率上升一个基点相当于价格下降 $93.07\times0.017\ 8\%=$ 0.017 元。

三、持续期的应用

对于金融机构而言,持续期作为一种衡量方法,主要用于利率风险管理。例如,持续期可以用于帮助金融机构免除某些资产、负债项目,或整个资产负债表的利率风险。

(一)资产与负债持续期匹配

持续期匹配(或称免疫)就是要将资产与负债的利率风险相匹配。如果债券或其他固定利率金融工具(如贷款、抵押贷款等)的持续期正好匹配金融机构投资的目标期限,金融机构就可以免除利率变化所带来的风险。这是因为利率变化引起的再投资收入的增减将

会被债券出售价格的减增所抵消。下面用一个例子来说明。

【例 2-16】 假设 2022 年，投保人购买了 1 万元的养老保险，保险公司承诺要在 5 年后一次性按等于当前收益率（假设为 8%）的年利率进行支付，即 5 年后支付给投保人 $10\ 000 \times 1.08^5 = 14\ 693$ 元。为了进行利率风险免疫，保险公司应该选择持续期等于 5 年的债券进行投资。接下来，我们通过两种持续期均为 5 年的选择策略进行说明。

第一种，购买到期期限为 5 年的零息债券。

假设该债券的面值为 100 元，每年按复利计算，则当前收益率为 8% 时，这种 5 年期债券的现值为

$$P = \frac{100}{1.08^5} = 68.058$$

如果保险公司在 2022 年以 1 万元的成本购入 $10\ 000/68.058 = 146.9$ 张这种债券，那么这项投资在 5 年后到期时将带来 14 693 元的收益。这是因为零息债券在这 5 年间没有发生现金流量的变化，所以未来利率的变化对再投资收入没有影响。

第二种，购买有效期限为 5 年的息票债券。

假设在 2022 年购入 100 张面值 100 元、到期收益率为 8%、年息票率为 8% 的 6 年期债券（这种债券的持续期为 4.993 年，见表 2-5），并一直持有至 2027 年。

5 年后，保险公司投资这种有效期限为 5 年的息票债券的预期总收益（G）为

$G =$ 息票利息收入（C）＋利息再投资收益（I）＋在第 5 年出售债券的收入（P）

若市场利率为 R，则预期总收益中各分项为[①]

$$C = 5 \times 8 \times 100 = 4\ 000（元）$$
$$I = 800 \times (1+R)^4 + 800 \times (1+R)^3 + 800 \times (1+R)^2 +$$
$$800 \times (1+R) + 800 - 4\ 000$$
$$P = 10\ 800/(1+R)$$

由此可见，未来利率的上升会导致利息再投资收益上升，而债券出售价格则会下降；未来利率的下降会导致利息再投资收益下降，而债券出售价格则会上升。

由上面的公式不难计算出，当利率保持 8% 不变或升至 9% 或降到 7% 时，来自债券的预期总收益分别为 14 693 元、14 696 元和 14 694 元，非常接近支付投保人的 14 693 元，从而规避了利率风险。

（二）杠杆调整持续期缺口分析

金融机构资产组合的持续期（D_A）是指资产负债表上以市值为权重的各项资产持续

---

① 也可通过年金终值系数（FVAF）计算利息再投资收益 I。年金终值系数的一般式：$\text{FVAF}_{n,R} = \frac{(1+R)^n - 1}{R}$，则连续 5 年内，每年收到 1 元的年金，按 8% 的利率进行再投资，相应的终值为：$\text{FVAF}_{5,8\%} = \frac{(1+0.08)^5 - 1}{0.08} = 5.866$ 元。

因此，每年 800 元利息的再投资收益是：$I = 800 \times 5.866 - 4\ 000 = 693$ 元。同理，可计算按 7% 或 9% 的利率进行再投资的利息再投资收益。

期的加权平均值；同理，负债组合的持续期(D_L)是指以市值为权重的各项负债持续期的加权平均值。

假设按年复利计算，根据持续期模型，即式(2-10)，可得

$$\frac{\Delta A}{A} = -D_A \cdot \frac{\Delta R}{1+R} \tag{2-13}$$

$$\frac{\Delta L}{L} = -D_L \cdot \frac{\Delta R}{1+R} \tag{2-14}$$

简单变形，可得

$$\Delta A = -D_A \cdot A \cdot \frac{\Delta R}{1+R} \tag{2-15}$$

$$\Delta L = -D_L \cdot L \cdot \frac{\Delta R}{1+R} \tag{2-16}$$

将这两个等式代入$\Delta E = \Delta A - \Delta L$中，进行整理合并后得到

$$\Delta E = -(D_A - D_L \cdot k) \cdot A \cdot \frac{\Delta R}{1+R} \tag{2-17}$$

其中，$k = L/A$反映了金融机构的杠杆比。

由此可见，利率变化对金融机构股权资本净值的影响可分为以下三个部分：

（1）杠杆调整持续期缺口（DGAP），即$D_A - D_L k$。该缺口是以年为单位计算的，反映了金融机构资产负债表上持续期不匹配的程度。显然，该缺口的绝对值越高，金融机构面临的利率风险越高。当$D_A - D_L k = 0$时，$\Delta E = 0$，即金融机构实现了整个资产负债表的完全利率风险免疫。

（2）金融机构的规模A。这一项反映了金融机构资产规模的大小。金融机构规模越大，对于既定的利率变化，金融机构净值所面临的风险越高。

（3）利率冲击的大小$\Delta R/(1+R)$。利率的冲击越大，金融机构面临的风险越高。

对于金融机构而言，利率冲击大部分是外部因素，它并不能由金融机构自行控制，而往往取决于中央银行的货币政策。杠杆调整持续期缺口和金融机构资产规模的大小，则可由金融机构自行控制。为了规避金融机构整个资产负债表的利率风险，可以通过调整D_A和D_L、改变k等方法使杠杆调整持续期缺口缩小至零。

【例2-17】　假定某金融机构最初按市值计算的资产A为1亿元，负债L为9 000万元，权益资本E为1 000万元。某管理人员计算出$D_A = 5$年，$D_L = 3$年，若他预测利率不久将会从10%升至11%，则股东净值的可能损失为

$$\Delta E = -(D_A - kD_L) \cdot A \cdot \Delta R/(1+R)$$
$$= -(5 - 0.9 \times 3) \times 10\ 000 \times 0.01/1.1$$
$$= -209(万元)$$

也就是说，如果利率上升1%，则金融机构会损失209万元，约占金融机构初始净值的21%。利率上升1%后，资产价值下降：

$$\Delta A = -10\ 000 \times 5 \times (0.01/1.1) = 455(万元)$$

此时，资产价值为9 545万元，资本资产比率变为

$$(1\ 000 - 209)/9\ 545 = 8.29\%$$

可见,利率上升虽然没有导致金融机构破产,却使金融机构的资本资产比率从 10% 降至 8.29%。

四、持续期模型的缺点

20 世纪 80 年代以来,持续期模型被广泛地应用于商业银行资产负债管理,成为度量和管理利率风险的重要工具。不过,人们仍然对持续期模型提出了各种批评。

(一)持续期缺口匹配难度较高

理论上,金融机构的管理人员可以通过改变 D_A 和 D_L 来规避利率风险,但对于大型的综合性金融机构来说,重新调整资产负债表的结构是一件耗时且费钱的事。近年来,随着衍生产品市场、基金市场、资产证券化和贷款出售市场的发展,调整资产负债表结构的速度已经大幅提高,调整的成本也已大幅下降。例如,管理人员可以利用衍生金融工具进行对冲,而不需要直接对资产组合进行调整,即可达到防范风险的目的。

(二)风险防范是一个动态过程

基于持续期的风险防范是一项动态策略。随着时间的推移,债券的持续期会不断地变化,它将不断地向到期期限靠近。同时,持续期变化的速度与实际的时间变化速度是不同的。理论上,这就要求投资组合的管理人员不断地调整其投资组合的结构,以保证投资组合的持续期与投资期限相匹配。然而,不断地调整组合的结构并不是件容易的事,而且会产生巨额的交易费用,所以大多数管理人员只是间隔一段时间(如一个季度)才调整一次投资组合的结构。因此,管理人员必须在完全防范风险与动态地调整组合结构所带来的成本之间寻找一个平衡点。

【例 2-18】　保险公司于 2022 年购入了 100 张面值 100 元、持续期 5 年、息票利率 8% 的 6 年期债券,意欲在 2027 年获得 14 693 元的现金流入(见例 2-16)。

一年之后的 2023 年,若收益率已经从 8% 下降到 7%,此时这张剩余期限为 5 年的债券的持续期 D 为 4.33 年。可见,债券组合 4.33 年的持续期已经超过了 4 年的投资目标期限,这家保险公司的头寸已不能完全对冲。

管理人员只能重新调整债券组合的结构,以求再次实现防范风险的目的。其中一种简单的调整办法是,卖掉 50% 的持续期为 4.33 年的息票债券,转而购买到期期限为 3.67 年的零息债券。由于折扣债券的持续期等于到期期限,整个资产组合的持续期将变为

$$D_A = (4.33 \times 0.5) + (3.67 \times 0.5) = 4(年)$$

(三)水平期限结构假设的局限性

持续期模型的一个重要假设是,收益率曲线或利率期限结构是水平的,而且收益率曲线是平行移动的。然而,在现实世界里,收益率曲线的形状多种多样。如果收益率曲线不是水平的,那么用持续期模型来预测资产、负债的利率敏感性就会产生误差。因此,通过假设收益率曲线形状及变化,可以计算新的持续期(记为 D^*),从而对模型进行改进。对于金融机构管理人员来说,选择使用 D^*,除了考虑到资产与杠杆加权负债之间的缺

口$(D_A^* - kD_L^*)$外,并没有改变他们所面临的基本问题。

【例 2-19】　假设收益率曲线不是水平的,不同到期日的零息票债券的收益率如图 2-2 所示。在这种情况下,计算面值为 100 元、息票率为 8% ,6 年到期的债券的持续期(D^*)。

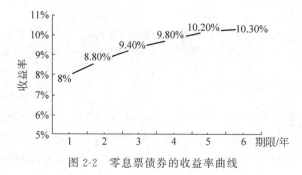

图 2-2　零息票债券的收益率曲线

债券持续期可以使用相应的零息债券收益率进行调整,即

$$P^* = \frac{8}{1+8\%} + \frac{8}{(1+8.8\%)^2} + \frac{8}{(1+9.4\%)^3} + \frac{8}{(1+9.8\%)^4} +$$
$$\frac{8}{(1+10.2\%)^5} + \frac{108}{(1+10.3\%)^6} = 90.676$$

$$D^* = \frac{1}{P^*}\left[\frac{8}{1+8\%} \times 1 + \frac{8}{(1+8.8\%)^2} \times 2 + \frac{8}{(1+9.4\%)^3} \times 3 +\right.$$
$$\left.\frac{8}{(1+9.8\%)^4} \times 4 + \frac{8}{(1+10.2\%)^5} \times 5 + \frac{108}{(1+10.3\%)^6} \times 6\right]$$
$$= 4.9156$$

(四) 利率大幅变动中凸性的影响

持续期模型认为,利率的升降对于债券价格的影响是对称的。然而,债券价格与利率之间存在凸性,而不是持续期模型所假设的线性关系(如图 2-3 所示)。利率上升的幅度越大,持续期模型对于债券价格下跌的幅度就高估得越多;利率下降的幅度越大,持续期模型对于债券价格上升的幅度就低估得越多。因此,如果利率发生较大幅度的变动,持续期模型对于债券价格变化的预测将变得不准确,需要考虑凸性的重要影响。由此可见,利率变动越大,固定收入证券或证券组合的凸性越大,金融机构管理人员仅用持续期来规避利率风险时,面临的误差就越大。

【例 2-20】　在例 2-10 中,面值 100 元、年息票率为 8% 的债券,当到期收益率为 8% 时,债券的现值 P_0 是 100 元,D 为 4.993 年。假设市场收益率从 8% 上升到 10% ,根据有效期限模型可知:

$$\Delta P/P = -4.993 \times (0.02/1.08) = -9.2463\%$$

也就是说,债券的价格将下跌 9.2463% ,从 100 下跌到 90.7537。然而,当收益率为 10% 时债券的实际价格为

$$P_1 = \frac{8}{1.1} + \frac{8}{1.1^2} + \frac{8}{1.1^3} + \frac{8}{1.1^4} + \frac{8}{1.1^5} + \frac{108}{1.1^6} = 91.2895$$

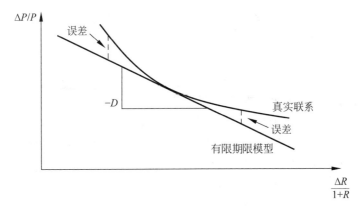

图 2-3　持续期模型与真实联系的比较

同理,当收益率从 8% 下跌到 6% 时,根据有效期限模型,预期债券价格将上升 9.246 3%,即债券价格将升至 109.246 3 元。然而,当收益率为 6% 时,计算得到债券的实际价格为

$$P_2 = \frac{8}{1.06} + \frac{8}{1.06^2} + \frac{8}{1.06^3} + \frac{8}{1.06^4} + \frac{8}{1.06^5} + \frac{108}{1.06^6} = 109.834\,7$$

可以看出:当利率上升 2% 时,实际价格下跌幅度比有效期限所预期的少 0.535 8;当利率下降 2% 时,实际价格的上升幅度比有效期限模型多 0.588 4,二者的误差都超过了债券真实价格的 0.5%。

五、凸性

将凸性用于持续期模型,可以帮助我们调整或抵消由于凸性的存在而造成的误差,提高模型的准确性。

(一) 凸性调整

理论上,持续期是价格-收益率曲线切线的斜率,而凸性则是价格-收益率曲线斜率的变化率。

根据泰勒展开公式,忽略三阶以上无穷小,债券价格的变化为

$$dP = P(R + dR) - P(R) = \frac{dP}{dR} \cdot dR + \frac{1}{2} \frac{d^2 P}{dR^2} \cdot (dR)^2 \tag{2-18}$$

引入凸性(CX),并定义:

$$CX = \frac{1}{P} \cdot \frac{d^2 P}{dR^2} \tag{2-19}$$

可以得到以下近似等式:

$$\frac{\Delta P}{P} = -D \cdot \frac{\Delta R}{1+R} + \frac{1}{2} CX (\Delta R)^2 \tag{2-20}$$

或者:

$$\frac{\Delta P}{P} = -MD \cdot \Delta R + \frac{1}{2} CX \cdot (\Delta R)^2 \tag{2-21}$$

可以看出,式(2-20)和式(2-21)右边的第一部分是简单持续期模型,它在利率变动幅度较大时会高估或低估债券价格的变化幅度;第二部分是利率变动的二阶导数,称为凸性调整因子。这样一来,运用凸性进行调整可以使估计值与真实值之间的误差减小。

综上所述,我们可以从两个方面来理解凸性:从几何图像看,凸性实质上是债券价格-收益率曲线的弯曲程度的度量,弯曲程度越大,债券的凸性就越大;从经济含义的角度看,凸性是债券价格对收益率敏感性的二阶估计。凸性可以度量债券面临的利率风险的非线性部分,因而能够对简单持续期模型估计的误差进行有效的校正。

(二) 凸性的估算

凸性反映了在现行收益率水平下,价格-收益率曲线的弯曲程度,即当收益率上升或下降同等幅度时,资本收益效应超过资本损失效应的程度。

图 2-4 描绘了收益率为 R 时,上升 1 个基点和下降 1 个基点时资本损失和资本收益的情形。由于同等幅度的利率较小变动,下跌带来的资本收益超过上涨导致的资本损失的幅度,我们可以根据这种方法直观地测算价格-收益率曲线在利率等于 R 时的弯曲度。

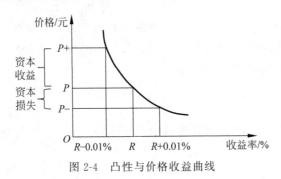

图 2-4　凸性与价格收益曲线

因此,凸性可近似为

CX＝调节系数×[利率上升 1 个基点所导致的资本损失(负面效应)＋
利率下降 1 个基点所带来的资本收益(正面效应)]

已知凸性反映了利率的二阶敏感性,在估算中资本损益是由于利率 0.01% 的变化导致的,因而通常使用的调整系数是 10^8,[①]所以

$$CX = 10^8 \times \left(\frac{\Delta P^-}{P} + \frac{\Delta P^+}{P} \right) \tag{2-22}$$

【例 2-21】　计算一张息票利率为 8%、市场收益率为 8%、面值为 100 元的 6 年期债券的凸性。当利率上升 2% 时,计算债券价格的相对变化。

根据式(2-22),可以得到

$$CX = 10^8 \times \left(\frac{99.953\,785 - 100}{100} + \frac{100.046\,243 - 100}{100} \right) = 10^8 \times 0.000\,000\,28 = 28$$

---

① 在计算中,应尽可能多地保留小数点后的位数,通常不少于 5 位。

由式(2-21),可以得到

$$\frac{\Delta P}{P} = -\frac{4.993}{1.08} \times 0.02 + \frac{1}{2} \times 28 \times (0.02)^2$$

$$= -0.0925 + 0.0056$$

$$= -0.0869 \text{ 或} -8.69\%$$

可以看出,根据简单的持续期模型(等式右边的第一部分),当利率上升 2% 时,债券价格将下降 9.25%。然而,当利率发生较大幅度变动时,持续期模型高估了债券价格的下降幅度。经凸性调整的持续期模型,预期债券价格将下降 8.69%,这非常接近债券价格下跌的真实值 8.71%。

(三) 凸性的特征和性质

凸性具有三个主要特征:

(1) 凸性是有利的。债券或债券组合的凸性越大,相当于获得了越多的保险:当利率上升时,债券遭受的损失减小;当利率下跌时,债券有更多的升值可能性。

(2) 凸性和有效期限的关系。利率变动越大,固定收入债券或债券组合的凸性越大,金融机构管理人员只运用有效期限模型来避免利率风险时,面临的误差就越大。

(3) 所有的固定收入债券都有凸性。

同时,凸性还具有以下性质:

(1) 在其他条件相同的情况下,随着债券到期期限的增长,凸性不断增加。因此,长期债券的凸性比短期债券大,这个性质与持续期的相似。

(2) 在到期期限相同的情况下,息票债券的凸性比零息债券小。

(3) 在持续期相同的情况下,息票债券的凸性比零息债券或折扣债券大(见图 2-5)。

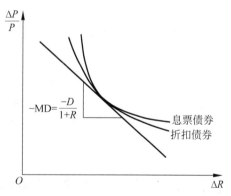

图 2-5　在持续期相同的情况下,息票债券和折扣债券凸性的比较

(4) 债券组合的凸性是组合内各种债券凸性的加权平均,其权重为组合内各个债券的价值占债券总价值的比重。

(四) 凸性的应用

债券或债券组合的凸性越大,当利率上升时,债券遭受的损失越小;当利率下降时,债券有越多的升值可能性。因此,凸性是资产的一个有利特性。也就是说,对于金融机构管理人员来说,资产组合的凸性是一件好事。购买一种有着很强凸性的债券或资产组合,相当于对利率风险买了部分保险。因此,金融机构管理人员可以调整其资产组合的结构,发挥这个因素的有利作用。例如,金融机构的管理人员可以进行调整,使资产组合的凸性大于负债组合的凸性,这样不论是利率上升还是下降,都会给金融机构净值带来有利的影响。

【例 2-22】 某位养老基金管理人员 15 年后有一笔现金流出。为了规避利率风险,该管理人员欲购入一张持续期为 15 年的债券。他有以下两种可供选择的策略:

子弹型策略:将 100% 的资金都投在收益率为 8% 的 15 年期零息票债券上。

哑铃型策略:将 50% 的资金投资在期限极短的货币市场上,再将另外 50% 的资金投在收益率为 8% 的 30 年期零息票债券上(见图 2-6)。

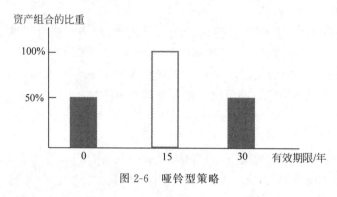

图 2-6 哑铃型策略

上述两种资产组合的持续期和凸性如下:

子弹型策略:

$$D=15$$
$$CX=206$$

哑铃型策略:

$$D=(1/2)\times 0+(1/2)\times 30=15$$
$$CX=(1/2)\times 0+(1/2)\times 797=398.5$$

两种策略的持续期相同,但哑铃型策略的凸性较大。由于市场价格中并没有完全包含凸性因素,因而哑铃型投资组合策略优于子弹型策略。

第五节　利率风险管理策略

利率风险的管理策略有多种选择,如再定价缺口管理策略、持续期缺口管理策略、资产负债表内与表外风险管理策略、资产证券化策略等,管理者可以根据实际需要适当选取其一或者对其进行综合运用。

一、再定价缺口管理策略

再定价缺口管理(或利率敏感性缺口管理)就是通过调控利率敏感性资产和利率敏感

性负债之间的差额,即调整风险暴露头寸,获取最大收益或实现利率风险免疫。该策略是防范利率风险,保证银行利差收益的重要措施。

为了增加盈利,某些银行采用根据对利率走势的预测有意识地留下正或负缺口的策略。也就是说,当预测利率上升时,保持缺口为正,这样一旦利率上升,增加的资产利息收入将超过增加的负债利息支出,从而使净利息收入增加。当预测利率下降时,则保持负缺口,若预测正确,可增加盈利。采用这样的策略就要求承担风险,因而必须先确定机构可承受的纯利息收入变化的最大限度,然后确定计划缺口的限额。可用如下公式计算计划缺口值:

计划缺口值=[可接受的净利息收入的变化(%)×计划净利息收益率×盈利资产额]/预期的最大利率变化(%)

商业银行施行积极的再定价缺口管理策略时,可以参考以下措施(见表2-7)。

表 2-7　商业银行积极再定价缺口管理策略

利率预期变化	最有利的再定价缺口状态	措　　施
市场利率上升	正缺口	增加利率敏感性资产 减少利率敏感性负债
市场利率下降	负缺口	减少利率敏感性资产 增加利率敏感性负债

如果利率走势与预期相反或利率变动不如预测的来得那么快,则银行将蒙受损失。此外,即使利率走势预测准确,但如果利率实际变动幅度较小,则采用主动策略就可能得不偿失,因为调节资产组合是要付出代价的。一些小银行由于缺乏利率预测能力或缺乏调整资产组合的手段,往往保持利率敏感性资产与利率敏感性负债之间的平衡,使缺口值为0或很小。这种被动性策略并不表明银行在管理中处于无为状态,实际上,资产和负债每天都会发生意外的变动,如定期存款的提前支取、贷款的提前偿还等,因此要保持零缺口值需要大量的补偿性操作。

二、持续期缺口管理策略

持续期缺口是结合银行总资产与总负债之间的比例,比较二者的综合持续期,进而考察利率变化时银行净资产价值的变化。当杠杆调整的持续期缺口大于零时,利率与银行净资产价值的变动方向相反。若利率下降,则银行资产与负债的价值都会上升,但资产价值上升的幅度将大于负债价值上升的幅度,所以银行净资产的价值将上升。而当杠杆调整的持续期缺口小于零时,利率与银行净资产价值的变动方向将相同。若利率上升,则银行资产与负债的价值都会下降,但资产价值下降的幅度将小于负债价值下降的幅度,所以银行净资产的价值将上升。

利用持续期缺口来管理利率风险,就是要通过消除缺口减少利率风险,保证银行净资产价值的稳定或通过正确使用缺口,获取利率变动带来的收益,并使银行的净资产价值得以增加。

（一）积极管理策略

持续期缺口管理方法中的积极策略是银行根据对利率未来变化的预测做出的,保持适当的持续期缺口,以获得利率变动带来的收益。如果预测市场利率将会上升,应减少持续期正缺口或扩大其负缺口,将缺口调整为负值,使未来资产价值的下降幅度小于负债价值的下降幅度,从而使银行净值得以增值。如果预测市场利率将会下降,则可以采取增加正缺口或减少负缺口的方法(见表 2-8)。

表 2-8　商业银行持续期缺口积极管理策略

利率预期变化	最有利的持续期缺口状态	措　　施
市场利率上升	负缺口	减少 D_A 减少 D_A 的同时增加 D_L 增加 k 的同时增加 D_L
市场利率下降	正缺口	增加 D_A 增加 D_A 的同时减少 D_L 减少 k 的同时减少 D_L

这种积极管理策略同样会产生一定的负面影响:首先,对商业银行的利率预测水平要求较高,利率预测的偏离可能带来完全相反的结果;其次,商业银行对资产负债的调整受制因素很多,往往难以按商业银行的意图完成调整目标;最后,资产负债调整的成本较高,有时必须衡量调整成本与调整后的收益后再决定取舍。

（二）被动策略

持续期缺口管理中的被动策略是指在保持银行净值相对稳定的前提下,采用零缺口或微缺口的方式进行利率风险的完全免疫或部分免疫。具体来说,银行的资产持续期正好等于其经杠杆调整后的负债持续期,此时无论利率如何变动,资产的收益与负债的成本均等幅度同向变化,从而有效规避利率风险。

商业银行也可以采用部分免疫策略,例如,从资产负债表中调出一部分资产和负债,进行持续期搭配,使资产和负债的持续期平衡,保持这部分资产负债价值不受利率变动的影响。

在实际中,由于技术、经济等原因,持续期缺口值无法达到零,只能是接近零。其原因如下:

(1) 缺口的调整有一定的时滞性,资产与负债利率的变动往往无法同步进行。例如,货币市场上短期融资利率变动较快,而贷款利率的调整相对比较慢,调整后缺口无法迅速弥合。

(2) 当产生新的资产或负债时,为了保持零缺口,需要对每笔资产和负债业务进行相应调整,成本很高。

(3) 可能产生避免了利率风险,却忽略了诸如信贷风险、汇率风险、流动性风险等其他风险的现象。

（4）商业银行是社会资金的中介，不可能单纯为了规避利率风险而保持一定的资产负债结构不变。因此，回避风险策略在现实中无法达到完全的理想状态，只能根据各种条件和限制因素，考虑成本收益状况，确定一个可接受利率风险下的缺口范围，适当调整资产负债的结构，使持续期缺口保持在这一范围之内。

三、资产负债表内与表外利率风险管理策略

根据是否利用商业银行资产负债表进行管理，利率风险管理策略可分为两大类：一是表内管理策略，即通过改变资产负债表的构成达到控制利率风险的目的；二是表外管理策略，即利用金融衍生工具对银行利率风险进行控制。

（一）资产负债表内管理策略

资产负债表内管理策略是通过改变资产负债表的各种成分和结构，影响利率风险敞口的大小，进而改变资产负债表的利率敏感性。

资产负债表内管理策略的基本工具是买卖不同期限的证券。商业银行根据所承受的风险状况，买进或卖出不同期限的证券，达到调整利率敏感度的目的。例如，如果资产负债表呈现资产敏感性，可以通过调整资产负债表中的投资组合，卖出短期证券，买进长期固定利率债券，减少利率敏感度。通过买卖不同期限证券可以在短时间内大幅改变资产负债结构的利率风险头寸。

具体而言，如果资产负债表呈现资产敏感性，可以采用以下几种策略来减少利率敏感度：延长投资组合的期限；增加短期存款；增加固定利率贷款；增加短期借款，如同业拆借、证券回购协议等。如果资产负债表呈现负债敏感性，可以采用以下几种策略来减少利率敏感度：缩短投资组合的期限；增加长期存款；减少固定利率债券；增加固定利率长期债务；增加浮动利率贷款。实际上，可以考虑同时使用几种策略来管理利率风险。在确定使用哪些策略最为合适时，需要周全地考虑下列问题：对资产负债的差额头寸影响有多大；对净利息收入的影响有多大；给商业银行带来盈利还是亏损；对商业银行的流动性头寸有何影响；需要交易的最大或最小货币量；需要多长时间；是否会扩大资产负债总额；交易成本是多少。

（二）资产负债表外管理策略

利用各种金融衍生工具（如远期利率协议、利率期货、利率互换和利率期权等）对利率风险进行管理。实际上，这些衍生工具既可以单纯作为利率风险管理的工具，也可以被直接用作管理策略来发挥作用。

远期利率协议、利率互换及各种利率期权合同等都具有各自的特征。远期利率协议由于在场外进行，因此比利率期货更灵活，而且成本较低，适用于一切可兑换的货币，其期限一般较短，适合管理短期的利率风险；期货合同反映的是固定收入证券的价格如何随利率的变动而发生变化，因此比较适合对某一特定资产价值或银行的资产净值进行风险保值，而不太适合对净利息收入的变动进行保值；利率互换的特点是以锁定现有的净利息收入为目标，比较适合对利率变动所引起的净利息收入的变化进行保值，但是如果市场

利率发生了有利于银行缺口头寸的变动,银行因此而增加的净利息收入将被利率互换产生的亏损所抵消,其期限一般较长,适合管理那些长期存在的利率风险。

商业银行应在对可供选择的管理策略进行比较分析的基础上,根据所面临利率风险的性质和特点选择最合适的管理策略,从而有效地控制利率风险。

四、资产证券化策略

资产证券化是指将非流动性的金融流量转变成可交易的资产支撑证券的一种技术。在证券化过程中,典型的情形是一家公司或一家金融机构将其产生的良好资产(如住房抵押贷款、信用卡、应收账款等)出售给一家专门的公司,由这家专门的公司发行基于这些资产的证券。这些证券的利率和本金取决于标的资产的未来现金流。这样偿付的负担不再落在发起人身上,而是落在了产生未来现金流的资产上,如果出现亏损,其责任由支持实体来负担。因此,通过资产证券化,商业银行可以将部分利率风险转嫁给他人,资产证券化策略也成为利率风险管理中广泛考虑的对象。

例如,固定利率的住房抵押贷款是个人购买房屋的主要途径。抵押贷款的贷款方一般是银行、存贷协会或抵押贷款公司。发起抵押贷款的这类金融机构必然承担利率变动的风险。如果利率上升,抵押贷款的价值将下降;如果利率下降,抵押贷款的价值将上升,但是上升幅度受低利率鼓励房产所有者再融资这一事实所限。一旦发生这种情况,抵押贷款的所有人将提前收入本金,被迫重投资于利率较低的项目。这种风险对商业银行来说十分常见,因而资产证券化被作为规避这类风险的一种有效策略。

【拓展阅读2-2】 奎克国民银行利率风险管理案例

然而,并不是所有的证券化投资组合都是抵押贷款。信用卡收入及其他类型的贷款同样属于证券化贷款,但是抵押贷款证券化市场是最大,也是最为复杂的市场之一。

【课后习题】

1. 什么是再定价缺口? 在使用这种模型评估利率风险时,利率敏感性意味着什么? 再定价模型关注哪种财务变量的表现? 请解释。

2. 再定价模型有什么缺陷? 大型银行是如何选择最优的再定价期限的? 什么是支付流量? 这部分现金流量是如何影响再定价模型分析的?

3. 什么是期限缺口? 期限模型如何被用来规避金融机构资产、负债组合的利率风险? 要满足哪些关键的要求,期限匹配才能规避金融机构资产负债表的利率风险?

4. 对于持续期这个概念,通常存在哪两种不同的解释? 持续期严格的定义是什么? 持续期与到期期限有何不同?

5. 如果运用持续期来规避资产负债组合的利率风险,那么利率变化所导致的金融机构资产净值变化的大小会受哪三方面因素的影响?

6. 请列举并分析对于应用持续期模型来规避金融机构资产、负债组合利率风险的批评意见。

7. 什么是凸性? 为什么对于资产组合而言,凸性是一个有利的特征?

8. 假设某商业银行的有关资料如下,阅读后回答问题。括号内的数字是市场收益率。

单位：万元

资　　产		负债与股东权益	
现金	1 000	隔夜再回购协议	17 050
1 个月期国库券(3.05%)	7 550	7 年期固定利率次级债务(4.55%)	15 100
3 个月期国库券(3.55%)	7 500		
2 年期中期国债(4.10%)	5 100		
7 年期中期国债(4.96%)	10 000		
5 年期市政债券(浮动利率4.2%，每 6 个月重定一次)	2 500	股权资本	1 500
总资产	**33 650**	**总负债加股东权益**	**33 650**

(1) 如果计划期限是 30 天，那么再定价缺口是多少？91 天呢？两年呢？（现金是一项没有利息收入的资产）。

(2) 如果所有利率都上升 20 个基本点，对未来 30 天内的净利息收入将有何影响？如果都下降 30 个基本点呢？

(3) 预期 1 年期限内的支付流量为：2 年期中期国债有 1 000 万元支付流量，7 年期中期国债有 2 000 万元支付流量。那么 1 年期再定价缺口是多少？

(4) 如果考虑支付流量的问题，那么利率上升 20 个基本点对净利息收入有何影响？下降 30 个基本点呢？

9. 以下是某家银行的资产负债表。

单位：万元

资　　产		负债与股东权益	
现金	6 050	活期存款	14 200
5 年期中期国债	6 100	1 年期大额可转让存单	16 200
30 年期抵押贷款	20 500	股权资本	2 250
总资产	**32 650**	**总负债加股东权益**	**32 650**

这家银行的期限缺口是多少？它是暴露于利率上升风险还是利率下降风险之中？请解释原因。

10. 以下是一张简化了的金融机构的资产负债表。

单位：万元

资　　产		负债与股东权益	
贷款	2 000	存款	1 800
		股权资本	200
总资产	**2 000**	**总负债加股东权益**	**2 000**

贷款的平均期限是 4 年，存款的平均期限是 2 年。假设存、贷款都是零息票的，而且都是按账面值记账。请问：

(1) 假设存、贷款的利率均为 8%，那么股权资本的市场价值是多少？

（2）存款的利率要变为多少，才能使股权资本的市场价值为零？发生这种情况需要什么样的市场条件？

（3）假设存、贷款的利率均为 8%，那么股权资本的市场价值为零时，存款的平均期限是多少？

11. 某家银行为了给一笔利率为 6% 的 1 年期贷款融资，发行了价值 200 万元、利率为 5.6% 的 1 年期大额可转让存单。贷款的本金将分两期偿还：6 个月后先偿还 100 万元，余额在年底还清。请问：

（1）银行的期限缺口是多少？根据期限模型，这个期限缺口说明银行面临怎样的利率风险情况？

（2）预期的年末净利息收入是多少？

（3）如果贷款发放后，利率立即上升 2%，那么这家银行的年净利息收入将受到怎样的影响？如果利率立即下降 2%，影响又是如何？

（4）请根据上述结果谈谈利用期限模型来规避利率风险的效果。

12. 金融市场上有两种债券可供选购：第一种是年息票率为 6%、面值为 100 元的两年期息票债券；第二种是面值为 100 元的两年期零息债券。

（1）当现行的到期收益率分别为 6%、4% 和 8% 时，息票债券的持续期分别是多少？

（2）现行到期收益率的变化对这种息票债券的持续期有何影响？

（3）当现行的到期收益率分别为 6%、4% 和 8% 时，零息债券的持续期分别是多少？

（4）现行到期收益率的变化对这种零息债券的持续期有何影响？

（5）为什么收益率的变化对息票债券和零息债券的影响有所不同？

13. 以下资料来源于某家金融机构的资产负债表。

	金额/万元	持续期/年
短期国债	900	0.50
中期国债	550	x
长期国债	1 760	6.50
贷款	27 240	7.00
存款	20 920	1.00
向央行借款	2 380	0.01
股权资本	7 150	

中期国债 3 年到期，票面利率为 6%（每半年付息一次），它是按面值出售的。

（1）中期国债的持续期是多少？

（2）所有资产的平均持续期是多少？

（3）所有负债的平均持续期是多少？

（4）杠杆调整持续期缺口是多少？它的风险暴露情况如何？

（5）整个收益率曲线相对上移 0.5%［即 $\Delta R/(1+R)=0.005$］，对股权资本的市值有何影响？

（6）整个收益率曲线相对下移 0.25%［即 $\Delta R/(1+R)=-0.0025$］，对股权资本的

市值有何影响？

（7）该金融机构可以用什么变量来规避其资产负债表的利率风险？这些变量应怎样变化才能使持续期缺口为零？

14. 估算以下三种面值均为 100 元、到期收益率为 8% 的债券的凸性：

（1）7 年期零息债券；

（2）年息票率为 10% 的 7 年期息票债券；

（3）持续期为 6.994 年（即约等于 7 年）、年息票率为 10% 的 10 年期息票债券。

（4）按凸性的大小，对这三种债券进行排序。当到期期限和持续期都相同时，零息债券和息票债券的凸性之间有什么关系？

即测即练　　扫码答题

第 三 章

市 场 风 险

学习目的

- ☞ 掌握市场风险的概念和分类
- ☞ 掌握 VaR 原理
- ☞ 重点掌握日风险收益计算方法
- ☞ 掌握简单历史模拟法
- ☞ 了解蒙特卡罗模拟法
- ☞ 掌握市场风险管理的相关知识

第一节　市场风险概述

随着金融机构市场交易活动日益加深,汇率、利率及证券价格的波动等更加频繁、剧烈,市场风险的危害也随之加剧,金融机构必须具有评估、控制市场风险的能力。

一、市场风险的定义和特征

(一) 市场风险的定义

市场风险通常是指由于金融市场变量的变化或波动而引起的资产组合未来收益的不确定性。其中,金融市场变量也称为市场风险因子,主要包含股票价格、汇率、利率及衍生品价格等。

在实际应用中,不同机构对市场风险的描述也存在一定的差异。国际清算银行对市场风险的定义是资产负债表内和表外的资产价格由于股票价格、利率、汇率、商品价格的变动而发生变化的风险。1990 年,J. P. 摩根公司给出的市场风险的定义是由市场条件的改变而给金融机构收入带来不确定性的风险。定义中的市场条件主要是指资产价格、市场波动、利率、市场流动性等。2004 年 12 月 16 日,中国银行业监督管理委员会颁布的《商业银行市场风险管理指引》中对市场风险给出了全面且完整的定义:市场风险是指因市场价格(利率、汇率、股票价格和商品价格)的不利变动而使商业银行表内和表外业务发生损失的风险。市场风险存在于商业银行的交易和非交易业务中。

随着市场日趋复杂,由交易引起的对金融机构偿付能力的威胁日益受到人们的关注。从理论上说,一家金融机构可以从期限和流动性两个方面将交易账户与银行账户区别开来。交易账户包括能够很快在有组织的金融市场上买卖的资产、负债及衍生合约,如债券、商品、外汇、股票、利率互换合约和期权合约的多头和空头交易。银行账户主要包括那些相对来说缺乏流动性且持有期较长的资产和负债,如消费贷款、商业贷款、小额存款和分行业务等。市场风险往往集中在银行的交易账户。相较利率风险,市场风险覆盖的市场变化条件与变化因素更广泛。从这个角度看,市场风险是指由于市场条件变化给金融机构交易资产组合带来不确定性的风险。市场风险的测量时间可以短至一天,也可以长达一年。因此,金融机构关注其交易账户中资产和负债在短至一天期限内的价值的波动,特别是当这种波动对清偿力产生威胁时,这也是本章重点关注的内容。

(二)市场风险的特征

(1)风险因子驱动性。市场风险主要是由证券价格、利率、汇率等市场风险因子的变化引起的。例如,无论是在成熟的股票市场还是在新兴的股票市场上,股票价格都在频繁波动,这是股市的基本特征,不可避免。美国股市曾经遭遇“黑色星期一”。我国股市遭遇过几次持续几年的熊市。股票价格的非预期变动,使股票投资实际获得的收益可能远低于预期的收益。

(2)基础性。市场风险种类众多、影响广泛、发生频繁,是各经济主体所面临的最主要的基础性风险。例如,市场风险是证券投资活动中最普遍、最常见的风险,尤其在新兴市场上,造成股市波动的因素更为复杂,价格波动大,市场风险也大。

(3)风险关联性。市场风险往往是其他金融风险的驱动因素。例如,证券持有者(如银行)有可能因为证券价格的剧烈波动而产生流动性风险。

(4)易度量性。相对于其他类型的金融风险,市场风险的历史信息和历史数据的易得性较高,从而便于采用各种数理、统计、计算机等方法研究市场风险。目前,市场风险的度量方法相对比较成熟,如 VaR、历史模拟法、蒙特卡罗模拟法等,对其他类型的金融风险度量也有很大的启发性。

二、市场风险的分类

1. 利率风险

利率风险是市场利率变动的不确定性给金融机构造成损失的可能性。金融机构所面临的利率风险主要有两种情形:一是利率不匹配的组合利率风险,如贷出资金采用浮动利率而借入资金采用固定利率,若此时利率不断下降,金融机构的利差收益会因此而不断减少,甚至出现利息倒挂的亏损现象;二是期限不匹配的组合利率风险,如以存贷款业务为主的商业银行资产和负债的期限结构通常是不匹配的,这就意味着利率的上升或下降会带来银行价值和收益的巨大变动。利率风险按照来源的不同,可以分为收益率曲线风险、重新定价风险、基准风险和期权性风险。

2. 汇率风险

汇率风险也称外汇风险或外汇暴露,是指由特定货币敞口或者特定货币资产的不完全对冲而引起的风险。汇率风险根据产生原因主要分为下面两类。

(1)外汇交易风险。金融机构由于自身对某种外币未来走势的判断而持有的短期未能抛售的外汇敞口头寸,或因满足客户需求未能及时进行对冲的外汇敞口头寸。

(2)外汇结构性风险。金融机构资产负债表中各种负债、资产之间因货币币种之间不畅通的匹配性而产生的外汇结构性风险。

3. 股票价格风险

股票价格风险是指金融机构在一段时期持有的股票等有价证券或期货等金融衍生品因价格发生不利变动,给金融机构带来未预期损失的市场风险。由于造成股票价格的波动既有宏观经济的因素,也有许多行业中观、企业微观等因素掺杂在一起,相对于汇率和利率的波动,股票等有价证券的价格变动更难寻找规律,也不易被金融机构风险管理者所察觉。

4. 商品价格风险

商品价格风险是指所持有的各类商品及其衍生头寸商品因价格发生了不利变动而给金融机构带来可能性损失的风险。这里的商品是指在二级市场上交易的一些实物产品,如农产品、矿产品等,尤其以商品期货形式为主。商品价格波动取决于国家宏观经济形势、商品市场供求情况和国际炒家的投机行为等。

值得注意的是,商品价格风险中所述的商品不包括黄金这种贵金属,因为黄金曾经长时间在国际结算体系中发挥国际货币职能,充当外汇资产。随着布雷顿森林体系的崩溃,黄金不再充当法定国际货币,但是黄金仍然是各国外汇储备资产的一种重要形式。因此,黄金价格的波动被纳入金融机构汇率风险范畴。

此外,与金融产品不同,商品"入账"交易通常会发生成本,因为商品合约要设定交割的形式和地点,比如铜的合约会规定用于交割铜块的纯度、形状和仓库地址等。在远期合约定价中,运输、储藏和保险都是影响因素。

5. 信贷息差风险

信贷息差风险通常是指息票和期限合理调整后的政府债券与公司债务之间的收益差额。信贷息差风险被用来衡量发债人/借款人由于信贷息差的变化而对债券持有机构产生的影响。该风险根植于交易员进行的公司债券交易中,相应的避险工具包括各种信贷衍生品,如信贷违约掉期、总收益互换和信贷期权。

【拓展阅读3-1】 中信泰富炒汇巨亏事件

第二节 风险度量法

20世纪90年代初期,J. P. 摩根公司的主席要求其风险管理部门每天出具报告说明未来24小时该公司所有交易组合的风险和潜在损失。为此,该公司的风险管理部门开始尝试开发使用单一指标测度该公司的各种交易组合及公司总体的风险,这个指标便是风险价值(VaR)的雏形。1994年,J. P. 摩根公司将其计算VaR的风险计量模型公之于众,随后VaR方法开始为各金融机构所广泛使用,如今已经成为金融风险测度特别是市场风险测度最主要的方法。

一、VaR方法简介

(一)VaR的基本概念

1. VaR的定义

VaR是Value at Risk的英文首字母缩写,意为处于风险之中的价值,简称风险价值或在险价值,其含义是市场处于正常波动状态时,在给定的置信水平下,资产或其组合在未来特定一段时间内可能遭受的最大损失,用数学语言可表示为

$$\text{Prob}(\Delta P < -\text{VaR}) = 1 - c \tag{3-1}$$

其中,Prob 表示概率测度,$\Delta P = P(t + \Delta t) - P(t)$ 表示组合在未来持有期 Δt 内的损失(为负值),$P(t)$ 表示组合在当前时刻 t 的价值,c 为置信水平,VaR 为置信水平 c 下组合的风险价值(取正值)。

【例 3-1】 某基金经理希望在接下来的 10 天内以 95% 的概率保证其所管理基金的价值损失不超过 100 万元。我们可以将其记为

$$\text{Prob}(\Delta P < -1\,000\,000) = 5\%$$

在这里,置信度为 95%,持有期 10 天的 VaR 为 100 万元。

由定义可知,VaR 直观地提供了一个特定的风险损失值及其发生的概率信息。然而,方差等测度方式只告诉我们何种情况下会发生何种事情,并未指出其发生的可能性。因此,VaR 的特性决定了其容易为风险管理人员理解、认可、接受和使用,并且具有极其广泛的适用性。

然而,如果尾部事件发生,实际损失将超过 VaR,而 VaR 值并不能告诉我们实际损失将会有多大。同时,由于置信水平的选择,这一损失的规模并不会对 VaR 的大小产生影响。因此,具有同样的 VaR,被认为具有相同风险的不同投资组合实际上可能产生截然不同的风险结果。这就意味着,当投资组合在较小概率下存在巨大损失可能时,仅依据 VaR 进行风险决策可能导致错误判断,使投资者暴露在超额损失的风险之下,可能导致极其严重的不良后果。[①]

2. VaR 的基本特点

(1) 计算 VaR 的基本公式,即式(3-1)仅在市场处于正常波动的状态下才有效,而无法准确度量极端情形下的风险。市场处于正常波动状态时,时间跨度越短,收益率就越接近正态分布。此时,假定收益率服从正态分布计算的 VaR 比较准确、有效。

(2) VaR 是在某个综合框架下考虑了所有可能的市场风险来源后得到的一个概括性的风险度量值,而且在给定置信度和持有期的条件下,VaR 值越大说明组合面临的风险越大,反之则说明组合面临的风险越小。置信度和持有期是影响 VaR 值的两个基本参数。

(3) 由于 VaR 可以用来比较分析由不同的市场风险因子引起的不同资产组合之间的风险大小,所以 VaR 是一种具有可比性的风险度量指标。

(二) VaR 的计算

计算 VaR 的核心问题就是组合未来损益 ΔP 的概率分布或统计分布的估计。假设某组合在未来持有期内的损益 ΔP 服从概率密度函数为 $f(v)$ 的连续分布,则可知:

$$\int_{-\infty}^{-\text{VaR}} f(v)\mathrm{d}v = 1 - c \tag{3-2}$$

---

① 另一种较为常用的风险测度是预期损失(expected shortfall,ES),是指在一定置信水平下,超过 VaR 这一临界损失的风险事件导致的损失期望值。

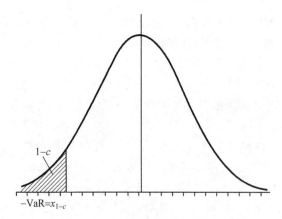

图 3-1　利用分位数求解 VaR

此时,根据分位数的定义,VaR 可表示为投资组合收益在 $1-c$ 上的分位数(如图 3-1 所示)。即

$$VaR = -x_{1-c} \tag{3-3}$$

1. 绝对 VaR 和相对 VaR

由于金融资产价格序列往往缺乏平稳性,而收益率序列则一般满足平稳性,所以人们普遍使用收益率的概率分布来考察组合的未来损益变化。

假设资产的初始价值为 V_0,r 为资产回报率,$E(r)=\mu$,$D(r)=\sigma^2$,则资产的期末价值为 $V=V_0(1+r)$。令 r^* 为置信水平为 c 时的最低收益率水平,即投资组合期末的最低价值为 $V^*=V_0(1+r^*)$。此时,有两种计算 VaR 的方式。

(1) 绝对 VaR,记为 VaR_A。以资产的初始价值 V_0 为基准,考察持有期内资产的临界价值损失,此时

$$VaR_A = V_0 - V^* = -V_0 r^* \tag{3-4}$$

(2) 相对 VaR,记为 VaR_R。以资产的持有期预期收益为基准,考察持有期内资产的临界价值损失,此时

$$VaR_R = E(V) - V^* = -V_0(r^* - \mu) \tag{3-5}$$

相对 VaR 充分考虑了资金的时间价值,当期初到期末间隔较短时,绝对 VaR 与相对 VaR 的结果相差无几,否则,相对 VaR 的适用性显然更强。

2. 参数分布的 VaR 计算

在实际计算中,最常用的是正态分布。为此,接下来我们将详细介绍正态分布下的 VaR 计算。

1) 投资收益率服从正态分布的 VaR 计算

假设资产的初始价值为 V_0,资产的收益率 r 服从正态分布 $N(\mu,\sigma^2)$,则资产的期末价值为 $V=V_0(1+r)$。

(1) VaR_A 的计算。以初始价值为基准,资产价值变化为 $V-V_0=V_0 r$。显然,当资产发生损失时,应有 $r<0$,因此资产的绝对损失值可表示为 $L=-V_0 r$。

在置信水平为 c 的条件下,根据式(3-2),有

$$P\{V_0 r < -\text{VaR}_A\} = P\left\{\frac{r-\mu}{\sigma} < -\frac{\dfrac{\text{VaR}_A}{V_0}+\mu}{\sigma}\right\} = 1-c$$

因为 $r \sim N(\mu, \sigma^2)$，显然有 $\dfrac{r-\mu}{\sigma} \sim N(0,1)$，因此有

$$\Phi\left(-\frac{\dfrac{\text{VaR}_A}{V_0}+\mu}{\sigma}\right) = 1-c$$

进而得到

$$\Phi\left(\frac{\dfrac{\text{VaR}_A}{V_0}+\mu}{\sigma}\right) = c$$

即 $\dfrac{\dfrac{\text{VaR}_A}{V_0}+\mu}{\sigma}$ 等于标准正态分布下对应置信水平 c 的分位数 Z_C，得出

$$\text{VaR}_A = V_0(Z_C\sigma - \mu) \tag{3-6}$$

（2）VaR_R 的计算。以期望价值为基准，有 $V - E(V) = V_0(r-\mu)$，则绝对损失 $L = -V_0(r-\mu)$。

在置信水平为 c 的条件下，根据式（3-2），有

$$P\{V_0(r-\mu) < -\text{VaR}_R\} = P\left\{\frac{r-\mu}{\sigma} < -\frac{\text{VaR}_R}{V_0\sigma}\right\} = 1-c$$

推出 $\Phi\left(-\dfrac{\text{VaR}_R}{V_0\sigma}\right) = 1-c$，进而得到 $\Phi\left(\dfrac{\text{VaR}_R}{V_0\sigma}\right) = c$，得出

$$\text{VaR}_R = V_0 Z_C \sigma \tag{3-7}$$

2）VaR 的时间聚合

假设投资组合的日收益率服从正态分布 $N(\mu, \sigma^2)$，且在 Δt 日内的收益率是独立同分布的。由独立同分布随机变量的分布特征可知，该投资组合在 Δt 日内的收益率服从正态分布 $N(\Delta t \cdot \mu, \Delta t \cdot \sigma^2)$，即 $\mu_{\Delta t} = \Delta t \cdot \mu$，$\sigma_{\Delta t} = \sigma\sqrt{\Delta t}$。将其代入式（3-6）、式（3-7），有

$$\text{VaR}_A = V_0(Z_c\sigma\sqrt{\Delta t} - \mu\Delta t) \tag{3-8}$$

$$\text{VaR}_R = V_0 Z_c \sigma\sqrt{\Delta t} \tag{3-9}$$

（三）VaR 的参数选择

根据前面的分析可知，VaR 值实际上可以看作是置信度 c 和持有期 Δt 的函数。而且，置信度越大、持有期越长，此时计算出来的 VaR 也就越大；反之则越小。因此，在其他因素不变的情况下，VaR 值完全依赖置信度和持有期这两个参数。通常，不同场合可能有不同的参数选择。例如，巴塞尔委员会选择 10 天持有期及 99% 的置信度来计算交易账户中的市场风险，在采用内部评级法计算信用风险及采用高级计量法计算操作风险时，巴塞尔委员会选定了 1 年的持有期及 99.9% 的置信度。

1. 置信度

首先,置信度的选择和设置需考虑历史数据的可得性和充分性。在实际应用中,我们通常要以历史数据为基础计算 VaR。置信度设置越高,意味着 VaR 值越大,为保证 VaR 计算的可靠性和稳定性,所需要的历史样本数据就越多。然而,过高的置信度使损失超过 VaR 的事件发生的可能性很小,因而损失超过 VaR 的历史数据就越少,此时计算的 VaR 的有效性和可靠性无法得到保证,甚至没有足够的历史数据来计算 VaR。

其次,置信度的选择和设置还需考虑 VaR 的用途。如果只是将 VaR 值作为比较不同部门或公司所面临的市场风险,或者同一部门或公司所面临的不同市场风险的尺度,那么所选的置信度是大还是小本身并不重要,重要的是所选择的置信度能否确保 VaR 模型的有效性和准确性。然而,如果金融机构以 VaR 为基础确定经济资本需要,则置信水平的选择和设定极为重要,这主要依赖于金融机构对风险的厌恶程度和损失超过 VaR 的成本。风险厌恶程度越高,损失成本越大,则弥补损失所需要的经济资本量越多,因而所选择的置信水平也应越高;反之则可以选择较低的置信度。

最后,置信度的选择和设置还应考虑比较是否方便。由于人们经常要利用 VaR 对不同金融机构的风险进行比较分析,而不同设置下 VaR 值的比较没有意义,所以置信度的取舍还需要考虑比较是否方便。

2. 持有期

首先,持有期的选择和设定需要考虑组合收益率分布的确定方式。概率分布的确定一般有两种方式。一是直接假定收益率服从某一概率分布。为了便于计算和操作,通常假定收益率服从正态分布,但正态分布往往并不符合实际分布。但持有期越短,在正态分布假设下计算的 VaR 值就越有效、越可靠。因此,在正态分布假设下应选择较短的持有期。二是用组合的历史样本数据来模拟收益率的概率分布。此时,持有期的选择和设定应考虑数据的充分性和有效性。持有期越长,需要考察的历史数据的时间跨度就越长,出现的问题和困难就越多。

其次,持有期的选择和设定还需要考虑组合所处市场的流动性和所持组合头寸交易的频繁性。由于计算 VaR 时通常假定持有期内组合的头寸保持不变,所以无视持有期内组合头寸的变化而得到的 VaR 值并不可靠。市场流动性越强,交易就越容易实现,投资者越容易适时调整资产组合,头寸变化的可能性也就越大。此时,为保证 VaR 值的可靠性,应选择较短的持有期。若市场流动性较差,投资者调整头寸的频率和可能性越小,则宜选择较长的持有期。例如,对于养老基金投资组合,管理人员往往会选择较长的持有期。这是因为投资组合的交易行为往往不太活跃,而且资产的流动性也不一定很好,养老基金投资组合的 VaR 测算往往是每个月进行一次。银行的交易平台每天都需要计算交易的盈亏,交易账户中的头寸往往流通性较好,管理人员的交易管理行为较为活跃,因此对于银行来说,每天计算交易组合的 VaR 非常有意义。

二、日风险收益

本节我们将重点关注金融机构的交易账户中资产负债在短至一天期限内的价值波动,即持续期为 1 天时金融机构持有交易资产组合的 VaR,亦即日风险收益(daily earnings at risk,DEAR）。接下来,我们将集中讨论投资收益率服从正态分布的相对VaR 或日风险收益的测量。

从本质上说,日风险收益测度的是如果明天市场条件向不利方向变动,金融机构的潜在损失会有多大,即:市场风险＝不利环境下估计的潜在损失。

更为具体地说,金融机构的日风险收益有三个可以测量的组成部分:

$$日风险收益＝头寸的市值×该头寸的价格敏感性×收益率潜在的不利变动 \tag{3-10}$$

其中,价格敏感性和收益率的不利变动的测量取决于不同的金融机构及其对价格敏感性模型的选择,以及金融机构对收益率潜在的不利变动的看法。

因为价格敏感性乘以收益率的不利变动,测量的是一项资产的价格波动性,日风险收益也可以表示为

$$日风险收益＝头寸的市值×价格波动性 \tag{3-11}$$

假定收益率的冲击是独立的,而且每日的波动性大体不变,那么 N 天的风险价值与日风险收益的联系为

$$VaR(N)＝DEAR \cdot \sqrt{N} \tag{3-12}$$

也就是说,金融机构由于收益率的不利变动所带来的风险收益,是日风险收益与金融机构由于非流动性市场而被迫持有证券天数的平方根的乘积。

(一) 固定收入证券的市场风险

在给定市值的情况下,金融机构的日风险收益取决于债券价格的波动性,根据持续期模型:

$$
\begin{aligned}
日价格波动性 &＝对收益率较小变化的价格敏感性×日收益率的不利变动 \\
&＝修正持续期×日收益率的不利变动
\end{aligned}
\tag{3-13}
$$

【例 3-2】 假定一家金融机构有一笔面值为 100 万元的零息债券头寸,7 年到期。这些债券今天的收益率是 6%。假设在上一年,7 年期的零息债券的日收益率变动服从正态分布,均值为 0,而标准差为 10 个基点(见图 3-2)。计算其日风险收益。

根据债券价格公式,100 万元的零息债券头寸的市值为

$$P=\frac{100}{(1+6\%)^7}=66.505\,7(万元)$$

这种债券的修正持续期为

$$MD=D/(1+R)=7/(1.06)=6.603\,8$$

若金融机构关注的"坏"的收益率仅有 5% 的机会,这样,下一天收益率的变动将超过这个给定的不利变动的机会为 1/20 或 5%。从统计上讲,收益率的变动 90% 将落在均值±1.65 标准差范围内,即 1.65σ。也就是说,在过去一年,7 年期零息债券的日收益率波动,包括正或负波动,全年有 10% 的可能性超过 16.5 个基点。由于收益率的不利变动是指使证券价值下降的变动,在这里指收益率上升,所以它们以 5% 的概率出现,或者说每 20 天一遍。于是:

$$
\begin{aligned}
价格波动性 &＝修正持续期×收益率潜在的不利变动 \\
&＝6.603\,8×0.001\,65 \\
&＝0.010\,9 或 1.09\%
\end{aligned}
$$

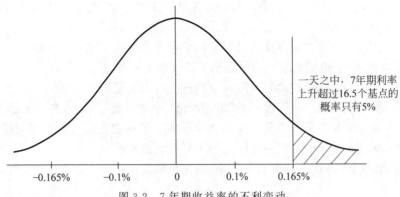

图 3-2 7 年期收益率的不利变动

$$日风险收益 = 头寸的市值 \times 价格波动性$$
$$= 66.505\ 7 \times 0.010\ 9$$
$$= 0.724\ 7(万元)$$

也就是说,如果明天是 20 天一遇的"坏"的一天,100 万元面值债券潜在的日损失额为 0.724 7 万元。

(二) 外汇

如果金融机构积极进行外汇交易,其外汇的市场风险仍使用风险度量模型,则

$$日风险收益 = 头寸的本币市值 \times 价格波动性$$
$$= 外汇头寸 \times 即期汇率 \times 价格波动性 \tag{3-14}$$

在计算外汇的市场风险时,我们需要先将其兑换成本币或计价货币。

【例 3-3】 假定某金融机构某日持有一笔 100 万美元的交易头寸。即期汇率为 1 美元 = 6.787 5 元。假如汇率的变化在过去是服从正态分布的,波动性是 56.5 个基点。金融机构想计算该头寸的日风险收益,即如果下一日外汇市场上美元对人民币的价值下降,头寸的风险敞口。

第一步:计算该头寸的本币币值。

$$头寸的本币币值 = 外汇头寸 \times 即期汇率$$
$$= 100 \times 6.787\ 5$$
$$= 678.75(万元)$$

第二步:计算外汇的波动性。

由于金融机构关心不利变化的概率不超过 5%,或者说 20 天一遇,从统计学角度,汇率不利的方向变化的范围是 1.65σ,即

$$外汇的波动性 = 1.65 \times 56.5 \times 0.01\% = 0.932\%$$

换句话说,在上一年美元对人民币价值以 5% 的可能性下降 93.2 个基点。

第三步:计算日风险收益。

$$日风险收益 = 头寸的本币市值 \times 外汇的波动性$$

$$= 678.75 \times 0.009\ 32$$
$$= 6.326(万元)$$

这是当美元对人民币汇率发生不利变动时,该金融机构由于持有 100 万美元而面临的日潜在风险。

(三) 股票的日风险收益

根据资本资产定价模型,对股票 i,股票头寸的风险为:总风险＝系统性风险＋非系统性风险,即

$$\sigma_{it}^2 = \beta_i^2 \sigma_{mt}^2 + \sigma_{eit}^2 \tag{3-15}$$

其中,σ_{it}^2 为总风险,σ_{mt}^2 为市场资产组合的波动性,σ_{eit}^2 为个体风险,β_i 为该股票的贝塔系数。系统性风险反映该股票与市场资产组合的同步变动,通过该股票的贝塔系数 β_i 与市场资产组合的波动性 σ_{mt}^2 反映;而非系统性风险是与该公司本身相关的风险 σ_{eit}^2。

在一个充分分散化的资产组合中,非系统性风险大部分可以被分散掉,即 σ_{eit}^2 等于零,只留下不能分散的系统性市场风险($\beta_i^2 \sigma_{mt}^2$)。如果该金融机构的交易资产组合服从或近似服从股票市场指数组合的回报率,该资产组合的 β 将是 1,因为该金融机构资产组合回报率的变动与市场的变动是同步的。同时,资产组合的标准差将等于股票市场指数组合的标准差 σ_{mt}。

在不是很分散的资产组合或单个股票的资产组合中,需要考虑非系统风险 σ_{eit}^2 对交易头寸价值的影响。此外,与套利定价模型等相比较,如果资本资产定价模型不能对资产定价进行很好的解释,那么由该方法计算的日风险收益将产生一定程度的误差。

【例 3-4】　假设某金融机构持有 100 万元的股票组合头寸,它能完全反映市场指数,即 $\beta = 1$。如果在上一年,股票市场指数回报率的每日变化 σ_m 是 2%,即这段时间里 5% 的机会下,股票市场的不利变动或每日回报率下降不超过 $1.65 \times 2\% = 3.3\%$,则该金融机构的日风险收益为

日风险收益＝头寸的市场价值×股票市场回报的波动性

$$= 100 \times 1.65 \sigma_m$$
$$= 100 \times (1.65 \times 2\%)$$
$$= 3.3(万元)$$

也就是说,假如明天股票市场发生不利变动,该金融机构将有 3.3 万元的潜在损失。

(四) 资产组合的市场风险

在前面,我们分析了单笔交易头寸的日风险收益,并计算了面值 100 万元的 7 年期的零息票债券、100 万美元即期头寸及 100 万元股票组合头寸的日风险收益。

但是,金融机构管理者想知道整个交易头寸的总风险。要计算这个总风险,我们不能简单地将这 3 个日风险收益加总,即 $0.724\ 7 + 6.326 + 3.3 = 10.350\ 7$(万元)。因为这样会忽视固定收入债券、外汇及股票交易头寸之间相互抵消的协方差或相关程度。具体而言,这些资产的某些冲击并不完全正相关。根据现代资产组合理论,资产冲击之间的负相

关将降低资产组合风险的程度。因此,当我们假设资产间的收益完全正相关时,计算交易风险暴露时就放大了实际的市场风险暴露。

【例 3-5】 假设例 3-2、例 3-3 和例 3-4 中,面值 100 万元的 7 年期的零息票债券(X_1)、100 万美元即期头寸(X_2)及 100 万元股票组合(X_3)的相关系数矩阵如下,计算它们构成的资产组合的日风险收益。

$$\rho = \begin{pmatrix} 1.0 & -0.3 & 0.5 \\ -0.3 & 1.0 & 0.2 \\ 0.5 & 0.2 & 1.0 \end{pmatrix}$$

运用这个相关系数矩阵及各资产的日风险收益,我们可以计算 3 种交易资产组合的风险或组合的日风险收益(DEAR_p)为

$$\text{DEAR}_p = [(\text{DEAR}_1)^2 + (\text{DEAR}_2)^2 + (\text{DEAR}_3)^2 + (2 \times \rho_{1,2} \times \text{DEAR}_1 \times \text{DEAR}_2) +$$
$$(2 \times \rho_{1,3} \times \text{DEAR}_1 \times \text{DEAR}_3) + (2 \times \rho_{2,3} \times \text{DEAR}_2 \times \text{DEAR}_3)]^{1/2} \quad (3\text{-}16)$$

这是现代投资组合理论的直接应用,因为资产组合的 DEAR 相当于标准差。该式表明,在计算组合日风险收益时,不仅要考虑每一交易头寸的风险,还要考虑这些头寸回报率的相关系数。

把各个日风险收益结果(见例 3-2、例 3-3 和例 3-4)代入式(3-16),可以得到

$$\text{DEAR}_p = 7.708\,7$$

显然,组合的日风险收益值小于各个交易头寸日风险收益值的加总(10.350 7 万元),即相关系数均为 1 的情形。

大多数金融机构都对自己的交易资产组合的风险价值、日风险收益、头寸和亏损等设有最大限额。这样,将实际业务、每天的交易情况与这些限额进行比较,即可对每天的交易情况进行监控。如果某种水平超出被认可的限额,管理层就必须采取策略,使风险水平维持在限额以内。

第三节 历史模拟法

一、简单历史模拟法

(一)基本原理

VaR 方法的本质是通过对金融风险因子的变化分布进行估计,找出金融风险因子变化影响下资产组合的未来收益分布规律,进而计算投资组合的风险价值,基于不同的分布形式与不同的估计方法,引申出各种不同的计算方法。

运用历史模拟法计算,同样需要了解资产组合未来收益的分布情况,其方法是通过历史数据刻画各项风险因子在过去某一时间内的变化情况,并将其直接作为风险因子未来变化的模拟情况,模拟出资产组合未来收益的可能分布。因此,历史模拟法不需要预先假设风险因子服从特定概率分布,也不需要对这些分布的参数进行估计,属于非参数估计。

(二)实施步骤

运用历史模拟法计算 VaR 可以分为下面五个步骤。

1. 识别风险因子变量

假设投资组合的价值 V 受到 n 个风险因子 $f_i(i=1,2,\cdots,n)$ 的影响，风险因子在 t 时刻的取值表示为 $f_i(t)$，则投资组合在 t 时刻的价值可表示为

$$V_t = V[f_1(t),f_2(t),\cdots,f_n(t)] \tag{3-17}$$

令 $t<0$ 表示过去时刻，$t>0$ 表示未来时刻，$t=0$ 表示当前时刻，则当前时刻（$t=0$）的投资组合价值为

$$V_0 = V[f_1(0),f_2(0),\cdots,f_n(0)] \tag{3-18}$$

2. 选取历史区间，收集历史数据

根据模拟需要合理选取历史数据的时间区间，时间区间应足够大，以具备统计规律，能够反映未来风险因子的变化。同时，考虑到历史数据的可获取性与对未来的模拟价值，时间区间也不能太过久远。假设选取的历史数据的时间区间为 $[-(T+1),-1]$，收集风险因子 f_i 在 $[-(T+1),-1]$ 间的历史数据，可以得到数据序列 $\{f_i(-T-1),f_i(-T),\cdots,f_i(-1)\}$，则风险因子 f_i 在过去时刻的 T 种变化情况可以表示为

$$\Delta f_i(-t) = f_i(-t-1) - f_i(-t), \quad t=1,2,\cdots,T \tag{3-19}$$

3. 模拟风险因子的未来变化

历史模拟法假定，风险因子的未来变化的分布等同于其历史变化分布，因此风险因子 f_i 未来时刻的变化情况可以用其历史时刻的变化情况模拟。f_i 在未来时刻的 T 种可能取值可以表示为

$$f_i^t = f_i(0) + \Delta f_i(-t), \quad t=1,2,\cdots,T \tag{3-20}$$

4. 计算投资组合的未来收益分布

利用步骤 3 的模拟结果及投资组合的价值计算公式，投资组合在未来时刻的 T 种可能价值水平为

$$V^t = V(f_1^t,f_2^t,\cdots,f_n^t), \quad t=1,2,\cdots,T \tag{3-21}$$

投资组合未来时刻与当前时刻相比的价值变化量，即投资组合的收益 ΔV^t 同样存在 T 种可能取值：

$$\Delta V^t = V^t - V_0, \quad t=1,2,\cdots,T \tag{3-22}$$

5. 根据投资组合收益分布计算 VaR

将投资组合的收益可能值从大到小进行排序。此时，给定置信水平 c，即可根据 ΔV^t 的排序结果查找到相应的风险价值。

（三）应用举例

1. 外汇组合模拟

假设某金融机构在 2022 年 1 月 20 日交易结束时，有 8 000 万美元的多头和 5 000 万欧元的多头。该金融机构想评价它的 VaR。也就是说，如果明天是 20 天中坏的一天（5% 最坏的情形），该机构全部的外币头寸的损失将是多少？

根据历史模拟法建模步骤，首先识别金融机构的风险因子为美元兑人民币和欧元兑人民币的即期汇率变化，确定历史区间为前 500 个交易日，假定即期汇率的未来变化的分布等同于其历史变化分布，通过 500 次的模拟，选取其中外币组合损失最差的第 25 天

(25/500＝5%)的值作为其 VaR 值。具体计算结果如表 3-1 所示。

表 3-1　2022 年 1 月 20 日金融机构外汇组合的历史模拟法示例

	美　元	欧　元
一、测量敞口头寸		
1. 2022 年 1 月 20 日的收盘头寸	80 000 000	50 000 000
2. 2022 年 1 月 20 日的汇率	$1＝¥6.348 5	€1＝¥7.199 4
3. 2022 年 1 月 20 日头寸的等值人民币	507 880 000	359 970 000
二、测量敏感性		
4. 0.99×当前的汇率	6.285	7.127 4
5. 用人民币评估的头寸价值	502 801 200	356 370 300
6. 头寸的德尔塔($)（即：测量对汇率 1%不利变化的敏感性，等于第 5 行减第 3 行）	−5 078 800	−3 599 700
三、测量 2022 年 1 月 20 日的风险，用过去 500 天每一天存在的汇率计算收盘头寸		
7. 2022 年 1 月 20 日汇率的变化	−0.218 5%	−0.091 6%
8. 风险(＝−德尔塔×汇率的变化)	−1 109 600	−329 700
9. 风险之和＝¥−1 439 500		
四、对剩下 499 天的每一天重复模拟		
2022 年 1 月 19 日		
……		
2020 年 1 月 2 日		
五、按风险从最大到最小的次序排列		

日期	风险
1. 2021 年 1 月 5 日	¥−8 415 800
2. 2020 年 10 月 12 日	¥−7 885 800
……	
25. 2020 年 3 月 20 日	¥−2 690 000
……	
500. 2020 年 2 月 4 日	¥＋5 894 500

六、计算 VaR(过去 500 天中第 25 个最坏的一天)
　　VaR＝269 万元(2020 年 3 月 20 日)

　　第一，测量敞口头寸。用当天的汇率把今天的外币头寸转换成等值的人民币。这样，在 2022 年 1 月 20 日评估该金融机构的外汇头寸时，其美元多头与欧元多头折合成人民币分别为 50 788 万元和 35 997 万元。

　　第二，测量敏感性。通过计算外汇头寸的德尔塔，测量每笔外汇头寸的敏感性。德尔塔反映的是，美元或欧元对人民币贬值 1%时，每一外汇头寸人民币价值的变化。如表 3-1 第 6 行所示，美元头寸的德尔塔是−110.96 万元，欧元的头寸是−32.97 万元。

第三,测量风险。看看在过去 500 天中的每一天,人民币对美元、人民币对欧元汇率实际变化的百分比。这样,2022 年 1 月 20 日,美元对人民币的价值下降 -0.2185%,欧元对人民币下降 -0.0916%。从第 8 行可以看到,如果该金融机构在这一天持有 8000 万美元和 5000 万欧元头寸,则一共有 -143.95 万元的损失。[1]

第四,重复上述过程。对美元与欧元重复同样的工作,但使用的是 2022 年 1 月 19 日到 2020 年 1 月 2 日的实际汇率变化。也就是说,我们对过去 500 个交易日的每一天计算外汇损失或者收益。这个数量将回溯到超过两年的时间。对这些日期的每一天都要计算实际的汇率变动(第 7 行),并乘以每一头寸的德尔塔(第 6 行)。这两个数字总计得到过去 500 天每一天总的风险的测量。

第五,按风险从最坏到最好排列日期。这些风险的测量可以从最坏到最好进行排列。我们可以清楚地看到,这种头寸最坏情形的损失发生在 2021 年 1 月 5 日,总的损失为841.58 万元。我们感兴趣的是 5% 的最坏情况,也就是说,损失的发生在 500 天中不会超过 25 天。可以看到,在示例中,500 天中第 25 个最坏的损失发生在 2020 年 3 月 20 日,其损失数为 269 万元。

第六,得到 VaR。如果假定汇率最近的分布是外汇汇率变动在将来可能分布的一种精确反映,即汇率的变动有一种稳定的分布,那么 269 万元可以看成是该金融机构在2022 年 1 月 20 日的外汇风险敞口的风险价值。也就是说,如果明天 2022 年 1 月 21 日在外汇市场中是坏的一天,金融机构可以预期在 5% 的概率内将损失 269 万元。这种 VaR测量能够随着外汇头寸的变化与德尔塔的变化每天更新。

2. 单个股票模拟

本节以股票为例,通过历史数据模拟风险因子的未来变化,进而模拟资产未来收益的可能分布。具体来说,计算 2022 年 4 月 7 日,1000 股温氏股份(300498)在 $c=95\%$ 的置信水平的日 VaR。

1) 获取历史交易数据

表 3-2 是从网站获取的温氏股份 500 个历史交易数据。

表 3-2　温氏股份历史数据

t	日期	今日收盘价/元	昨日收盘价/元	当日涨跌额/元	收益率/%
1	2022/4/7	21.39	22.27	−0.88	−3.95
2	2022/4/6	22.27	22.12	0.15	0.68
3	2022/4/1	22.12	22.05	0.07	0.32
4	2022/3/31	22.05	22.23	−0.18	−0.81
5	2022/3/30	22.23	22.21	0.02	0.09
6	2022/3/29	22.21	21.58	0.63	2.92
7	2022/3/28	21.58	21.75	−0.17	−0.78
8	2022/3/25	21.75	21.78	−0.03	−0.14
9	2022/3/24	21.78	21.76	0.02	0.09
...	...	...	...	...	...

---

[1]　由于对每一天使用的是实际汇率,这已经包含了这一天同其他天的汇率与资产回报率之间的相关性或共同的变动。

t	日期	今日收盘价/元	昨日收盘价/元	当日涨跌额/元	收益率/%
490	2020/3/31	32.30	30.80	1.50	4.87
491	2020/3/30	30.80	30.03	0.77	2.56
492	2020/3/27	30.03	30.66	−0.63	−2.05
493	2020/3/26	30.66	31.63	−0.97	−3.00
494	2020/3/25	31.63	31.70	−0.07	−0.22
495	2020/3/24	31.70	30.54	1.16	3.80
496	2020/3/23	30.54	31.48	−0.94	−2.99
497	2020/3/20	31.48	31.52	−0.04	−0.13
498	2020/3/19	31.52	31.40	0.12	0.38
499	2020/3/18	31.40	31.09	0.31	1.00
500	2020/3/17	31.09	31.12	−0.03	−0.10

2) 模拟未来可能收益取值

历史模拟法假设 500 个历史日收益率以同等概率在 4 月 8 日发生。95% 的置信水平下，第 476 位的损失值 655 即为温氏股份每日 VaR(结果参见表 3-3)。

表 3-3　温氏股份历史模拟结果

i	日收益率第 i 个可能取值/%	估计涨跌额/元	估计收益(1 000 股)/元	估计收益的大小排序
1	−3.95	−0.872 491 2	−872.491 2	488
2	0.68	0.148 910 76	148.910 76	145
3	0.32	0.070 485	70.485	181
4	−0.81	−0.179 834 4	−179.834 37	344
5	0.09	0.019 8	19.8	216
6	2.92	0.625 335 48	625.335 48	39
7	−0.78	−0.170 623 3	−170.623 28	339
8	−0.14	−0.029 880 9	−29.880 9	247
9	0.09	0.019 997 44	19.997 44	214
10	−0.32	−0.069 912 6	−69.912 6	276
...	...	...	...	...
273	−3.49	−0.655 106 3	−655.106 25	476
...	...	...	...	...
489	−2.07	−0.665 642 9	−665.642 87	479
490	4.87	1.502 425 85	1 502.425 85	1
491	2.56	0.766 665 9	766.665 9	24
492	−2.00	−0.635 755 1	−635.755 12	474
493	−3.07	−0.961 410 5	−961.410 45	495
494	−0.22	−0.071 539 2	−71.539 2	278
495	3.80	1.185 069 6	1 185.069 6	9
496	−2.99	−0.910 73	−910.73	492
497	−0.13	−0.040 468 4	−40.468 41	265
498	0.38	0.120 775 2	120.775 2	152
499	1.00	0.310 596 65	310.596 65	83
500	−0.10	−0.030 173 2	−30.173 2	257

(四) 方法评述

1. 优点

(1) 历史模拟法简便易行、直观易懂,计算过程也较为容易,即使没有专业统计知识,也可以较快地被使用者所掌握和实施。同时,也容易与计算 VaR 的其他方法相融合,从而也容易被改进和推广。

(2) 历史模拟法是非参数估计方法,不需要预先就金融风险因子等变量建立数学模型并拟合其分布形式,不需要估计均值、方差、相关性等分布参数与数字特征,从而有效地减少了模型风险与参数估计风险。

(3) 历史模拟法不需要假定金融风险因子服从特定的概率分布,对于非对称分布、厚尾、尖峰等分布情形具有同样的适用性。历史模拟法可以处理期权等非线性收益的投资组合的风险度量问题。

2. 缺陷

(1) 历史模拟法假设风险因子的未来变化完全等同于其历史变化,这一假设与现实情况不完全相符。在现实金融市场中,国内外环境瞬息万变,受此影响,金融风险因子的变化趋势也处在动态变化之中,很难确保其未来变化完全是历史变化的完整再现。因此,历史模拟法计算 VaR 的可靠性极度依赖风险因子历史变化与未来变化的近似程度。

(2) 历史模拟法假设风险因子的过往变化在未来时刻以相同的概率出现,这一假设同样与现实情况不完全相符。一般而言,越久远的过往变化在未来的应用价值越小,概率相同的假设显然容易引起估计偏差。同时,概率相同的假设没有考虑选取的历史数据所处的特定时期、特殊数值对模拟未来变化时的可能影响。同一金融变量在不同时期有着不同的波动规律,若选取的历史时期处于经济繁荣阶段,可能低估未来风险,而若选取的历史时期处于经济萧条阶段,则可能放大未来的风险。

(3) 模拟金融风险因子的未来变化需要收集、处理大量连续的历史数据,时间、人力、物力成本较高。同时,对于发展历史较短的新兴市场来说,要收集到足够的历史数据相对而言比较困难。

(4) 历史模拟法计算 VaR 的结果对历史数据的选择区间、时间长度、数据质量等较为敏感,特别是那些极端历史数据,因而计算得到的 VaR 值波动性较大,稳健性较差。

针对上述缺陷,人们对历史模拟法提出了许多修正和扩展,其中时间加权历史模拟法和波动率加权历史模拟法是最为主要和常用的方法。

二、时间加权历史模拟法 *

(一) 简介

时间加权历史模拟法针对标准历史模拟法中历史变化同概率出现在未来变化中的假设缺陷,提出了对不同时期历史数据赋予不同的权重,以减少同概率假设对模拟风险因子未来变化造成的不合理影响的改进方案。具体来说,该方法对距离当前时刻越近的历史

---

* 本小节为选讲内容,教师可根据授课对象的接受程度自行决定是否进行课堂讲授。

数据赋予的权重越大。这一思路基于这样一个事实:距离当前越近的历史变化在未来再次发生的可能性越大,反之亦然。

使用这一方法计算 VaR 的原理与步骤完全类似于标准的历史模拟法。依然采用 $\Delta f_i(-t)(t=1,2,3,\cdots,T)$ 表示风险因子在过去时刻第 t 期的变化值,但与标准的历史模拟法不同,这一变化在未来出现的概率不再是 $1/T$,而是 P_i,公式为

$$P_t = \frac{(1-\lambda)\lambda^{t-1}}{1-\lambda^t}, \quad 0<\lambda<1, t=1,2,\cdots,T \tag{3-23}$$

其中,λ 称为衰减因子。式(3-23)表明风险因子较近期(t 较小时)的历史变化在未来再次出现的概率较大,而较远期(t 较大时)的历史变化在未来再次出现的概率较小,且概率随着时间的推移而衰减,衰减的速度取决于衰减因子 λ 的大小。其结果是,投资组合根据第 t 期历史变化模拟得出的收益可能值 $\Delta V^t(t=1,2,\cdots,T)$ 也将以概率 P_t 存在。根据 ΔV^t 及 P_t 做 ΔV^t 的经验分布,即可求出相应置信水平的 VaR 值。

当衰减因子 λ 无限趋近 1 时,可证明此时时间加权历史模拟法无限趋近标准历史模拟法。因此,标准历史模拟法是时间加权历史模拟法的一个特例。与标准历史模拟法相比,时间加权历史模拟法可以得到更好的 VaR 值,但同样可能加大 VaR 的估计误差,因为降低以往观察值的权重对结果的影响与使用小样本数据类似。

(二)应用举例

采用时间加权历史模拟法计算 2022 年 4 月 7 日,1 000 股温氏股份的 VaR。时间加权历史模拟法假设 500 个历史日收益率以不同概率在 4 月 8 日发生。95% 的置信水平下,累计权重 5% 的损失值 $-597.571\ 5$ 即为温氏股份的每日 VaR(结果参见表 3-4)。

表 3-4　温氏股份时间加权历史模拟结果

i	估计收益(1 000 股)/元	时间加权权重	累 计 权 重
419	$-1\ 812.828\ 24$	0.000 670	0.000 670
482	$-1\ 466.749\ 3$	0.000 488	0.001 158
54	$-1\ 054.390\ 48$	0.004 174	0.005 332
462	$-1\ 023.341\ 52$	0.000 540	0.005 872
471	$-996.404\ 5$	0.000 516	0.006 388
493	$-961.410\ 45$	0.000 462	0.006 851
17	$-953.029\ 26$	0.005 025	0.011 875
442	$-933.988\ 5$	0.000 597	0.012 472
...	...	...	...
456	$-597.571\ 5$	0.000 556	0.049 984
...	...	...	...
115	1 233.444 12	0.003 074	0.988 089
275	1 262.156 1	0.001 379	0.989 468
486	1 282.416 63	0.000 479	0.989 947
57	1 337.996 7	0.004 112	0.994 058
422	1 381.849	0.000 660	0.994 718
61	1 414.103 04	0.004 030	0.998 748
388	1 463.735 68	0.000 782	0.999 531
490	1 502.425 85	0.000 469	1.000 000

三、波动率加权历史模拟法*

利用风险因子的历史数据和时间序列分析方法,建立风险因子时间序列模型,并用这一模型分别模拟风险因子在历史数据时间区间和未来时期的波动率,若二者存在明显差异,则根据差距大小对历史数据赋予相应权重以进行调整,调整后使用标准的历史模拟法或时间加权历史模拟法即可计算出 VaR。

建立风险因子 f_i 的时间序列模型,模拟 f_i 的分布特征,使用的数据应是比用作模拟的历史数据更早的历史数据。完成时间序列建模后,可以使用用作模拟的历史数据对模型的准确性进行检验与校正。

运用时间序列模型分别估计风险因子历史数据所选时间区间与未来时刻的波动率,并根据二者估计结果的差距对历史数据进行权重调整。

波动率加权历史模拟法充分考虑了风险因子在不同时期的变化差异对资产组合收益的影响,减少了因历史数据来自特定波动时期而导致的风险模拟结果被放大或低估的可能。

设风险因子 i 在 $-t$ 时刻的历史数据 $f_i(-t)$ 的波动率为 σ_{-t},未来时刻的波动率为 σ,则对 $f_i(-t)$ 赋予权重 $\dfrac{\sigma}{\sigma_{-t}}$,调整后的风险因子 i 的历史数据可表示为

$$\left\{ f_i(-T)\frac{\sigma}{\sigma_{-T}}, f_i(-T+1)\frac{\sigma}{\sigma_{-T+1}}, \cdots, f_i(-1)\frac{\sigma}{\sigma_{-1}} \right\} \tag{3-24}$$

波动率加权历史模拟法充分考虑了风险因子在不同时期的变化差异对资产组合收益的影响,减少了因历史数据来自特定波动时期而导致的风险模拟结果被放大或低估的可能。

第四节　蒙特卡罗模拟法*

为了克服有限的实际观测值所产生的问题,我们可以采用蒙特卡罗模拟法设计额外的观测值进行分析。相比历史模拟法需借助风险因子的真实历史数据完成模拟过程,蒙特卡罗模拟法则利用计算机生成的随机数据,对风险因子的未来变化路径进行模拟。与有限的历史数据相比,使用计算机可以无限次地生成随机数据以反复进行这一模拟过程,从而最大限度地获得风险因子的可能取值,更加准确地描绘投资组合的未来收益分布。由于这一优势及其他特性,蒙特卡罗模拟法是目前计算 VaR 非常有效的方法。

一、基本思想

蒙特卡罗模拟法由波兰数学家斯坦尼斯·乌拉姆(Stanishaw Ulam)与美国科学家冯诺依曼(von Neumann)在执行"曼哈顿计划"研制原子弹的过程中首先提出的,其初衷是为了解决在缺乏实际数据的情况下,精确地模拟、计算核反应中中子的随机性运动的难题。

＊ 本小节为选讲内容,教师可根据授课对象的接受程度自行决定是否进行课堂讲授。

＊ 本节为选讲内容,教师可根据授课对象的接受程度自行决定是否进行课堂讲授。

在实际过程中,受制于各种原因,在某些情况下无法获取随机样本数据或是获取足够多的随机样本数据。而借助计算机的强大计算能力,通过特定的模型和方法,计算机能够重复地模拟符合要求的随机数,从而克服样本数据不足的缺陷,得出所求问题符合精度要求的近似解。总的来说,蒙特卡罗模拟法的基本原理,就是使用由计算机随机模拟出的随机数代替实际抽样数据解决随机性计算问题,因此也被称为随机模拟方法。

蒙特卡罗模拟法是从计算机随机模拟出的而非实际存在的数据中进行抽样、统计,即一次又一次不断重复的随机抽样方法。通过选择或建立适当的随机模型模拟风险因子的未来变化路径,并利用估值公式计算出对应路径的资产组合价值,反复重复上述模拟过程,最大限度地获得风险因子未来的变化路径及其对应的资产组合价值在未来的可能取值,以期望更加准确地描绘出资产组合的未来损益分布,进而求得 VaR。

模拟的关键因素包括随机模型的准确性、每次模拟的独立性、足够多的模拟次数等。模型的准确性是模拟成功的基础,抽样的独立性决定了模拟的有效性,而足够的模拟次数是模拟结果精确性的保障。

二、单因子风险模拟

(一)基本步骤

下面以股票为例,描述了单因子蒙特卡罗模拟法的基本步骤。

(1) 将连续的几何布朗运动离散化。假设股票价格服从连续几何布朗运动,方程为

$$\mathrm{d}S_t = \mu S_t \mathrm{d}t + \sigma S_t \mathrm{d}Z_t, \quad t \in [0, T] \tag{3-25}$$

将其离散化为

$$S_{t+i\Delta t} - S_{t+(i-1)\Delta t} = \mu S_{t+(i-1)\Delta t}\Delta t + \sigma S_{t+(i-1)\Delta t}\varepsilon_i\sqrt{\Delta t}, \quad i = 1, 2, \cdots, n-1, n \tag{3-26}$$

(2) 利用计算机生成 n 个相互独立的标准正态随机数 ε_i:$\{\varepsilon_i | i = 1, 2, 3, \cdots, n\}$。

(3) 生成股票价格离散随机序列:

$$S_{t+i\Delta t} = S_{t+(i-1)\Delta t}(1 + \mu\Delta t + \sigma\varepsilon_i\sqrt{\Delta t}), \quad i = 1, 2, \cdots, n \tag{3-27}$$

(4) 重复生成随机价格,呈现股票价格未来变化的 N 种情景以及股票价格在到期时的变化分布:第 j 次模拟股票在到期时刻的价格为:$S_T^{(j)}, j = 1, 2, \cdots, N$。

(5) 通过模拟出的分布,选出置信度为 c 的分位数,计算 VaR 值。

(二)应用举例

选择温氏股份为研究对象,假设某金融机构持有 10 000 股股票,以过去 100 个交易日的历史数据为基础,计算漂移率 μ 和波动率 σ,运用蒙特卡罗模拟法,计算温氏股份一天中的 VaR。

1. 温氏股份的漂移率 μ 和波动率 σ

根据温氏股份 2021 年 11 月 9 日至 2022 年 4 月 7 日的 100 个交易日历史数据,计算其漂移率 μ 和波动率 σ。温氏股份过去 100 个交易日的历史收盘价走势如图 3-3 所示。

由此可以得出温氏股份的收益率分布,计算出温氏股份的漂移率 μ、波动率 σ,以及收益率分布的峰度和偏度,结果如图 3-4 所示。

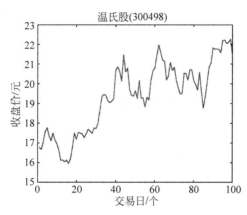

图 3-3　温氏股份历史收盘价

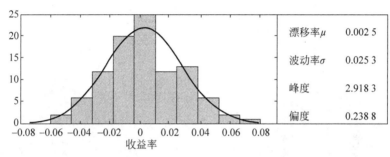

图 3-4　温氏股份收益率分布

2. 温氏股份波动路径

将未来 1 天划分为 100 等份,利用 Matlab 工具用蒙特卡罗方法模拟出 10 000 条温氏股份波动路径。

(1) 股票价格服从均值 μ 为 0.002 5、波动率 σ 为 0.025 3 的几何布朗运动。

(2) 假定 S_t 为股票 2022 年 4 月 7 日的收盘价 21.39 元。

(3) 假设将未来 24 小时划分为 100 等份,$\Delta t = \dfrac{1}{100}$,$n = 100$。

(4) 随机生成 100 个独立的标准正态随机数序列:$\{\varepsilon_i \mid i=1,2,3,\cdots,100\}$。

(5) 运用公式 $S_{t+i\Delta t} = S_{t+(i-1)\Delta t}(1+\mu\Delta t+\sigma\varepsilon_i\sqrt{\Delta t})$,$i=1,2,\cdots,100$,计算股票路径。

(6) 重复上述步骤 10 000 次,模拟生成 10 000 条股票价格路径。

其中,第 666 条模拟路径如图 3-5 所示,可见,在这次模拟中股票的最终价格为 21.374 元。

3. 未来可能取值和分布

根据用蒙特卡罗模拟法得出的 10 000 条股票价格路径,将股票价格分别记为 P_T^1,$P_T^2,\cdots,P_T^{100}$,进一步得到 1 万股股票的收益:$\Delta R_j = P_T^j - P_1$,$j=1,2,\cdots,100$ 的 10 000 个未来可能取值和分布,结果如图 3-6 所示。

4. 温氏股份的 VaR 值

计算温氏股份的 VaR 值。将得到的 10 000 个未来收益的可能取值从大到小排列,如表 3-5 所示。

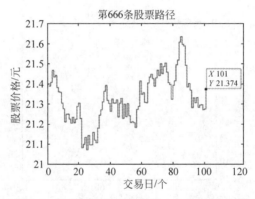

图 3-5　温氏股份股票价格第 666 条模拟路径

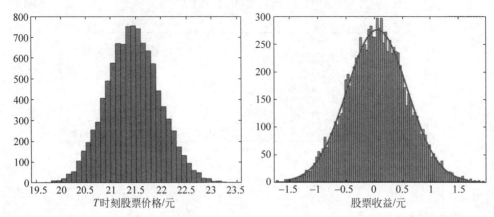

图 3-6　温氏股份 10 000 个未来可能取值和分布

表 3-5　温氏股份未来收益排序

第 j 次模拟	期末股票价格/元	股票收益/元	收益大小排序
1	22.11	7 200	1 112
2	21.05	−3 400	7 636
3	20.84	−5 500	8 711
4	21.09	−3 000	7 408
5	21.52	1 300	4 364
…	…	…	…
3 488	20.57	−8 200	9 501
…	…	…	…
9 997	21.12	−2 700	7 262
9 998	21.39	0	5 410
9 999	21.43	400	5 123
10 000	21.64	2 500	3 573

由结果可得：第 3 488 次模拟结果排名 9 501 位，损失 8 200 元，即为 1 万股该股票在 95％的置信水平下，未来一天的 VaR 值。

三、多因子风险模拟

选择温氏股份(300498)和牧原股份(002714)为研究对象，假设投资组合包括 1 万股温氏股份和 1 万股牧原股份,以股票 2021 年 11 月 9 日至 2022 年 4 月 7 日的 100 个交易日历史数据为基础,运用蒙特卡罗模拟法,计算投资组合一天中的 VaR。

(一) 模拟原理

该投资组合价值在 t 时刻受 N 个风险因子的影响,表示为 $S_{j,t}$,假设 $S_{j,t}$ 与 $\varepsilon_{j,t}$ 互不相关,ε 服从正态分布,有

$$S_{j,t+i\Delta t} = S_{j,t+(i-1)\Delta t}(1 + \mu\Delta t + \sigma\varepsilon_{j,t}\sqrt{\Delta t}), \quad i=1,2,3,\cdots,N;j=1,2,3,\cdots,N$$

$$(3\text{-}28)$$

若 $S_{j,t}$ 与 $\varepsilon_{j,t}$ 相关,则随机变量的变动受到 N 维正态向量 ε 的影响,若正态向量的均值为 0,则协方差矩阵为

$$\begin{pmatrix} \rho_{1,1} & \cdots & \rho_{1,N} \\ \vdots & \ddots & \vdots \\ \rho_{N,1} & \cdots & \rho_{N,N} \end{pmatrix}$$

以两个因子为例,设因子之间的相关系数为 ρ,则其协方差矩阵为

$$R = \begin{vmatrix} 1 & \rho \\ \rho & 1 \end{vmatrix}$$

由 Cholesky 分解得到 $R = TT'$,令

$$T = \begin{vmatrix} a_{11} & 0 \\ a_{12} & a_{22} \end{vmatrix}, \quad T' = \begin{vmatrix} a_{11} & a_{12} \\ 0 & a_{22} \end{vmatrix},$$

求解可得 $a_{11} = 1, a_{12} = \rho, a_{22} = \sqrt{1-\rho^2}$,得到

$$T = \begin{vmatrix} 1 & 0 \\ \rho & \sqrt{1-\rho^2} \end{vmatrix}。$$

利用计算机生成相互独立的标准正态随机向量 ε,构造

$$\eta = T\varepsilon = \begin{vmatrix} 1 & 0 \\ \rho & \sqrt{1-\rho^2} \end{vmatrix} \begin{vmatrix} \varepsilon_1 \\ \varepsilon_2 \end{vmatrix} = \begin{vmatrix} \eta_1 \\ \eta_2 \end{vmatrix}$$

使用 η 模拟抽样,得到 $S_{j,T}$,重复以上过程即可求得 $S_{j,T}$ 的分布规律。

(二) 模拟结果

表 3-6 为温氏股份和牧原股份之间的相关系数矩阵。

表 3-6　温氏股份和牧原股份的相关系数

	温氏股份	牧原股份
温氏股份	1.000 0	0.433 6
牧原股份	0.433 6	1.000 0

由 $\rho = 0.4336$ 得协方差矩阵为

$$R = \begin{vmatrix} 1 & 0.433\ 6 \\ 0.433\ 6 & 1 \end{vmatrix}$$

使用 Cholesky 因子分解法,分解得到下三角形矩阵:

$$T = \begin{vmatrix} 1 & 0 \\ 0.433\,6 & 0.901\,1 \end{vmatrix}$$

进而可以得出

$$\begin{pmatrix} \varepsilon_{A,j} \\ \varepsilon_{B,j} \end{pmatrix} = \begin{pmatrix} 1 & 0 \\ 0.433\,6 & 0.901\,1 \end{pmatrix} \begin{pmatrix} \varepsilon_1 \\ \varepsilon_2 \end{pmatrix}$$

利用 Matlab 分别生成 100 个相互独立的标准正态分布随机变量值 ε_1、ε_2,即可得到影响温氏股份和牧原股份股票价格变动的 $\varepsilon_{A,j}$、$\varepsilon_{B,j}$,得到投资组合价值变动的一个样本轨迹,见表 3-7。

表 3-7　温氏股份和牧原股份组合价值变动的一个轨迹

t	$S_{A,t+(i-1)\Delta t}$	$S_{B,t+(i-1)\Delta t}$	ε_1	ε_2	$\varepsilon_{A,j}$	$\varepsilon_{B,j}$	$S_{A,t+i\Delta t}$	$S_{B,t+i\Delta t}$
1	21.39	54.11	−1.600 3	1.336 4	−1.600 3	0.510 4	21.30	54.19
2	21.30	54.19	0.768 3	−0.277 6	0.768 3	0.083 0	21.35	54.20
3	21.35	54.20	1.463 7	0.377 0	1.463 7	0.974 3	21.43	54.34
4	21.43	54.34	−1.247 8	−0.133 1	−1.247 8	−0.660 9	21.36	54.24
5	21.36	54.24	0.619 0	0.190 7	0.619 0	0.440 2	21.39	54.31
...	...	...	...	...	...	...	...	...
50	20.46	54.71	0.077 8	1.155 2	0.077 8	1.074 7	20.46	54.87
...	...	...	...	...	...	...	...	...
97	20.87	57.75	−0.447 5	−1.675 3	−0.447 5	−1.703 6	20.75	57.48
98	20.85	57.48	−1.303 0	−0.619 8	−1.303 0	−1.123 5	20.86	57.31
99	20.78	57.31	−0.342 0	0.513 6	−0.342 0	0.314 5	20.82	57.36
100	20.76	57.36	−0.707 1	0.721 7	−0.707 1	0.343 7	20.72	57.41

用 Matlab 得到 1 万条由 1 股温氏股份和 1 股牧原股份组合成的投资组合价格的路径。由模拟得出的路径计算出该组合的投资收益分布如图 3-7 所示。

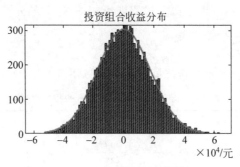

图 3-7　组合的投资收益分布

根据期末价格计算含有 1 万股温氏股份和 1 万股牧原股份的投资组合 1 万个可能收益如表 3-8 所示。

表 3-8　温氏股份和牧原股份组合的 1 万个可能收益

第 j 次模拟	期末 A 股票价格/元	期末 B 股票价格/元	组合价值/元	组合收益/元	收益大小排序
1	21.783 8	53.042 8	748 266	−673 4	7 635
2	21.260 9	53.429 8	746 907	−809 3	430
3	21.473 6	55.376 4	768 500	13 500	8 564
4	21.374 7	55.505 6	768 803	13 803	6 336
5	21.209 5	53.662 4	748 719	−6 281	9 444
...	...	...	...	...	...
5 000	20.808 8	55.540 1	763 489	8 489	9 144
...	...	...	...	...	...
9 997	20.859 2	53.290 5	741 497	−135 03	6 974
9 998	21.700 7	54.246 9	759 476	4 476	9 503
9 999	21.168 7	51.777 6	729 463	−25 537	7 396
10 000	21.718 6	57.409 6	791 282	36 282	4 300

第 1 078 次模拟结果排名 9 501 位,损失 28 678 元,即为该投资组合在 95% 的置信水平下,未来一天的 VaR 值。

四、蒙特卡罗模拟法的优缺点

(一) 优势

蒙特卡罗模拟法是迄今为止最有效的 VaR 计算方法,与其他方法相比,该方法有着许多独特的优势,表现在:

(1) 蒙特卡罗模拟法与历史模拟法一样,是一种完全估值法,可以处理非线性、大幅波动与"厚尾"问题。

(2) 蒙特卡罗模拟法可以利用计算机大量生成模拟样本,从而实现对风险因子未来变化取值的最大限度模拟。因此,与受制于历史数据数量与质量的历史模拟法相比,蒙特卡罗模拟法的计算结果更具可靠性与精确性。

(3) 蒙特卡罗模拟法可以利用风险因子变化的历史数据信息改善和修正随机模拟模型,使随机模型对风险因子未来变化的模拟更贴近现实。

(二) 缺陷

尽管蒙特卡罗模拟法有着上述优势,但同时也存在值得关注的缺陷,包括:

(1) 蒙特卡罗模拟法需要事先构造随机模型模拟风险因子的变化分布,并通过历史数据估计模型参数,存在较大的模型风险与参数估计误差问题。

(2) 蒙特卡罗模拟法的收敛速度太慢,计算效率较低。蒙特卡罗模拟法以接近 $1/\sqrt{n}$ 的速度收敛,这一速度相对较慢,需要重复模拟较大数量的次数才能得到高精度的计算结果。

(3) 蒙特卡罗模拟法计算量较大,需要耗费大量时间。假设 N 为影响某种金融工具的风险因子个数,K 为模拟抽样次数,n 为时间间隔份数,则计算过程需要生成 $N \times K \times n$

个模拟随机数,进行 $N \times K \times n$ 次模拟估值。对于期权等复杂的金融工具来说,这一计算量可能达到百万次的级别,时间成本巨大。若投资组合本身就由多种金融工具组成,这一问题将更为严重。随着计算机技术的发展进步,预期这一问题将得到一定的缓解。

(4)在蒙特卡罗模拟法应用实践中,为减少时间花费、提高计算效率而减少随机模拟次数,往往以样本方差较大、计算结果的可靠性与精确性下降为代价。

(三)改进

为了弥补蒙特卡罗模拟法的上述缺陷,学者们进行了许多有针对性的改进和修正,包括收敛速度的提高、计算效率的改进及样本方差的缩减等。

提高蒙特卡罗模拟法收敛速度的方法被称为拟蒙特卡罗模拟法。导致蒙特卡罗模拟法收敛速度较慢的一个原因是在使用伪随机数时容易产生集聚效应,即伪随机数并非均匀地分布在间隔域中,而是在一些区域相对聚集,在某些区域则存在空白。其解决办法是通过预先设定的确定性方法生成一些被称为拟随机数的低偏差点。拟随机数能够更加均匀地分布在间隔域中,可以填补之前数据序列留下的空白,为模拟过程带来更多有用的信息。通过这一方法,可以使收敛速度从与 $1/\sqrt{n}$ 接近提高到与 $1/n$ 接近。尽管通过确定性方法生成拟随机数降低了抽样的独立性,但总的来说,在同样的模拟次数下,与传统蒙特卡罗模拟法相比,合理地运用拟蒙特卡罗模拟法可以大幅提高计算速度与计算精度。

针对因风险因子较多,导致计算量过大、计算效率低下的情况,学者们提出了情景蒙特卡罗模拟法。其基本原理是采用主成分分析法提取风险因子的主要成分,把每一个主成分的取值范围限定在有限的结果或是情景之中,并采用一定方法(如多项式分布),给每一个可能结果或情景赋予相应概率。同时,情景蒙特卡罗模拟法假设主成分之间相互独立,因此利用主成分各自的概率分布,可以计算出所有主成分的任意种组合结果的概率分布。而由于对主成分进行了筛选并限定了取值范围,这些组合的可能排列是有限的。此时运用蒙特卡罗模拟法仅需对这些有限的组合进行抽样模拟,因而能够提高计算速度与效率。

通过减小方差,从而在给定模拟次数与计算数量的情况下,改善蒙特卡罗模拟法计算结果精度的方法统称方差缩减法,其中常用的有对偶变量法、控制变量法、重点抽样法、分层抽样法、矩匹配法等。

第五节　市场风险管理

一、市场风险监测和报告

市场风险报告是用于监管市场风险头寸,并监控敞口是否符合风险限额的报告。该报告有助于资产负债管理委员会确定风险限额的充足性。为了更好地反映金融机构的战略,应定期对风险限额进行必要的调整。市场风险报告是确保及时采取补救措施限制损失的关键。可靠、及时的市场风险报告也使金融机构能应对监管部门呈报方面的要求。所有风险和收益状况,包括关于预期风险、各种业务的绩效和例外情况等的详细信息,都必须及时向各相关管理层进行报告。

(一)市场风险报告体系应坚持以下原则

(1)独立性。市场风险报告部门必须独立于市场风险承担部门。主要的市场风险报告部门是营运部门和风险管理部门。

(2)可靠性。风险头寸和估价信息渠道必须经授权并且前后一致。假设、公式、方法和风险术语的描述必须清晰界定。

(3)时效性。市场风险报告必须及时准备,以便采取相应的补救措施。

(4)恰当性。市场风险报告程序必须结构清晰,向上报告给高级管理层,以便其能采取恰当的补救和处罚措施。

(5)有效性。数据管理层应具有高效的数据库应用能力,以使人为干预和调整最小化。

(二)市场风险报告的内容和种类

市场风险报告是市场监测的主要内容,是风险管理者了解和量化金融机构的风险来源、估计市场总风险的基础。向董事会提交的市场风险报告通常包括金融机构的总体风险头寸、风险水平、盈亏状况、对市场风险限额及市场风险管理的其他政策和程序的遵循情况等内容。向高级管理层及其他管理人员提交的市场风险报告通常包括按地区、业务经营部门、资产组合、金融工具和风险类别分解后的详细内容。风险管理部门应当能够运用有效的风险监测报告工具,及时向高级管理层和交易前台提供有价值的风险信息,以辅助交易人员、高级管理层和风险管理专员进行决策。

1. 市场风险报告的内容

市场风险报告应当包括的全部或部分内容:①按业务、部门、地区和风险类别分别统计/计量的市场风险头寸;②对市场风险头寸和市场风险水平的结构分析;③头寸的盈亏情况;④市场风险识别、计量、监测和控制方法及程序的变更情况;⑤市场风险管理政策和程序的遵守情况;⑥市场风险限额的遵守情况,包括对超限额情况的处理;⑦事后检验和压力测试情况;⑧内部和外部审计情况;⑨市场风险经济资本分配情况;⑩对改进市场风险管理政策、程序及市场风险应急方案的建议;⑪市场风险管理的其他情况。

2. 市场风险报告的形式和作用

从市场风险管理实践看,市场风险报告具有多种形式和作用,其中包括:

(1)投资组合报告,以总结的方式完整列示投资组合中的所有风险。

(2)风险分解"热点"报告,计算每个头寸的变化率,如果报告变化为正则是"风险热点",报告变化为负则是"风险冷点"。

(3)最佳投资组合组织报告,通过简化投资组合来解释复杂投资组合的主要风险来源。

(4)最佳风险规避策略报告,提供金融机构需要实际购买和出售的头寸规模。

(三)市场风险报告的路径和频度

有关市场风险情况的报告应当定期、及时向董事会、高级管理层和其他管理人员提供。不同层次和种类的报告应当遵循规定的范围、程序和频率。

（1）在正常市场条件下，通常每周向高级管理层报告一次；在市场剧烈波动的情况下，需要进行实时报告，但主要通过信息系统直接传递。

（2）后台和前台所需的头寸报告，应当每日提供，并完好打印、存档、保管。

（3）风险值和风险限额报告必须在每日交易结束之后尽快完成。

（4）风险管理部门应当有能力根据高级管理层或决策部门的要求，随时提供各种满足特定需要的风险分析报告，以辅助决策。

二、市场风险控制

（一）限额管理

金融机构实施市场风险管理，应当确保将所承担的市场风险控制在可以承受的合理范围内，使市场风险水平与其风险管理能力和资本实力相匹配，限额管理正是对市场风险进行控制的一项重要手段。市场风险限额管理体系主要包括交易组合定义、限额结构与限额指标设定和审批、限额监控与报告、限额调整、超限额管理等。其中，风险限额的设定是整个限额管理流程的重要基础。

1. 风险限额的设定

风险限额的设定包括四个阶段：

第一阶段，全面风险计量，即金融机构对各项业务包含的信用风险、市场风险、操作风险、流动性风险分别进行量化分析，以确定各种敞口的预期损失和非预期损失。

第二阶段，利用信息系统，对各类业务敞口的收益和成本进行量化分析，其中制定一套合理的成本分摊方案是一项有待解决的重要任务。

第三阶段，运用资产组合分析模型，对各业务敞口确定经济资本的增量和存量。

第四阶段，综合考虑监管机构的政策要求及金融机构战略管理层的风险偏好，最终确定各业务敞口的风险限额。

市场风险限额应该在分析市场未来变动的情况下，同时考虑历史上市场风险变动情况和金融机构管理层处置风险敞口所需要的时间，限额也可以参考利率数据的分布情况来制定。通常它使用基于 VaR 的风险限额和基于敏感度的风险限额。风险限额是全部预算和计划过程的一部分，是在损失发生前对风险进行控制，并以名义本金表示。

2. 市场风险限额的内容

常用的市场风险限额包括交易限额、风险限额、止损限额和敏感度限额等。

（1）交易限额是指对总交易头寸或净交易头寸设定的限额。总头寸限额对特定交易工具的多头头寸或空头头寸给予限制，净头寸限额对多头头寸和空头头寸相抵后的净额加以限制。在实践中，银行通常将这两种交易限额结合使用。

（2）风险限额是指对按照一定的计量方法所计量的市场风险设定的限额，如对内部模型计量的风险价值设定的限额和对期权性头寸设定的期权性头寸限额等。期权性头寸限额是指对反映期权价值的敏感性参数设定的限额，通常包括：衡量期权价值对基准资产价格变动的 Delta、衡量 Delta 对基准资产价格变动的 Gamma、衡量期权价值对市场预期的基准资产价格波动性的敏感度的 Vega、衡量期权临近到期日时价值变化的 Theta 以及衡量期权价值对短期利率变动的 RhO 设定的限额。

（3）止损限额，即允许的最大损失额。通常，当某项头寸的累计损失达到或接近止损限额时，就必须对该头寸进行对冲交易或将其变现。典型的止损限额具有追溯力，即止损限额适用于一日、一周或一个月等一段时间内的累计损失。

（4）敏感度限额是指保持其他条件不变的前提下，利率、汇率、股票价格和商品价格等单个市场风险要素的微小变化对金融工具和资产组合收益或经济价值影响程度所设定的限额。例如，Vega 限额是对期权标的物波动率的单位变动所允许的期权价值最大变动值进行限制。

制定了金融机构市场风险限额之后，就要求有关部门实施有效的执行政策，但是严格限额管理并不是指限额权限不可突破。金融机构应当对超过限额情况制定监控和处理程序，且应将超过限额情况及时向相应级别管理层报告。该级别管理层应当根据限额管理的政策和程序决定是否批准，以及该超额情况预计会持续多久，对未经批准的超额情况应当按照限额管理的政策和程序处理。管理层应当根据超额情况决定是否对限额管理体系进行调整。执行委员会应当根据风险职能部门提出的建议，并考虑相关风险的影响，定期批准并汇报总风险限额。一旦头寸超过特定水平，限额体系应该立即引起风险管理部门的注意，并进行相应的控制和监督。

（二）市场风险对冲

现代金融业的发展和金融工具的创新为消除或转移市场风险提供了手段和条件。除了运用限额管理来控制市场风险外，金融机构还可以有效地使用相关金融工具，在一定程度上对冲市场风险，即当原风险敞口出现亏损时，新风险敞口能够盈利，并且尽量使盈利能够弥补全部亏损，使金融机构处于一种免疫状态。市场风险对冲有下面两种方法：

（1）通过配对管理，进行表内对冲。表内对冲又称自我对冲，通过资产负债结构的有效搭配，使金融机构处于风险免疫状态，即进行表内套期保值。

（2）利用金融衍生品，进行表外对冲。表外对冲也可以理解为市场对冲。衍生金融工具既可以被投资者用作管理风险的工具，也可以被用来获取利益。当金融衍生品被用作风险管理的工具时，在转移风险的同时，也需付出相应的代价。具体来说，利用衍生品对冲风险具有较大的优势，如构造方式多种多样，交易灵活便捷；但是其自身也会有风险，如交易对手的信用风险，因此要谨慎使用。商业银行必须既正确认识和理解各种金融衍生产品的风险特征，又有能力把握多种金融产品组合在一起所形成的复杂状况，并且具备风险对冲所需的知识和技术支持。此外，使用衍生产品对冲市场风险还需要面临透明度、会计处理、监管要求、法律规定、道德风险等诸多问题。

三、市场风险经济资本配置

（一）市场风险经济资本的计算

除了采用限额管理、风险对冲等风险控制方法外，银行还可以通过合理配置一定数量的经济资本来抵御市场风险可能造成的损失。计算监管资本用的风险价值置信水平采用99％的单尾置信区间；持有期为10个营业日；市场风险要素价格的历史观测期至少为1年；至少每3个月更新一次数据。在此基础上，度量市场风险监管资本的公式为

$$市场风险监管资本＝（附加因子＋最低乘数因子）×VaR$$

同时，巴塞尔委员会在1996年发布的《资本协议市场风险补充规定》要求，采用内部模型计算市场风险资本的银行对模型进行事后检验，以检验并提高模型的准确性和可靠性。监管当局应根据事后检验的结果决定是否通过设定附加因子来提高市场风险的监管资本要求。巴塞尔委员会规定最低乘数因子为3，附加因子设定在最低乘数因子之上，取值为0～1。如果监管当局对模型的事后检验结果比较满意，模型也满足了监管当局规定的其他定量和定性标准，就可以将附加因子设为0，否则可以设为0～1的一个数，即通过增大VaR值的乘数因子，对内部模型存在缺陷的银行提出更高的监管资本要求。

但是，银行在实施内部市场风险管理时，可以根据其风险偏好和风险管理策略选择置信度和持有期来计算VaR，经济资本的计算也是如此。

$$市场风险经济资本＝乘数因子×VaR$$

虽然大多数银行都采用乘数因子×VaR这一公式计算市场风险经济资本，但其中VaR值的计算所选用的置信度、持有期等参数可能不同于计算监管资本所用的参数，因此计算出来的结果会有所不同。乘数因子也由银行根据实际情况确定。

（二）风险调整收益率和经济增加值

通过运用经济资本计算和风险预算方法，公司就可以获得每个交易员、投资组合、各项交易及业务部门所占用的市场风险经济资本，进而计算经风险调整的收益率（RAROC）和经济增加值（EVA）。

应用于市场风险管理的经风险调整的收益率可以简单表示为

$$RAROC＝\frac{税后净利润}{经济资本}$$

如果一笔交易只发生 T 天，并且只在这几天中占用了所配置的经济资本，则需要将RAROC调整为年度比率，以便与其他交易的RAROC相比较：

$$RAROC_{年度}＝（1＋RAROC_T）^{\frac{250}{T}}－1$$

经济增加值是公司在扣除资本成本之后所创造的价值增加值。经济增加值强调资本成本的重要性、督促金融机构减少运营过程中所占用的资本，达到增加金融机构价值的目的。应用于市场风险管理的经济增加值可以表示为

$$EVA＝税后净利润－资本成本$$
$$＝税后净利润－经济资本×资本预期收益率$$
$$＝（经风险调整的收益率－资本预期收益率）×经济资本$$

经风险调整的收益率和经济增加值可以用来评估交易员、投资组合、各项交易及业务部门的业绩表现，其前提是市场数据信息准确、真实，财务实行集中管理，规范统一。

从现代公司管理，特别是风险管理的角度来看，市场交易人员或业务部门的收入和奖

金应当以经济增加值为参照基准。如果交易人员或业务部门在交易过程中承担了很高的风险,那么其所占用的经济资本同样很多,因此即便交易人员或业务部门在当期获得了很高的收益,其真正创造的价值也是有限的。因此,采用 RAROC 和 EVA 这两项指标来度量交易人员和业务部门的业绩,有助于在公司内部树立良好的风险管理意识,并鼓励严谨的价值投资取向,从而减少甚至避免追逐短期利益的高风险投机行为。

【拓展阅读 3-2】 高盛集团市场风险管理策略

【课后习题】

1. 什么是日风险收益? 它代表市场风险哪三个可以测量的部分?

2. 用历史模拟法测量市场风险有什么优点? 这种方法如何实施?

3. 某银行有一笔面值 500 万元的零息债券头寸,5 年后到期。债券的到期收益率是 6%,每日收益率的变动是 0,标准差是 12 个基点。计算:

(1) 债券的修正持续期;

(2) 不利的日收益率变动的最大值,假设收益率的变动大于这个最大值的机会小于 1%;

(3) 债券价格的波动性;

(4) 债券的日风险收益。

4. 某银行的日风险收益是 8 500 元,请问 10 天的风险价值是多少? 20 天呢? 为什么 20 天的风险价值不是 10 天的两倍?

5. 某银行的执行副总裁要计算银行资产(贷款、外汇和普通股)的日风险收益。已知各项资产的 DEAR 分别是 40.07 万元、27.5 万元和 22.67 万元。若贷款与外汇、贷款与普通股、外汇与普通股之间的相关系数分别为 0.2、0.6 和 0.1,整个资产组合的 DEAR 是多少?

6. 某出口银行有一笔美元和欧元的交易头寸,在 9 月 4 日交易结束以后,该头寸是 5 000 万美元与 3 000 万欧元。假设最近 6 天的汇率如下所示:

每日交易结束时的汇率

	9 月 4 日	9 月 3 日	9 月 2 日	9 月 1 日	8 月 31 日	8 月 30 日
美元/人民币	6.939 6	6.946 8	6.953 6	6.979 8	6.992 0	7.029 8
欧元/人民币	6.974 5	6.994 1	6.964 1	6.897 6	6.911 2	6.842 9

(1) 按 9 月 4 日的汇率,外币头寸可转为多少等值的人民币?

(2) 每种外币的敏感性(汇率不利变动 1% 时,头寸等值人民币的变动值)是多少?

(3) 在 5 天期间,每一种外币每日汇率变化的百分比是多少?

(4) 该银行每天的总风险是多少? 最差的一天和最好的一天分别是多少?

(5) 假设已知 9 月 4 日以前 500 个交易日的数据,请说明如何在 95% 的置信区间内进行最坏情形的预测。

(6) 说明 5% 的 VaR 头寸如何解释 9 月 5 日的交易。

（7）9 月 5 日末模拟将如何变化？哪些变量或过程会改变，哪些变量或过程不会改变？

7. 市场风险控制方法有哪些？

即测即练 扫码答题

第四章

信用风险度量

学习目的

☞ 了解信用风险的含义及特点

☞ 知道贷款承诺收益的计算方法

☞ 熟悉传统信用风险度量模型

☞ 掌握现代信用风险度量模型

☞ 了解贷款组合的信用风险度量模型

第一节 信用风险概述

一、信用风险的含义及特点

(一) 信用风险的含义

信用风险(credit risk)一般是指债务人或交易对手未能履行合约规定的义务而使债权人蒙受经济损失的风险,又称违约风险。信用风险是一个不断发展的概念,它伴随着借贷关系的出现而产生,其历史可以追溯到原始社会末期的高利贷信用。在资本主义生产方式建立之前,家庭和手工作坊是信用及信用风险的主体。随着资本主义生产方式的建立和公司制度的普及,信用主体和信用形式发生了很大变化,不过这一阶段的信用风险主要表现为违约风险。20 世纪 80 年代以后,在技术进步和金融创新等的推动下,新的金融工具不断涌现,金融衍生品大量使用,信用形式发生了很大变化。风险的环境和管理技术随之发展,信用风险的内涵也在不断扩展。从现代投资组合的角度考虑,投资者持有的投资组合不仅会因为债务人的违约而遭受损失,还会因为债务人的信用等级变化而遭受损失。

(二) 信用风险的特点

与市场风险相比,信用风险具有下列特点。

1. 风险概率分布的左偏性

一般情况下,市场风险的收益分布相对来说是对称的,大致可以用正态分布曲线来描述,市场价格的波动是以其期望为中心的。相比之下,信用风险的分布是不对称的,收益分布曲线的一端向左下倾斜,并在左侧出现厚尾现象(见图 4-1)。信用风险的分布是左偏肥尾的形态,这是由贷款信用违约风险的特点决定的。银行在贷款合约期内有较大的可能性收回贷款并获得事先约定的利润,但贷款一旦因债务人违约而无法收回,则会使银行面临较大规模的损失,这种损失要比利息收益大得多。换句话说,贷款的收益是固定的和有上限的,其损失则是变化的和没有下限的。与此同时,银行不能从企业经营业绩中获得对等的收益,贷款的预期收益不会随企业经营业绩的改善而增加,但是会随着企业经营业绩的恶化而降低。

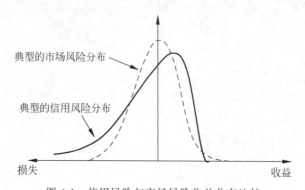

图 4-1　信用风险与市场风险收益分布比较

资料来源:Introduction to CreditMetrics™,J. P. Morgan,1997,P. 6.

2. 信用数据不易获得

市场风险通常涉及股票、债券和外汇等很容易获得的交易数据。信用风险不像市场风险那样具有数据的可得性,这也导致了信用风险定价模型设计的困难性。由于信用资产的流动性较差,贷款等信用交易存在明显的信息不对称性以及贷款持有期长、违约事件频率低等原因,信用风险数据获取困难。正是因为这些特点,信用风险要比市场风险更加难以量化。

3. 信用悖论问题

与市场风险相比,信用风险管理存在信用悖论现象。对于市场风险的管理,最有效的一条原则就是投资分散化,以降低市场风险。从理论上讲,当银行存在信用风险时同样应该将投资多元化,防止信用风险集中。然而在实践中由于客户信用关系、地理位置、行业信息优势及银行贷款业务的规模限制,银行信用风险很难分散化。

(三) 信用风险分类

从组成结构上看,信用风险主要分为两大类,即信用违约风险和信用价差风险。信用违约风险是指债务人还款能力的不确定性。在违约发生以前,没有办法准确地区分哪些企业会违约、哪些企业不会违约,我们至多只能对违约的可能性做一个大概的估计。信用价差风险是指由于信用评级的变化引起信用价差的变化而导致的损失。例如,由于单方面信用评级的改变而造成的损失,如债务人由于财务出现重大问题致使信用评级从 AAA 降至 BBB,造成债务市场价值变化的不确定性。

从来源上看,信用风险可以分为交易对手风险和发行人风险两种类型,前者主要存在于商业银行的贷款和金融衍生品交易过程中,后者主要与债券相联系。在贷款和衍生品交易过程中,交易的任何一方无法履行合约都会造成损失。而在债券发行业务中,发行方承担着定期支付利息和到期偿还本金的责任,当发行方由于自身财务出现问题而无法按时履约或无故拒绝履约时,给投资者造成的损失是无法估量的。

从业务种类来看,信用风险还可分为表内风险与表外风险。源于表内业务的信用风险称为表内风险,如传统的信贷风险;而源于表外业务的信用风险称为表外风险,如金融衍生交易可能带来的风险。

二、贷款收益的计算

贷款是银行最重要的资产之一,也是银行获得收益的一种重要渠道。银行给企业提供贷款,在获得利差收益的同时,也会面临贷款无法收回的风险。一般来说,商业银行的贷款主要包括工商业贷款、房地产贷款和个人贷款。银行等金融机构的贷款决策需要考虑盈利性这一要求,因此金融机构的经理们需要对所发放的贷款收益进行衡量,通过衡量借款人的违约风险及收集借款人的抵押担保信息对借款利率进行调整。下面我们以工商业贷款为例介绍一种计算贷款收益的传统方法——资产收益法。

(一)贷款的承诺收益

1. 影响贷款承诺收益的因素

简单来说,金融机构特定贷款获取的承诺收益会受到多种因素的影响,如贷款利率、与贷款相关的所有费用、贷款的信用风险溢价、贷款的抵押担保、补偿余额和准备金要求等。信用风险可能是最终影响贷款收益的最重要的因素,因此金融机构的风险管理者通常会通过收取更高的贷款利率,或者对贷款数额加以限制来补偿可能面临的高信用风险,也可以通过收取更高的补偿余额、费用及更多抵押品等方法来弥补贷款信用风险所带来的损失。接下来我们将具体介绍这些影响贷款承诺收益的因素。

(1) 贷款基础利率。对于贷款基础利率的含义可以从两个方面理解:一方面,贷款基础利率代表金融机构的资本加权平均成本或资金边际成本,如同业拆借市场利率和商业票据利率;另一方面,贷款基础利率也反映了优惠贷款利率。一般来说,优惠贷款利率(prime lending rate)是商业银行等金融机构向风险最低的借款人提供的一种最低的风险利率。目前的借贷活动中,优惠贷款利率被当作一个基础,对于不同风险的借款人给予一个正的或负的风险溢价。

(2) 相关费用。一般而言,与贷款相关的费用包括直接费用和间接费用,具体是指以下三个方面。第一,贷款启动费(of),主要包含处理贷款申请业务所带来的各项支出,将向借款人收取,该项属于直接费用。第二,补偿余额(b),它以非生息活期存款的形式存在,一般是指一笔贷款中借款人无法立刻用于支出的那部分贷款,该项属于间接费用。例如,一笔200万元的借款,倘若商业银行要求10%的补偿余额,则意味着有20万元贷款不可用于立即支出。也就是说,这200万元借款中必须有20万元存入提供贷款的金融机构,一般以活期存款形式存入,而只能动用180万元的借款。鉴于借款者可动用的本金减少了,所以借款者的借款成本就会提高。补偿余额比例的高低也会在一定程度上影响商业银行等金融机构的收益,高的补偿余额比例会增加金融机构的贷款收益。第三,存款准备金(RR),中央银行要求对商业银行的活期存款提取一定比例的准备金,而补偿余额作为活期存款也要提取准备金。

2. 贷款承诺收益的计算

我们以工商业贷款为例说明贷款承诺收益的计算。假设某商业银行提供了一笔 200 万元的一年期贷款,我们可以通过贷款基础利率和信用风险溢价来确定贷款利率:假设贷款基础利率(BR)=10%,信用风险溢价或差价(m)=2%,则可以得到贷款利率为 BR+m=12%。

那么,每 1 元贷款的合约承诺总收益(k)[相当于计算每 1 元贷款的资产收益率 (ROA)]等于:

$$1+k=1+\frac{of+(BR+m)}{1-[b(1-RR)]} \qquad (4\text{-}1)$$

其中,公式中的分子为金融机构每 1 元贷款获得的承诺现金流入额,它是直接费用(of)与贷款利率(BR+m)之和。分母代表金融机构提供的现金流出额,具体来看,每提供 1 元贷款,就要收取 b 元作为补偿余额,所以 $1-b$ 是不考虑准备金要求的情况下,借款人从金融机构每借入 1 元贷款所获得的净值。同时,由于 b 作为借款人的活期存款存放在商业银行,而中央银行要求商业银行对活期存款提取准备金。因此,商业银行从补偿余额要求中获得的净值必须考虑持有额外的准备金所涉及的成本。可知,商业银行每 1 元贷款的净现金流出为 $1-[b(1-RR)]$。

【例 4-1】 贷款承诺收益的计算

假设 A 银行的相关数据如下:

(1) 未来一笔贷款的基础利率为 14%,对特定借款人收取的信用风险溢价为 2%。

(2) 银行向借款人收取的贷款启动费为 0.1%。

(3) 向借款人收取 10% 的贷款补偿余额,并要求借款人以非生息活期存款的形式持有。

(4) 中央银行的法定存款准备金率为 10%

将本例中的数据代入计算收益的公式中,得到:

$$1+k=1+\frac{of+(BR+m)}{1-[b(1-RR)]}=1+\frac{0.1\%+(14\%+2\%)}{1-(10\%\times90\%)}$$

则 k=17.69%,这当然会大于贷款的简单承诺利息收益 BR+m=16%。

但如果我们要考虑费用和利息现值的影响,且假设银行的贴现率是 13%,则 BR+m 应该按照 1+13% 进行贴现,因为利息是在期末支付,而费用收益是先期付款,所以不需要进行贴现。在该假定条件下,k 为 15.67%。

3. 特殊情况下贷款承诺收益的计算

在特殊情况下,如果费用收益(of)和补偿余额(b)均为 0,那么合约承诺收益的计算公式将简化为

$$1+k=1+(BR+m) \qquad (4\text{-}2)$$

从式(4-2)可以看出,影响贷款承诺收益的因素只包括贷款基础利率和信用风险溢价。贷款基础利率确定后,信用风险溢价或差价(m)就成了决定贷款承诺收益的基本因素。

这个假定是符合现实情况的。随着金融市场竞争的加剧,贷款启动费(of)和补偿余额(b)在贷款定价中的重要性在逐渐下降。例如,现在银行虽然仍在收取补偿余额,却允许补偿余额以定期存款的形式存在,因此借款人可以获得定期利息。这样一来,借款人的实际借贷成本就会有所下降。因此,这两项对于金融机构来说可调整的空间不大。

(二)贷款的预期收益

由于贷款中借款人的违约风险一直存在,因此实际收益也会存在偏差。当借款人无力或者不愿履行还款约定时,金融机构的贷款收益将会大打折扣。金融机构发放贷款时,每1元贷款的预期收益与承诺收益的关系为

$$E(r) = P(1+k) - 1 \tag{4-3}$$

其中,$E(r)$为贷款预期收益,P为还款的概率。由于P小于1,所以总是存在违约风险。商业银行为补偿这种违约风险,往往会采取提高风险溢价(m)的方式。与此同时,k和P并非相互独立的,意味着较高的风险溢价、费用和基础利率实际上会降低还款的概率。在一些情形下,当费用和贷款利率增加时,借款人支付承诺收益的概率会下降,违约风险会增大,意味着k和P并非相互独立的。

因此,商业银行一般从两个方面控制信用风险:第一,调整贷款价格或承诺收益;第二,对贷款的数量进行调整。需要注意,即使根据借款人的违约风险对贷款利率进行了调整,如提高贷款风险溢价,也并不能保证金融机构将实际获得更高的承诺收益,因为违约风险也可能增加。一般来说,控制零售贷款的风险是从控制贷款的数量着手,借款者的贷款利率一般相同。例如,从银行借款购买汽车的低收入者和高收入者的贷款利率是相同的,但提供给二者的贷款金额却会存在差别,如给高收入者提供限额为50万元的贷款,而给低收入者提供限额为20万元的贷款。与零售贷款不同的是,批发贷款一般通过控制价格和贷款数量两个方面来降低风险。相比风险较低的借款者,银行一般会向风险较高的借款者收取一个高的信用风险溢价,即提高利率以补偿银行面临的额外风险。除了利率调节方法,也可以通过控制信贷资金的数量来降低批发贷款的信用风险。

【拓展阅读 4-1】 "11超日债"的违约案例

三、信用风险的预期损失和非预期损失

(一)违约概率

违约概率(probability of default,PD)是指借款人在指定时间范围内违约的可能性,也称为预期违约频率(expected default frequency,EDF)。违约概率通常反映了借款人未来一定时期内不能按照合同要求履行相关义务的可能性,是衡量借款人风险的重要指标。

(二)信用风险暴露

信用风险暴露(exposure amount,EA)是指在借款人违约的情况下贷款人可能发生损失的那部分金额,也称为违约风险敞口(exposure at default,EAD)。商业银行的信用

风险暴露一般包括未清偿债务(outstanding loans,OL)和贷款承诺(loan commitment, LC)。未清偿债务是指银行允许借款人未来偿付的债务,如未到到期日的债权、长期贷款和其他应收款项等。而贷款承诺是商业银行传统的表外业务,是保证在借款人需要时向其提供资金贷款的承诺,分为已提用部分和未提用部分。借款人需要资金时,可以在银行已承诺的信用限额内提用资金。假设贷款承诺的贷款提取比例为$a(0<a\leqslant1)$,则银行对某一位借款人调整后的信用风险暴露可以写成:$AE=OL+a\cdot LC$。如果借款人违约,未清偿债务和贷款承诺都会给银行资产带来损失。

(三)违约损失率

违约损失率(loss given default,LGD)是指一旦发生违约,债务面值中不能收回部分的比例,即损失的严重程度,也称为损失率(loss rate,LR)。从贷款回收的角度看,违约损失率决定了贷款回收的程度,从而回收率(recovery rate,RR)等于1减去LGD,也就是$RR+LGD=1$。违约损失取决于债务种类、经济周期、清偿优先级等因素,因此违约损失率并不是一个确定的数值。

(四)预期损失和非预期损失

预期损失(expected loss,EL)是商业银行预期在特定时期内资产可能遭受的平均损失。预期损失是比较确定的,实际发生的损失一般围绕平均值波动,因此在管理上可以把平均损失值看成是相对确定的,以准备金的形式计入商业银行经营成本,可通过定价转移在产品价格中得到补偿。银行信用资产的预期损失通常可以表示为违约概率、信用风险暴露和违约损失率的乘积,具体公式如下[①]:

$$EL=EA\cdot PD\cdot LGD \tag{4-4}$$

非预期损失(unexpected loss,UL)是商业银行一定条件下具有波动性的资产价值的潜在损失超过预期损失的部分。换句话说,UL应该是极端情况下的损失(worst case loss,WCL,类似VaR值)减去EL。这里的一定条件下,对应的是一段时间内和特定置信水平。一段时间在实践中银行使用的内部信用风险模型中通常为1年的估计期,而置信水平取决于监管者的需要,可以设为99%或95%等。比如,在95%可能性的条件下,最大损失值不会超过N,也就是在95%置信度下的最大损失值是N。一般情况下,实际损失只是处于平均值附近,不会达到最大损失值的程度,只有极特殊的情况下才会接近最大损失值。平均损失值是确定的,但最大损失值随着所设定置信水平的不同而改变,因而非预期损失值是相对不确定的,随置信水平的改变而不同。通常情况下,非预期损失的计算公式为

---

① 预期损失EL其实可以视作贷放出去的信贷敞口EA与未来能收回来的信贷敞口E(EA)的差额。换句话说,未来EA能否得到偿还有两种情况:第一种以PD概率违约,则收回来EA(1−LGD);第二种以1−PD不违约,则收回EA。具体推导如下:

EL=EA−E(EA)

E(EA)=PD·EA·(1−LGD)+(1−PD)·EA=EA−EA·PD·LGD

得到EL=EA·PD·LGD,其中PD也可以写成EDF。

$$UL = Credit\ VaR(CVaR) = WCL - EL \tag{4-5}$$

此外,在计算资产组合的预期损失和非预期损失时,由于预期损失具有线性和可加性,因此组合的预期损失就等于每项信用资产的预期损失之和,也就是不考虑资产之间的违约相关系数。在计算组合的非预期损失时,则需要考虑协方差的影响,即考虑组合的相关系数,组合的非预期损失小于每项信用资产的非预期损失的和。具体来说,组合的预期损失和非预期损失计算公式如下:

$$EL_P = \sum_{i=1}^{n} EL_i \tag{4-6}$$

$$UL_P = \sqrt{UL_1^2 + UL_2^2 + 2\rho_{12}UL_1UL_2} \tag{4-7}$$

其中,组合中每一项信用资产的风险贡献(risk contribution, RC)的和即为组合的非预期损失 UL_P。对于一个只包含两种信用资产的组合,两种资产的风险贡献公式如下:

$$RC_1 = UL_1 \cdot \frac{UL_1 + (\rho_{12} \cdot UL_2)}{UL_P} \tag{4-8}$$

$$RC_2 = UL_2 \cdot \frac{UL_2 + (\rho_{12} \cdot UL_1)}{UL_P} \tag{4-9}$$

$$UL_P = RC_1 + RC_2 = \sqrt{UL_1^2 + UL_2^2 + 2\rho_{12}UL_1UL_2} \tag{4-10}$$

【例 4-2】 一家银行的信贷管理员被要求对银行投资组合中的三笔贷款进行风险敞口分析。信贷管理员收集的贷款信息及银行的内部违约假设如表 4-1 所示,请分别计算三笔贷款的预期损失。

表 4-1 某银行三笔贷款信息

贷款	期限/年	违约风险敞口/万元	违约损失率	标准普尔信用评级
1	1	10 000	0.65	B—
2	3	5 000	0.90	BB—
3	2	8 000	0.70	A

表 4-2 某银行的内部违约假设

贷款级别	违约概率 期限/年		
	1	2	3
投资级	0.02	0.03	0.05
非投资级	0.1	0.15	0.2

将本例题中的数据代入计算预期损失的公式中,可以得到

$$EL_1 = 10\ 000 \times 0.65 \times 0.1 = 650(万元)$$

$$EL_2 = 5\ 000 \times 0.9 \times 0.15 = 675(万元)$$

$$EL_3 = 8\ 000 \times 0.7 \times 0.05 = 280(万元)$$

可以看出第二项贷款的预期损失最大,而第三项贷款由于是投资级的评级,在其他条件相近的情况下,违约概率越小,预期损失也就越小。

上述对于信用风险的预期损失和非预期损失的量化方法是度量信用风险的方法之一。该方法考虑了同一风险类型内实际水平的相关性,但在衡量时,假设信贷是非流动资产且没有考虑利率风险、市场风险等其他风险的影响,在估计时也基本都只使用一年的估计期,没有考虑多期的影响,因此与实际情况存在差异。

第二节　传统信用风险度量模型

一、专家法

专家法是借助权威专家的经验进行决策的过程,是一种主观性较强的方法。1970 年以前,大多数金融机构主要依据专家的经验和主观分析来评估信用风险。专家通过分析借款人的财务信息、经营信息、经济环境等因素,对借款人的资信、品质等进行评判,以确定是否给予贷款。这个阶段评估信用风险的主要方法有 5C 法、5W 法、5P 法等(见表 4-3),其中最常用的是 5C 法。

表 4-3　5C、5W、5P 考察重点

5C	品格 character	资本 capital	能力 capacity	抵押品 collateral	经济周期 cycle condition
5W	借款人 who	借款用途 why	还款期限 when	担保物 what	如何还款 how
5P	个人因素 personal	目的因素 purpose	偿还因素 payment	保障因素 protection	前景因素 perspective

5C 法的名字来源于五组关键要素的英文首字母:character(品格)、capital(资本)、capacity(能力)、collateral(抵押品)和 cycle condition(经济周期)。商业银行首先根据专家意见对借款企业的这五个方面进行考察评分,然后通过专家的主观判断给予各考察因素不同的权重,综合得出一个分值。分值的大小反映了借款人信用品质的好坏,可以用作信贷决策的依据。下面以企业信用分析为例进行说明。

1. 品格

品格是对企业声誉的一种度量,信贷人员重点分析企业借款的真实目的、偿债的意愿及其偿债历史。如果信贷人员认为企业在某些方面不够诚实,则不应发放贷款。借款人的声誉涉及贷款申请者的借贷历史。如果借款人在过去建立了一种及时还款的声誉,则有助于提升贷款申请者对金融机构的吸引力。借款人和贷款人之间的长期客户关系形成了一种与借贷相关的内在合约,这种合约关系超出了作为借贷关系基础的正式的外在法律合约。良好的声誉只能通过一定时期内的还款行为反映出来,因此这一因素对于新的小额借款人是不利的。这就是小企业首次公开发行债券时通常比已经发行过债券的老企业支付更高利息的原因。

2. 资本

资本是指借款人的财务实力和财务状况,表明借款人偿还债务的实力。企业资本雄厚,代表企业有更好的抗风险能力,具体操作中还需要考察资本规模、杠杆率、流动比率、速动比率等财务指标。杠杆率是指负债股权比,它是衡量企业负债风险和偿债能力的有效指标。杠杆率越高,企业面临的利息支出就越高,从而导致股权收益率指标降低。同时,高杠杆率意味着破产概率的增加,借款人偿还借款的概率就会降低。此外,现金流情况也代表企业的还款能力。流动比率和速动比率的高低也会影响企业资产的变现能力,即企业资产的流动性。企业资产的流动性越强,按时偿还债务的概率就越大。

3. 能力

能力主要是指借款人的还款能力,可以通过借款人收益的波动性来体现。假设两家企业未来面临同样的本息偿还要求,在期望收益相等的条件下,如果一家企业的收益不确定性较大,从而现金流相对波动性高,或者有一个较高的标准差,则该企业的偿债能力就会下降,更容易违约。商业银行希望借款人有能力产生足够且稳定的现金流来偿还贷款。现金流量的减少和波动的增加可能是企业走下坡路的前兆,商业银行将其作为信贷关系出现问题的预警机制。对一些新建或处于成长期的企业,由于其能力指标较低,商业银行往往会谨慎贷款,即使发放贷款也会提高风险溢价。因此相对来说,拥有长期稳定收入的企业对银行的吸引力更强,而收益波动性较大的高科技企业或新企业因为信用风险较高而对银行的吸引力较小。

4. 抵押品

当违约发生时,在有担保的情况下,银行对借款人提供的抵押品有要求权。这一要求权的优先性越强、相关抵押品的市场价值越高,贷款的风险敞口就越低。信贷人员必须充分了解作为抵押品的资产的市场价值,以及抵押品的使用时间、状态、专用性、技术更新等信息,以保证抵押品的可出售性。抵押品的多少是所有贷款决策和贷款定价决策中的一个关键因素。为了防止借款人违约,许多贷款和债券都以具体的资产为抵押,以降低信用风险。

5. 经济周期

经济周期又称商业周期,是指经济运行中周期性出现的经济扩张与经济紧缩交替更迭、循环往复的一种现象。经济周期一般可分为四个阶段,即繁荣、衰退、萧条和复苏。经济处在经济周期的哪个阶段,对金融机构评价借款人的违约概率是非常重要的。经济周期的状态是决定信用风险敞口的一个重要因素,对受周期影响较大的产业而言尤为如此。经济过热导致的通货膨胀、高利率等所引发的借款人的投机等行为,以及经济衰退导致的行业前景看淡、企业经营收入下降等,都会损害贷款的价值。考察经济周期状态,对银行信贷决策分析具有重要作用。例如,在经济衰退时期,对待奢侈品企业的贷款需求应当谨慎,因为人们往往会减少奢侈品消费,但是并不会减少食品等生活必需品的消费。

总的来说,专家在借贷决策过程中评估信用风险时所考虑的因素可以分为两大类:一是与借款人相关的因素,它们反映了借款者个人的特点,包括品格、资本、能力、抵押品;二是与市场相关的因素,主要包括经济周期和利率等。

二、传统信用风险量化方法

传统信用风险量化方法是指根据客户的信用历史资料,构建简单的统计回归模型,从而根据模型结果分析客户按时还款的可能性。通过综合分析借款人的经济、财务等特征,金融机构可以对债务人的违约风险进行估计。

(一) 线性概率模型

1. 模型介绍

线性概率模型利用财务数据等历史数据来说明借款人的还款表现,进而预测还款人的违约概率,即根据借款人的历史数据来预判其未来的还款概率。线性概率模型的数据分组比较简单,将历史贷款仅分为两组进行量化,即违约贷款和非违约贷款两种,分别用 $PD_i = 0$ 和 $PD_i = 1$ 表示。通过建立线性回归模型来表示借款人的违约概率,模型表达式如下:

$$PD_i = \sum_{j=1}^{n} \beta_j X_{ij} + 误差项 \tag{4-11}$$

其中,β_j 表示过去还款经历的第 j 项变量的权重。根据公式,如果以某位借款人的财务变量 X_{ij} 乘以估算出的一些 β_j,即可得出这位潜在借款人预期的 PD_i 值。

【例 4-3】 两因素线性概率法

假设某银行向一家钢铁企业提供一笔贷款,影响该企业还款的因素只有杠杆比或债务股权比(D/E)以及销售额与资产比(S/A)两个因素。根据该企业的历史还款数据,估计的还款概率模型为

$$PD_i = 0.45(D/E_i) + 0.2(S/A_i)$$

如果该借款人现在的杠杆比为 0.4,销售额与资产比为 2,则其预期违约概率(PD_i)的计算结果为

$$PD_i = 0.45 \times 0.4 + 0.2 \times 2 = 0.58$$

上述模型中影响借款人还款概率的因素可拓展至三个、四个、五个……通过借款人的历史数据赋予各因素一定的权重,可近似表达出借款人的还款模型,进而估计出违约概率。

2. 模型评价

线性概率模型的命名源于模型对违约概率的预测性,但使用线性概率模型所计算出来的值常常超出 $[0,1]$ 这一区间,而一般来说,违约概率的值应介于 0 和 1 之间,因此在统计上不够可靠。

(二) Logit 模型

Logit 模型克服了线性概率模型的缺陷,利用一种转换逻辑函数将概率限定在 $[0,1]$ 区间。Logit 模型假设事件发生的概率服从累积 Logistic 分布。实际上,这种方法是将线性概率模型的估算值 PD_i 代入下面的公式,使概率区间始终介于 $[0,1]$ 之间。

$$F(PD_i) = \frac{1}{1 + e^{-PD_i}} < 1 \tag{4-12}$$

其中,$F(PD_i)$ 为 PD_i 的逻辑转换值。相较于线性概率模型,Logit 模型很好地解决了概率分布的合理性问题。

(三) Z 评分模型

Z 评分模型 1968 年由美国纽约大学教授阿尔特曼(Altman)提出,是一种多变量分

析模型。通过对银行历史贷款数据的分析,设定一系列反映各项财务指标的权重值,以此为依据设置一个能够测度信用风险的数学模型,通过将数据代入模型中,根据计算结果对企业的信用风险进行分析。其具体形式如下:

$$Z = 1.2X_1 + 1.4X_2 + 3.3X_3 + 0.6X_4 + 0.99X_5 \qquad (4\text{-}13)$$

其中,X_1 为流动资金/总资产,X_2 为留存收益/总资产,X_3 为息税前收益/总资产,X_4 为股权市值/总负债账面值,X_5 为销售收入/总资产。X_2 和 X_3 代表公司的盈利能力状况,比值越大代表盈利越高;X_4 为杠杆比倒数,因此这个数值越小,代表负债比例越高;X_1 和 X_5 表示企业的营运状况,体现流动性和销售情况,越高意味着流动性越充裕。

根据式(4-13),银行可得出一个确定的 Z 值。阿尔特曼经过统计分析和计算后确定了借款人违约的临界值 $Z_0 = 1.81$。如果 $Z < 1.81$,借款人将被划入违约组,该交易对象将被归为信用不佳,贷款要求将有可能被拒绝;如果 $Z \geqslant 2.99$,则借款人处于安全区域。如果 $1.81 < Z < 2.99$,阿尔特曼发现此时的判断失误较大,称该重叠区域为未知区或灰色区域。通过计算出的 Z 值可以推测出借款人所处的区域,从而对其信用风险给出一个大致判断的结果。

【例 4-4】　假设某借款公司的各个财务比率值为:$X_1 = 0.15$、$X_2 = 0$、$X_3 = -0.1$、$X_4 = 0.1$、$X_5 = 1.8$,根据 Z 评分模型判断该借款公司的违约风险。

Z 评分模型的表达式为 $Z = 1.2X_1 + 1.4X_2 + 3.3X_3 + 0.6X_4 + 0.99X_5$,则 $Z = 1.2 \times 0.15 + 1.4 \times 0 + 3.3 \times (-0.1) + 0.6 \times 0.1 + 0.99 \times 1.8 = 1.692 < 1.81$,即该借款人处于危险区域,具有比较大的违约风险,出于贷款安全考虑,不应该向这家企业发放贷款。

(四) ZETA 信贷风险模型

ZETA 信贷风险模型是 Z 评分模型的进阶版,由阿尔特曼等于 1977 年提出。在 Z 评分模型的基础上,ZETA 信贷风险模型的变量增加到了 7 个。因此,模型对于借款人信用风险度量的准确性有了进一步的提高,而且模型的适用范围也更加广泛。ZETA 信贷风险模型的表达式为

$$\text{ZETA} = AX_1 + BX_2 + CX_3 + DX_4 + EX_5 + FX_6 + GX_7 \qquad (4\text{-}14)$$

其中,A、B、C、D、E、F、G 分别是 ZETA 信贷风险模型中七变量各自的系数。模型中的七变量分别是:资产收益率、收益稳定性指标、债务偿付能力指标、累计盈利能力指标、流动性指标、资本化程度的指标、规模指标。为了证明新模型的有效性,阿尔特曼等对ZETA 信贷风险模型和原始 Z 评分模型在信用风险判断的准确性方面进行了认真的比较,详见表 4-4。不难看出,由于新模型在变量的选择、稳定性和统计技术等方面都有所改进,所以比原模型更加准确有效,尤其是随着破产前预测的年限延长,其优越性更为明显。

Z 评分模型和 ZETA 信贷风险模型都属于多变量模型,二者都可以度量债务人在一定时期内的信用状况,但也都存在一些缺陷和不足。第一,无论是 Z 评分还是 ZETA 评分,其模型形式均是线性的,但在现实中,影响因素和破产概率之间可能是非线性关系,因此模型形式本身就值得商榷。第二,模型中赋予各变量的权重不应该是一成不变的。由于金融市场的各种变化,权重的科学性和准确性存在一定的问题。第三,各变量的度量都

是采用财务数据,而财务数据的公布往往都有一定的时滞,属于"向后看"的方法。第四,模型并未将一些难以量化的因素包括在内,如借款人声誉、宏观经济因素等。这些重要变量往往在模型中很难体现出来。第五,违约数据的获得存在一定的困难,而且模型只考虑违约和不违约两种情况不符合实际。

表 4-4　ZETA 信贷风险模型与 Z 评分模型的准确性比较

破产前预测的年数	ZETA 信贷风险模型		Z 评分模型		将 ZETA 信贷风险模型样本用于 Z 评分模型所得出的结果		将 Z 评分模型样本用于 ZETA 信贷风险模型所得出的结果	
	破产/%	非破产/%	破产/%	非破产/%	破产/%	非破产/%	破产/%	非破产/%
1	96.2	89.7	93.9	97.0	86.8	82.4	92.5	84.5
2	84.9	93.1	71.9	93.9	83.0	89.3	83.0	86.2
3	74.5	91.4	48.3	NA	70.6	91.4	72.7	89.7
4	68.1	89.5	28.6	NA	61.7	86.0	67.5	87.0
5	69.8	82.1	36.0	NA	55.8	86.2	59.2	82.1

资料来源:Caouette, Altman, Narayanan. Managing Credit Risk[M]. New York: John Wiley & Sons, Inc., 1998:135.

第三节　现代信用风险度量模型

随着金融市场的不断发展,金融理论不断更新,金融数据也在不断复杂化,传统的信用风险度量模型已无法满足市场的要求。在长期的实践中,国际金融界相继推出了现代信用风险度量模型。目前比较常用的现代信用风险度量模型主要有 RAROC 模型、信用风险期限结构方法、失败率方法、CreditMetrics 模型、CreditRisk+模型、KMV 模型等。

一、RAROC 模型

RAROC 模型的全称是风险调整资本收益模型(risk-adjusted return on capital),是风险调整绩效度量方法(risk adjusted performance measurement,RAPM)中最为常用的基本指标。20 世纪 70 年代,后来于 1998 年被德意志银行收购的美国信孚银行首次提出风险调整资本收益的概念。RAROC 模型与传统绩效度量方法的最大区别就在于将贷款的收益与风险直接挂钩,强调了风险度量在银行业等特殊行业的重要性。该方法已成为金融理论界与实务界公认有效的核心经营管理手段,各大银行通过对信用风险的量化管理来平衡贷款的风险和收益,并形成了以此为核心的全面风险管理模式。

RAROC 模型强调度量经过风险调整后的收益的大小,考虑为非预期损失做出资本储备,用以衡量资本的使用效率,使银行的收益与所承担的风险挂钩。RAROC 用于测算每单位风险资本创造的效益,其基本表达式为

$$\text{RAROC} = \frac{\text{风险调整收益}}{\text{风险资本(或非预期损失)}} = \frac{\text{收益}(R) - \text{预期损失}(\text{EL})}{\text{风险资本(或 UL)}} \tag{4-15}$$

实际应用中,RAROC 模型的核心思想是将扣除资金成本后的预期利息和费用收益与贷款的预期风险进行比较,因此风险管理者就不需要再单独关注贷款合约年收益率,即

ROA,而其是简单地通过贷款利息和费用收益除以贷款总额得到的。相比之下,RAROC的分子项是扣除了贷款融资成本后的年净收益,分母是贷款的风险资本,代表该项贷款的风险指标,因为非预期的贷款损失必须从金融机构的资本中扣除,而预期损失一般是由银行计提的损失准备金来弥补。

$$RAROC = \frac{贷款的年净收益}{贷款(资产)风险或风险资本} \tag{4-16}$$

除了度量信用风险,RAROC也被用作贷款审批的标准。只有当RAROC高于金融机构的资本收益率标准时,贷款才能获得批准。资本收益率也就是ROE,反映的是金融机构股东投资所要求的回报。这也意味着,只有当贷款的风险调整收益能够使金融机构股东的权益价值增加时,贷款才能被发放,其中权益价值可以用金融机构股东要求的回报率表示。由于RAROC模型不仅是信用风险度量指标,也是贷款发放标准,所以该模型被各国大银行广泛使用,但在实际应用中会略有差异。计算RAROC的步骤如下。

1. 估算风险资本

贷款的风险资本与利率有着密切的关系,而久期可以很好地衡量利率波动给资产价值带来的风险,因此我们可以用久期公式来估算贷款风险或贷款的风险资本。

$$\Delta LN = -D_{LN} \cdot LN \cdot \frac{\Delta R}{1+R} \tag{4-17}$$

其中,ΔLN 表示风险资本或损失额;D_{LN} 表示贷款的有效期限;LN表示风险额或贷款规模;$\frac{\Delta R}{1+R}$ 表示贷款信用风险溢价或风险因素变化所引起的预期贷款利率变化的最大值。根据式(4-17)可以求出信用风险变化时,造成贷款价值损失的程度。

2. 计算贷款信用风险溢价

由于与贷款信用风险溢价相关的公开信息很难获取,因此我们依据公开获取的公司债券市场数据估算风险溢价。首先,给某借款人一个国际权威机构的信用级别,如标准普尔的A级、BBB级等。其次,对该信用级别中过去一年内所有交易债券的已知信用风险溢价变化进行分析。为了计算RAROC的值,我们需要知道同一级别下所有公司债券与国债收益率的差值,进而计算出预期利率变化的最大值。RAROC公式中的 ΔR 等于:

$$\Delta R = Max[\Delta(R_i - R_G) > 0] \tag{4-18}$$

其中,$\Delta(R_i - R_G)$ 为某一信用级别公司债券的收益(R_i)与具有相同有效期限的国债的收益(R_G)之差的变化值。为了只考虑最差的情形,我们选取的是最大的利差变化值,而不是利差变化的平均值。需要注意的是,实际应用中通常挑选的是1%的最坏的结果,而不是最大利差,因为最大利差是一种极端情况,代表性较差。

3. 判断标准

超过金融机构内部的RAROC标准,通常是以ROE或资本成本为标准时,贷款将获得批准。如果低于标准,贷款将不被接受。同时,也可以通过调节RAROC模型中的指标,使借款人达到贷款标准,如提高存贷利差或增加费用收益等。RAROC既可以用于事前分析也可以用于事后分析。事前分析是指将下一年的贷款预期收益与该指标进行比较,事后分析是指将过去一年的实际贷款收益与该指标进行比较。

【例 4-5】　贷款的 RAROC 计算

一家银行计划向一家 BBB 级公司发放 500 万元贷款，预计将收取 50 个基点的服务费。假设贷款有效期限为 7.5 年，该银行要求的 ROE 为 10%，贷款的市场利率为 12%，存款利率为 10%。根据 BBB 级公司债券市场和国债市场过去一年的数据，我们绘制出风险溢价图（见图 4-2），可以看到风险溢价变化范围为 -4%～5.7%，其中 1% 概率下的最大变化约为 4.2%，意味着如果 BBB 级公司有 500 家，只有 5 家公司的债券为风险溢价最差的 1%。

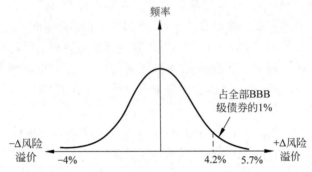

图 4-2　全部 BBB 级公司债券利差分布图（假设）

风险资本的计算结果为
$$\Delta\mathrm{LN} = -D_{\mathrm{LN}} \cdot \mathrm{LN} \cdot [\Delta R/(1+R)]$$
$$= -7.5 \times 5\,000\,000 \times (4.2\%/1.12)$$
$$= -1\,406\,250(元)$$

贷款的年净收益为
$$(12\% - 10\%) \times 5\,000\,000 + 0.005 \times 5\,000\,000 = 125\,000(元)$$

则贷款的 RAROC 值为
$$\mathrm{RAROC} = 贷款的年净收益/风险资本 = 125\,000/1\,406\,250 = 8.89\%$$

由上述结果可以看出，RAROC 的值小于 ROE 的 10%，因此这笔贷款不会获得银行批准。

4. 其他计算方式

由于 RAROC 模型的分母项度量的是风险资本，也就是非预期损失，因此一些大型金融机构可以利用自己的贷款违约数据库进行计算。在计算 RAROC 时，会以年收益除以非预期损失率和贷款违约损失率之积。

$$\mathrm{RAROC} = \frac{1元贷款的年净收益}{非预期违约率 \times 贷款违约损失率} \tag{4-19}$$

例如：假设 1 元贷款的预期收益为 0.004 元，这类借款人 1% 的历史极端违约率为 5%，该贷款的违约损失率为 80%，则

$$\mathrm{RAROC} = \frac{0.004}{0.05 \times 0.8} = 10\%$$

RAROC 指标不简单以盈利水平对资金使用进行决策，而是以风险调整后的收益大小作

为决策依据,是风险管理和绩效评价二者的统一体,反映了现代商业银行管理的发展趋势。

二、信用风险期限结构方法

信用风险期限结构方法是以债券市场的利率期限结构曲线为基础来评估信用风险和违约概率。具体来看,该模型就是对相同风险级别借款人的公司债券的收益率曲线所包含的风险溢价进行分析。一般来说,我们可以通过公司债券收益率与国债收益率差值的大小来反映风险大小。标准普尔公司和穆迪公司等国际上知名的信用评级机构都会对公司债券进行评级,不同等级的公司债券在市场上进行交易流通,就会形成各自的债券收益率曲线,这为我们计算信用风险溢价提供了数据支持,使我们可以将不可获得的信用风险数据转换为可获得的公司债券和国债的收益率数据。

图 4-3 反映了 BBB 级公司与相同期限的零息国债收益率的差异。相同期限下,公司债券的收益率要高于零息国债。例如,一年期国债和公司债券的收益率分别为 5% 和 7%,两年期国债和公司债券的收益率分别为 6% 和 9%,国债和公司债券的收益率差值是逐步扩大的。由于零息国债属于到期一次性付款的折价债券,因此我们可以根据实际市场利率信息推算信用风险溢价和潜在的违约概率。通过图 4-3 可知,零息国债和相同期限公司债券的收益率之差可以反映债务人在未来某个时间偿还贷款的概率大小。银行等贷款机构可以根据违约概率大小确定是否提供贷款。由于企业的债务存在短期及长期的差别,因此下面我们将分别介绍一年期债务的违约概率和长期债务的违约概率。

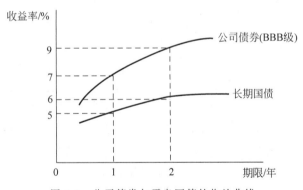

图 4-3 公司债券与零息国债的收益曲线

1. 一年期债务的违约概率

首先对一年期债务工具的违约概率进行测算。假设金融机构要求一年期公司债券的预期收益至少等于一年期零息国债的无风险收益。以 p 代表公司债券本息全额偿还的概率,则 $1-p$ 就是违约的概率。

假定一年期公司债券的合约承诺收益为 $1+c_1$,一年期无风险国债的收益为 $1+g_1$,则金融机构对公司债券和国债要求的投资收益条件为

$$p_1(1+c_1)=1+g_1 \tag{4-20}$$

式(4-20)表明公司债券的预期收益率等于无风险利率。事实上,即使作为借款人的公司违约,金融机构也不会丧失所有的本息收益,金融机构也会得到部分的偿还。现实

中,金融机构为了尽可能降低违约风险,会以抵押物作为还款保障,而且债权人对该抵押物享有首要留置权。假设我们以 γ 代表贷款违约时可收回的本息所占的比重,且一般情况下 γ 为正数,则有

$$[(1-p)\gamma(1+c)]+[p(1+c)]=1+g \tag{4-21}$$

可以看到公式中多了一项,它代表的是借款人违约时,金融机构预期可收回的金额,也就是现实世界中,银行很少会因为贷款违约而一分钱都收不到。我们可以求出风险溢价 ϕ,它是公司风险债务收益率与无风险利率的差值。

$$c-g=\phi=\frac{1+g}{\gamma+p-\gamma p}-(1+g) \tag{4-22}$$

观察风险溢价公式[式(4-22)],分母中的 γ 和 p 完全可以相互替代,也就是说,抵押物的增加可以直接替代违约风险的上升。这也为现实中银行为什么喜欢发放抵押贷款提供了科学解释。

【例 4-6】 估计一年期债券的违约概率

根据图 4-3,一年期公司债券和一年期国债的市场利率分别为 7% 和 5%,则债券的还款概率的计算方法为

$$p_1=(1+g_1)/(1+c_1)=(1+5\%)/(1+7\%)=98.13\%$$

则该一年期债券的违约概率为 $1-p_1=1-98.13\%=1.87\%$。

2. 长期债务的违约概率

1)推导

实际金融活动中,短期债务只占一定的比例,因此我们还需要分析长期债务的违约概率。在测算长期债务工具的违约概率时,第一年的违约情况是估算的基础。同时有一个前提条件,即债券在任何一年的违约概率显然都以前一年的不违约为条件。债券在任何一年的违约概率就是指这一年的边际违约概率,则第 t 年的边际违约概率为 $1-p_t$。以两年期贷款为例,第一年的边际违约概率为 $1-p_1$,第二年的边际违约概率为 $1-p_2$。利用这些边际违约概率,可以计算出两年内的累计违约概率:

$$C_p=1-p_1\cdot p_2 \tag{4-23}$$

其中,C_p 表示两年内的累计违约概率。根据利率期限结构理论,有效市场的存在使投资者无法获得无风险套利的好处,因此购买并持有两年零息国债的到期收益率,正好等于分别按一年期国债即期利率和预期的一年远期利率的投资收益。即

$$(1+g_2)^2=(1+g_1)(1+f_1) \tag{4-24}$$

其中,g_1 代表一年期零息国债的即期收益率,g_2 代表持有两年期零息国债的收益率,f_1 代表下一年零息国债的一年期远期利率。

我们可以使用同样的方法推导公司债券一年的远期利率。公司债券未来的预期利率,我们用 k_1 来表示,其反映了市场对此信用等级借款人的违约概率的预期,以及影响一年远期利率的货币时间价值因素。

$$1+k_1=\frac{(1+c_2)^2}{1+c_1} \tag{4-25}$$

运用一年期公司债券和国债的预期远期利率可以估算出一年后预期的还款概率 p_2。

$$p_2(1+k_1)=1+f_1 \tag{4-26}$$

得到

$$p_2=\frac{1+f_1}{1+k_1} \tag{4-27}$$

可知,第二年的预期边际违约概率为 $1-p_2$。

可据此类推,通过国债和公司债券的期限结构可以推导出第三年的一年期远期利率,进而可以推导出 p_3,依此类推可求出 p_4、p_5 等。

【例 4-7】 计算长期债券违约概率

同样以图 4-3 中的两年期国债和公司债券为例。假设国债和公司债券一年期和两年期的市场利率如表 4-5 所示。

表 4-5 两年期国债和公司债券市场利率 %

	一年期利率	两年期利率
国债	5	6
公司债券	7	9

根据表 4-5 中的数据可知,债券第一年的还款概率 $p_1=(1+5\%)/(1+7\%)=98.13\%$。

则第一年的违约概率为 $1-p_1=1-98.13\%=1.87\%$,即第一年的边际违约概率为 1.87%。

根据表 4-5 可知,国债的一年期远期利率 f_1 为

$$1+f_1=1.06^2/1.05=1.070\ 1$$
$$f_1=7.01\%$$

公司债券的一年期远期利率 k_1 为

$$1+k_1=1.09^2/1.07=1.110\ 4$$
$$k_1=11.04\%$$

可知,$p_2=(1+7.01\%)/(1+11.04\%)=0.963\ 7=96.37\%$。

则债券的违约概率为 $1-96.37\%=3.63\%$,即债券第二年的边际违约概率为 3.63%。

由以上数据可知,两年内的累计违约概率为 $1-p_1p_2=1-98.13\%\times96.37\%=5.43\%$。

2) 模型评价

信用风险期限结构方法的主要优点在于能反映未来的情况,并且以市场预期为基础。国债和公司零息债券的利率期限结构可以反映远期利率与即期利率之间的联系,如果存在国债和公司零息债券的交易市场,利用市场信息可以很容易地估计出未来的预期违约率,并根据它们来确定贷款的价格。然而该方法也存在一些缺陷和不足:相对于国债零息债券市场,公司零息债券市场规模相对较小,很难获得相关数据,因此无法很好地通过收益率曲线估计债券的零息收益率。在这种情况下,风险管理者需要选用其他方法评估信用风险。

三、失败率方法

1. 信用风险的失败率推导

失败率方法是指根据同等信用级别债券和贷款的历史或过去的违约风险经历,即历史失败率对信用风险进行分析。边际失败率(marginal mortality rate,MMR)是指特定一年的违约概率。具体可以运用失败率模型进行计算。例如,P_1 代表债券或贷款第一年不违约的概率,则 $1-P_1$ 就是边际失败率,即债券或贷款第一年的违约概率;同理,P_2 代表贷款第二年的还款概率,如果假定第一年没有违约,则 $1-P_2$ 代表第二年的边际失败率。我们可以画出每个信用等级公司借款人的边际失败率曲线,通过观察曲线就可以了解特定信用级别的债券或贷款每年的历史违约率。同样,利用第一年和第二年的边际失败率,即可算出两年的累积失败率(cumulative mortality rate,CMR):

$$CMR = 1 - P_1 \cdot P_2 \tag{4-28}$$

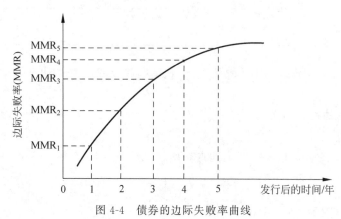

图 4-4　债券的边际失败率曲线

在金融市场上,失败率曲线可以有多种形态,如上升、下降或是水平等形态。如图 4-4 所示,B 级公司债券的边际失败率随着时间的推移呈上升趋势,代表随着发行后年份的延长,边际失败率在不断增加。同时,边际失败率可以根据债券和贷款的实际违约数据估算出来。以某一特定等级的 A 级债券为例,公式如下:

$$MMR_1 = \frac{A \text{ 级债券第一年的违约价值之和}}{A \text{ 级债券第一年的总价值}} \tag{4-29}$$

$$MMR_2 = \frac{A \text{ 级债券第二年的违约价值之和}}{A \text{ 级债券第二年的总价值(对前一年的违约、}} \tag{4-30}$$
$$\text{赎回和期限等进行了调整)}$$

表 4-6 展示的是 1971—2002 年美国 1 513 种公司债券样本大致的失败率和累积失败率。可以观察到,通常情况下债券失败率随着信用等级的降低而升高,代表债券的信用风险也在升高。

表 4-6　按初始信用等级分类的公司债券失败率(1971—2002 年)　　　　　%

		发行后的时间(年)									
		1	2	3	4	5	6	7	8	9	10
AAA	边际	0.00	0.00	0.00	0.00	0.03	0.00	0.00	0.00	0.00	0.00
	累计	0.00	0.00	0.00	0.00	0.03	0.03	0.03	0.03	0.03	0.03
AA	边际	0.00	0.00	0.33	0.17	0.00	0.00	0.00	0.00	0.03	0.02
	累计	0.00	0.00	0.33	0.50	0.50	0.50	0.50	0.50	0.53	0.55
A	边际	0.01	0.10	0.02	0.09	0.04	0.10	0.05	0.20	0.11	0.06
	累计	0.01	0.11	0.13	0.22	0.26	0.36	0.41	0.61	0.72	0.78
BBB	边际	0.25	3.42	1.52	1.44	0.92	0.57	0.80	0.26	0.17	0.35
	累计	0.25	3.66	5.13	6.49	735	7.88	8.62	8.85	9.01	9.33
BB	边际	1.23	2.62	4.53	2.15	2.49	1.14	1.67	0.67	1.76	3.78
	累计	1.23	3.82	8.17	10.15	12.39	13.39	14.83	15.40	16.89	20.03
B	边际	3.19	7.14	7.85	8.74	6.22	4.28	3.88	2.39	2.07	0.87
	累计	3.19	10.10	17.16	24.40	29.10	32.14	34.77	36.33	37.65	38.19
CCC	边际	6.70	14.57	16.16	11.28	3.36	10.26	5.35	3.25	0.00	4.18
	累计	6.70	20.29	33.17	40.71	42.70	48.58	51.33	52.92	52.92	54.88

资料来源：E. I. Altman and G. Bana，Defaults and Returns on High-Yield Bonds：The Year 2002 in Review and the Market Outlook/1 Working Paper，New York University Salomon Center，February 2003.

2. 模型评价

失败率方法在理论和实践方面存在一些问题。从理论上说,失败率方法是根据历史数据计算出来的一种历史或事后的结果,不一定能准确代表现在的情况。从实践来看,风险管理者所选择时段的不同容易造成边际失败率结果的不同,进而导致对信用风险的判断出现偏差。例如,表中 BBB 级债券第二年的边际失败率为 3.42%,高于之后的第三、第四等年份,甚至高于 BB 级债券的边际失败率,这主要是由于 2002 年美国世界通信公司违约造成的,而该公司的市值较大。因此,选取的特定年份如果对一些违约事件比较敏感,则失败率会出现偏差。

四、CreditMetrics 模型

1. CreditMetrics 模型介绍

CreditMetrics 模型是由 J. P. 摩根公司推出的一种以 VaR 计算为基础的信用风险度量模型,又称信用矩阵模型。VaR 的中文名称为风险价值,用来测算某项资产在一定置信水平下的最大损失。VaR 的计算依靠逻辑严密的概率理论知识,可以科学客观地衡量风险大小。因此,CreditMetrics 模型有着很强的理论基础,是应用最为广泛的信用风险度量模型之一。J. P. 摩根公司 1994 年提出的度量市场风险的风险矩阵模型(RiskMetrics)所要解决的问题是"如果明天是一个坏日子的话,我所拥有的可交易性金融资产如股票、债券和其他证券的价值将会有多大损失?",而 CreditMetrics 模型要解决的是"如果下一个年度是一个坏年头的话,我的贷款及贷款组合的价值将会遭受多大损失?"。

CreditMetrics 模型的基本思想是,通过将债务人在一定时期内的信用等级变化情

况、信用价差变动情况等因素考虑在内,确定某资产或资产组合的价值变化情况,然后根据改变后的信用等级对应的市场价值得到资产或资产组合的市场价值分布规律,最后根据到期后的市场价值分布规律即可得到一定置信水平下的资产或资产组合的 VaR 值。

2. 计算单项贷款的 VaR 值的步骤

我们首先考虑计算单项贷款的 VaR 值,在第四节我们还将介绍资产组合 VaR 值的计算方法。一般来说,计算单项贷款的 VaR 值需要三步:第一,预测债务人的信用等级转换矩阵;第二,估计债务人信用等级变动后的贷款市值;第三,计算单项贷款的风险价值。下面我们将通过具体案例让大家对该模型的计算步骤有更深入的了解。

以一笔固定利率贷款为例,设定期限为 5 年,金额为 1 亿元,利率为 6%,债务人的信用评级为 BBB 级。[①] 在计算违约概率的过程中,我们需要用到的数据包括信用等级转换矩阵、贷款市场价值、无风险收益率、贷款市值的波动率等。具体计算步骤如下。

1) 求信用等级转移概率矩阵

一般情况下,我们采用权威的信用评级公司提供的信用等级转换矩阵。表 4-7 为一年期的信用等级转换矩阵,相当于假设该贷款的信用等级变动恰恰发生在第一年结束的时候,当然也有其他期限的信用等级转换矩阵(如 6 个月、9 个月等)。例如,AA 级借款人在下一年度的信用级别有 8 种转换概率,概率之和为 1,借款人依旧保持 AA 级的概率为 90.65%,升级为 AAA 级的概率为 8.33%,降级到 B 级的概率为 0.11%。

表 4-7　一年期信用等级转换矩阵

年初信用等级	年底时的信用评级转换概率/%							
	AAA	AA	A	BBB	BB	B	CCC	违约
AAA	90.81	8.33	0.68	0.06	0.12	0	0	0
AA	0.70	90.65	7.79	0.64	0.06	0.14	0.02	0
A	0.09	2.27	91.05	5.52	0.74	0.26	0.01	0.06
BBB	0.02	0.33	5.95	86.93	5.36	1.17	0.12	0.18
BB	0.03	0.14	0.67	7.73	80.53	8.84	1.00	1.06
B	0	0.11	0.24	0.43	6.48	83.46	4.07	5.20
CCC	0.22	0	0.22	1.30	2.38	11.24	64.86	19.79

2) 估算信用等级变化后的新贷款市值

贷款市值是通过现金流量贴现法算出的,这其中比较重要的就是贴现率的确定。贴现率由两方面组成:一是远期无风险收益率;二是信贷风险加息差,这一指标会随着贷款信用等级的变化而变化,从而影响贷款当前市值。如果贷款信用等级下降,自然对贷款要求的信贷风险报酬金也要提高,进而导致贷款市值下降;反之同理。贷款市值的公式为

$$P = 6 + \frac{6}{1 + r_1 + s_1} + \frac{6}{(1 + r_2 + s_2)^2} + \frac{6}{(1 + r_3 + s_3)^3} + \frac{6}{(1 + r_4 + s_4)^4} \tag{4-31}$$

其中,r_i 为第 i 期无风险收益率;s_i 为第 i 期信贷风险加息差,它可以通过公司债券市场

---

① 资料来源:CreditMetrics-Technical Document. J. P. Morgan & Co. Incorporated,New York,1997.

相应的债券利率与国债市场相应的国债利率之差获得。

假定借款人在第一年的信用等级从 BBB 级上升到 A 级,计算贷款市值就需要知道远期无风险收益率和信贷风险加息差。表 4-8 列出了一年期远期无风险利率曲线与信贷风险加息差之和的统计表,根据表中的数值,我们可以得出商业银行所发放的 1 亿元贷款在第一年结束时的现值或市值:

$$P = 6 + \frac{6}{1.037\,2} + \frac{6}{1.043\,2^2} + \frac{6}{1.049\,3^3} + \frac{106}{1.053\,2^4} = 108.66 \qquad (4\text{-}32)$$

表 4-8　不同信用等级下的一年远期无风险利率曲线与信贷风险加息差之和　　　　%

种类	第一年	第二年	第三年	第四年
AAA	3.60	4.17	4.73	5.12
AA	3.65	4.22	4.78	5.17
A	3.72	4.32	4.93	5.32
BBB	4.10	4.67	5.25	5.63
BB	5.55	6.02	6.78	7.27
B	6.05	7.02	8.03	8.52
CCC	15.05	15.02	14.03	13.52

需要注意的是,在第一年年底我们会收到 600 万元的贷款利息,由于计算的正是第一年结束时的现值,因此第一笔利息收入不需要进行贴现。从计算结果可知,如果借款人在第一年结束时信用等级从 BBB 级上升为 A 级,那么这 1 亿元贷款(账面值)的市值可上升为 1.086 6 亿元。同理,我们也可以算出第一年后借款人信用等级转换到其他评级后的贷款市值金额(见表 4-9)。不难看出,借款人信用等级转换后的贷款市值介于 5 113 万元和 10 937 万元之间,等级提高则贷款市值增加,等级降低则贷款市值减少,最大值对应的是贷款从 BBB 级升为 AAA 级,最小值对应的是从 BBB 级降至违约状态。贷款市值为 5 113 万元是当借款人宣布破产时,该贷款预计能收回的价值,即贷款额减去给定违约概率下的损失额后的余额。

表 4-9　不同信用等级下贷款市值状况(包括第一年息票额)

一年结束时的信用等级	市值金额/万元	一年结束时的信用等级	市值金额/万元
AAA	10 937	BB	10 202
AA	10 919	B	9 810
A	10 866	CCC	8 364
BBB	10 755	违约	5 113

3) 计算风险价值(VaR)

我们需要计算极端情况下的 VaR。例如,5% 的最坏情景是指每 20 年发生一个坏年景所造成的贷款价值的最大损失额,即 5% 的 VaR;1% 的最坏情景是指每 100 年发生一个坏年景所造成的贷款价值的最大损失额,即 1% 的 VaR。这一点与市场风险下的 VaR 是相近的,差别在于二者的 VaR 时间单位可能不同(例如,市场风险通常计算的可能是以天为单位的 VaR,而信贷风险可能是以年为单位)。首先,我们应该计算出贷款的均值,具体是将每一信用等级下的贷款市值乘以借款人信用等级转换到该等级的概率,再将八种结果加总便可得出。按照我们举出的案例,贷款市值的均值为 1.070 9 亿元(见表 4-10)。

表 4-10　信用等级 BBB 级贷款风险价值计算表

年终信用等级	① 概率/%	② 新的贷款价值加利息/万元	③ 加权价值/万元 ①×②	④ 与平均值的差 ②－∑[①×②]	⑤ 加权差的平方 ∑(①×②²)－[∑①×②]²
AAA	0.02	10 937	2	2.28	0.001 0
AA	0.33	10 919	36	2.10	0.014 6
A	5.95	10 866	647	1.57	0.147 4
BBB	86.93	10 755	9 349	0.46	0.185 3
BB	5.30	10 202	541	(5.07)	1.359 2
B	1.17	9 810	115	(8.99)	0.944 6
CCC	0.12	8 364	10	(23.45)	0.659 8
违约	0.18	5 113	9	(55.96)	5.635 8

平均值 = 1.070 9(亿元)　　　　　方差 = 894.77(万元)
标准差(σ)= 299(万元)

假定在正态分布情况下 $\left\{\begin{array}{l}\text{5\% 的 VaR} = 1.65 \times \sigma = 4.93 \\ \text{1\% 的 VaR} = 2.33 \times \sigma = 6.97\end{array}\right.$

假定在实际分布情况下 $\left\{\begin{array}{l}\text{6.77\% 的 VaR} = 107.09 - 102.02 = 5.07 \\ \text{1.47\% 的 VaR} = 107.09 - 98.10 = 8.99 \\ \text{1\% 的 VaR} = 107.09 - 92.29 = 14.80\end{array}\right.$

注:5% 的风险价值与 6.77%(5.3%+1.17%+0.12%+0.18%)的风险价值相接近;1% 的风险价值与 1.47%(1.17%+0.12%+0.18%)的风险价值相接近。

第一,假定贷款的市值为正态分布,其标准差为 299 万元(见表 4-10)。依照正态分布的特征,该笔贷款 5% 的 VaR 为 $1.65 \times 299 = 493$(万元),1% 的 VaR 应为 $2.33 \times 299 = 697$(万元)。但是假设正态分布的问题在于,我们知道贷款市值的实际分布并不是正态的,通常是左偏厚尾的,按照正态分布状的假设计算该贷款的风险价值,很有可能低估其实际的 VaR 值。

第二,按照实际分布计算贷款市值的 VaR。从表 4-10 中的第①列和第②列,可以看到不同信用等级下的贷款市值及其发生的概率,其中有 6.77%(=5.3%+1.17%+0.12%+0.18%)的概率贷款市值处于 1.020 2 亿元以下的水平,包含大约 5% 的实际 VaR 为 $10\ 709 - 10\ 202 = 507$(万元);同时,还有 1.47%(=1.17%+0.12%+0.18%)的概率贷款市值低于 9 810 万元,包含大约 1% 的实际 VaR 为 $10\ 709 - 9\ 810 = 899$(万元)。同时,我们还可以运用线性插值法算出 1% 和 5% 情况下较为准确的实际 VaR 值。例如,在表 4-9 的例子中,1.47% 的贷款市值等于 9 810 万元,0.30% 等于 8 364 万元,使用线性插值法,可以算出 1% 概率下贷款市值大约等于 9 229 万元,从而得到实际的 1% 的 VaR 为 $10\ 790 - 9\ 229 = 1\ 480$(万元)。不难看出,在 1% 的概率下实际分布的 VaR 值要大于正态分布的 VaR 值($1\ 480 > 697$),表明信贷风险的分布的确是左偏的。

接下来研究商业银行为了应对信用风险所需的最低资本金。首先,根据巴塞尔协议

Ⅱ,最低资本金比例为 8%。因此,贷款给 BBB 级私人企业 1 亿元在标准法下所要求的最低资本金为 800 万元。依据前面计算的 VaR 值,在 1% 的概率下正态分布要求的 VaR 为 697 万元,即用于防范非预期损失所需的经济资本为 697 万元,低于巴塞尔协议Ⅱ的要求,而根据实际分布下 1% VaR 的资本要求为 1 480 万元,大大高于巴塞尔协议Ⅱ的要求。

与此同时,巴赛尔协议Ⅱ中要求的最低资本金还包括应对预期损失的贷款损失准备金,在我们的案例中贷款损失准备金为 46 万元(＝10 755－10 709)。将非预期损失和预期损失加总后,即可得到资本准备金为 743 万元(见表 4-10)。相应地,考虑贷款市值实际分布的情形下,在 1% 的概率下所需的最低资本准备金为 1 526 万元(＝1 480＋46),这一数值远大于正态分布下的资本金要求。

4. 模型评价

CreditMetrics 模型的优点主要包括以下几个方面:首先,该模型考虑了债务人的信用等级转换;其次,该模型对风险的度量采用 VaR 值,具有广泛的统一性及可比性;再次,该模型属于多状态模型,能更精确地计量信用风险的变化和损失值;最后,该模型最先提出资产组合信用风险的度量框架,且注重直接分析企业间信用状况变化的相关关系,因而与现代组合投资管理理论更加吻合。但是,CreditMetrics 模型也存在一些缺陷和不足,主要表现在以下几个方面:

第一,CreditMetrics 模型假设信用评级是有效的,其严格依赖于评级公司提供的评级数据,然而信用评级的变化受诸多因素的影响。现实中,信用评级受到行业、地区、经济周期等因素的影响。例如,在经济萧条时期,大部分公司的信用等级可能降低。

第二,CreditMetrics 模型利用历史数据度量信用风险,属于"向后看"的方法。同时,该模型以债券等级转移概率近似替代贷款转移概率也是不够准确的。

第三,远期信用价差使估计结果具有偏差。该模型进行远期价值估计时,其理论基础是远期利率期限结构,但远期信用价差具有随机性,因此在运用远期利率结构时,会导致估计结果出现偏差。

五、CreditRisk＋模型

1. 模型基本介绍

CreditRisk＋模型是 1997 年瑞士信贷银行金融产业部研发的信用风险组合度量模型,又称"信用风险＋"模型。该模型的主导思想来源于保险精算学,是财产保险统计理论在信用风险领域的应用,它与评估火险损失和确定保险费率时使用的模型一致,即损失由灾害发生的概率和灾害发生时造成的损失或破坏程度决定。因此,该模型不考虑单一借款人的主观违约因素,而是把贷款违约的发生看作一种客观发生的随机事件,主要适用于多项小额贷款构成的贷款组合(如消费信贷、信用卡贷款、小企业贷款等)的信用风险评价,而不适用于评估几笔大额贷款构成的贷款组合。

CreditRisk＋模型只考虑违约和不违约两种状态。该模型包含一系列假设:第一,资产组合中的单项资产在设定的期限中,其违约概率是随机的;第二,风险资产组合中的各债务人违约是相互独立的;第三,假设资产违约的概率服从泊松分布。

2. 模型的运用

当贷款组合中每一项贷款的违约概率很小且相互独立时,违约率的频率分布符合泊松分布,这是运用 CreditRisk＋模型最重要的假设。根据概率分布,泊松分布的概率函数可表达为

$$P(X=k)=\frac{\lambda^{k}}{k!}\mathrm{e}^{-\lambda} \tag{4-33}$$

其中,k 可取 $0,1,2,3\ldots n$。同时根据泊松分布的统计规律,其随机变量的均值和方差均为 λ。

将此概率函数应用到贷款违约风险的评估中。假设 n 项贷款违约(100 项贷款中)的概率公式为

$$n \text{ 项贷款违约概率} = \frac{\mathrm{e}^{-m}m^{n}}{n!} \tag{4-34}$$

其中,e 为常数 $2.718\ 28$,m 为此类贷款的历史平均违约次数(100 项中有 4 项违约,即 4%),$n!$ 代表 n 的阶乘,n 代表违约贷款的项数。

继而,我们可以根据违约次数计算出贷款违约给银行等金融机构造成的损失。假设某项贷款的损失比例为 b,贷款金额为 c,则 n 项贷款违约所造成的损失的计算方法为

$$n \text{ 项贷款的违约损失} = n \cdot b \cdot c \tag{4-35}$$

【例 4-8】　假设某银行发放了 100 项贷款,每项贷款的金额为 10 万元。历史数据表明,贷款的平均违约率为 3%。每项贷款违约时损失的程度都是一样的,即 10 万元的贷款要损失 2 万元,意味着每一项贷款违约时损失的程度都是一样的,都为 20%。根据贷款违约的计算公式可知:

下一年 100 项贷款中出现 3 项违约的概率 $=\dfrac{\mathrm{e}^{-3}\times 3^{3}}{3!}=0.224=22.4\%$;

下一年 100 项贷款中出现 4 项违约的概率 $=\dfrac{\mathrm{e}^{-3}\times 3^{4}}{4!}=0.168=16.8\%$。

接下来我们可以通过违约项数乘以损失程度求出贷款损失的分布:

3 项贷款违约的损失 $=3\times 20\%\times 100\ 000=60\ 000$(元);

4 项贷款违约的损失 $=4\times 20\%\times 100\ 000=80\ 000$(元)。

图 4-5 和图 4-6 反映了违约率和贷款损失的概率分布。

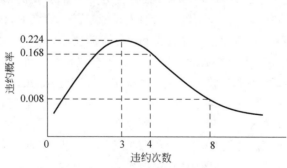

图 4-5　违约率的频率分布

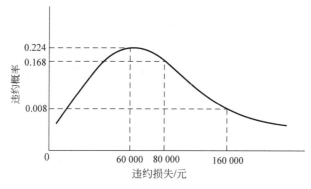

图 4-6 贷款损失的频率分布

资料来源：桑德斯，科尼特.金融风险管理：第 5 版[M].北京：人民邮电出版社,2012：120.

同样,我们想计算 1% 最大亏损是多少,即百年一遇的坏年头发生时的最大损失值。由泊松分布概率函数可知,100 项贷款中出现 8 项违约的概率大致为 1%,而 8 项贷款违约的损失为 16 万元。因此,亏损 16 万元的概率大约为 1%。根据 CreditRisk＋模型,金融机构需要持有资本准备来弥补非预期损失率(1%)与平均预期损失率(即历史平均违约次数 m 为 3)间的差额,而预期损失则由贷款损失准备来弥补。

根据例 4-8 的计算结果,需要准备的资本准备金为 160 000－60 000＝100 000 元。

3. 模型评价

CreditRisk＋模型的最大优势是只需要较少的数据输入,获得包括债务人历史平均违约概率和贷款损失率等数据即可,计算较为简便。不过该模型也存在一些劣势:第一,该模型同样是基于历史数据进行估算,属于"向后看"的方法。第二,借鉴保险行业,将公司违约视为外生事件,而不再是由公司资产价值内部决定的事件。现实中,我们知道诸如资本结构、公司信用等级变化等因素都会导致公司违约,这种假设与现实存在偏差。第三,该模型认为违约概率服从泊松分布。在债务人违约概率较小时,采用泊松分布近似所引起的误差对 CreditRisk＋模型计量贷款组合经济资本所造成的影响可以忽略不计。然而,违约概率较小是一个非常模糊的概念。随着违约概率的增大,所产生的经济资本计量误差也会增大。

六、KMV 模型 *

KMV 模型是美国旧金山市 KMV 公司于 1997 年建立的用来估计借款企业违约概率的方法,而该公司之后于 2002 年被穆迪公司收购。该模型以 Black-Scholes-Merton 的期权定价公式为基础,计算出企业资产的市场价值及其波动性,进而得出企业的违约距离和预期违约率。1974 年默顿(Merton)通过研究银行贷款的报酬函数发现,银行发放一种贷款得到的收益与卖出一份资产的看跌期权结构相似,即银行获得的收益为贷款利息,但是银行却有可能损失全部贷款本金。与此同时,对于企业来说,企业违约与否取决于企业

---

* 本小节为选讲内容,教师可根据授课对象的接受程度自行决定是否进行课堂讲授。

资产的市场价值,如果债务到期时企业资产的市场价值高于其债务,则企业有动力还款;当企业资产的市场价值小于其债务时,企业有违约的选择权。KMV公司基于默顿的这一发现,将银行的贷款问题换个角度思考,即从借款企业的股权所有者角度看待企业借款偿还问题,从而开发了将期权定价理论应用于贷款风险度量的KMV模型。

1. 理论基础

KMV模型认为贷款的信用风险在给定负债的情况下是由债务人的资产市场价值决定的。但资产并没有真实地在市场上交易,资产的市场价值不能直接观测到。为此,模型将银行的贷款问题换了一个角度,从借款企业所有者的角度考虑贷款归还的问题。在债务到期日,如果企业资产的市场价值高于企业的债务值(违约点),则企业的股权价值为企业的资产市场价值与债务值之间的差额;如果此时企业的资产价值低于企业的债务值,则企业需要变卖所有的资产来偿还债务,股权价值变为零。

(1)借款人的损益情况。从借款人的角度来看企业的还款行为,图4-7反映了借款人的损益情况。E是企业的初始股权投资额,V则代表企业资产的市场价值,D是债券或贷款的未清偿余额,为了简化分析,假设是零息债券。若企业资产的市场价值小于D,例如在V_1点,则企业资不抵债发生违约,企业的最大损失就是初始注册资本E;若企业投资成功,资产市场价值大于D,例如在V_2点,则企业偿还债务后,还将获得收益V_2-D。对于企业来说,资产价值超出债务越多,获得的股东收益也越多。总体来看,借款人的损失有限,但投资成功后的收益却是无限的,因此企业利用贷款或债券来融资时,类似于获得了一项看涨期权。

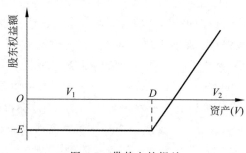

图 4-7 借款人的损益

(2)贷款人的损益情况。我们以商业银行或债权人的身份来看贷款或债券发行。贷款或债券的持有人可以获得的最大收益是合同约定的还款额D。然而,借款人是拥有违约选择权的,如果资产的市场价值低于D,那么他会选择违约,并将剩余财产交给债权人。只有当企业资产的市场价值V大于所约定的还款额D时,他才会偿还贷款。对于贷款人来说,收益就是固定的贷款利息,但损失却有可能很大,在极端情况下,当违约企业的资产为0时,债权人将损失全部本金。因此,贷款人的盈亏函数类似于卖出一份看跌期权。债权人的损益情况可以通过图4-8来反映。

2. KMV模型的运算步骤

KMV模型在计算违约概率时需要三个步骤:第一,根据Black-Scholes期权定价公式,利用企业股权的市场价值、股权价值波动性、无风险借贷利率、负债的账面价值及到期

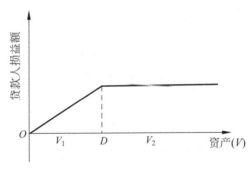

图 4-8 贷款人的损益

时间等变量估算出企业资产的市场价值及其波动性。第二,计算出企业的违约距离 (default distance,DD),主要依据公司的负债价值确定违约实施点(default exercise point),一般会采用企业 1 年以下短期债务的价值加上未清偿长期债务账面价值的一半。第三,求出企业的预期违约率(expected default frequency,EDF),主要利用企业的违约距离与预期违约率之间的对应关系来求解。接下来分别介绍这三个步骤。

1) 估计公司市场价值及其收益率的波动性

如果能够得到股票的市场价格,使用期权定价方法即可直接决定资产的市值和资产收益波动率。期权方法将企业的标的资产看作一个买入期权。根据前述分析可知,当债务到期时,企业的资产价值大于借款,偿还债务以后,股权所有者将保有资产的剩余价值,即资产与债务之差。同时,企业的资产价值越大,股权所有者所保有的资产剩余价值就越大。反之,企业的股权所有者将无法偿还贷款,在经济上失去清偿能力。因此,我们可以将企业股权所有者持有的股权价值看作一份执行价格等于企业债务的账面价值的欧式看涨期权。因此,只要确定了资产价值服从的随机方程,即可利用期权定价方法得到股权价值。一般情况下,我们通过期权定价公式建立联系。

首先,利用期权定价公式,建立企业的股权价值与资产价值的关系,二者的关系可表示为

$$S = V\Phi(d_1) - \mathrm{e}^{-rT}D\Phi(d_2) \tag{4-36}$$

$$d_1 = \left[\ln\left(\frac{V}{D}\right) + \left(r + \frac{\sigma_v^2}{2}\right)T\right] / \sigma_v\sqrt{T} \tag{4-37}$$

$$d_2 = d_1 - \sigma_v\sqrt{T} \tag{4-38}$$

其中,S 代表企业的股权市场价值;D 代表企业的债务账面价值;T 代表企业的债务期限;r 代表无风险利率;V 代表企业资产的市场价值;σ_v 代表企业资产价值的波动率。鉴于期权定价公式中只有 V,σ_v 为未知参数,可以得到 V 和 σ_v 的第一个公式。其次,通过对上述公式的整理,建立股权价值波动率和资产价值波动率的相关关系。具体建立步骤如下:

假设二者的关系服从一个基本关系:

$$\sigma_s = g(\sigma_v) \tag{4-39}$$

为了确定 $g(\cdot)$,对式(4-36)两边做一阶微分,根据伊藤引理可得

$$dS = \left(\frac{\partial S}{\partial t} + \frac{\partial S}{\partial V} rV + \frac{1}{2} \frac{\partial^2 S}{\partial V^2} \sigma_v^2 V^2 \right) dt + \frac{\partial S}{\partial V} \sigma_v V dW_t$$

$$= rSd_t + \left[\sigma_v \frac{V}{S} \Phi(d_1) \right] SdW_t \tag{4-40}$$

通过整理上述公式,可以得到

$$\sigma_s = \frac{V}{S} \Phi(d_1) \sigma_v \tag{4-41}$$

根据 σ_s 和 S 两个公式,即可求出企业资产市值及其波动程度这两个未知数。

2) 计算违约距离

当假定企业资产价值服从几何布朗运动时,假定违约概率 $PD = P(V_T < D)$,进而推导出违约距离 DD。

$$PD = P(V_T < D) = P\left(V_0 e^{\left[\left(\mu - \frac{\sigma_v^2}{2} \right) T + \varepsilon \sigma_v \sqrt{T} \right]} < D \right)$$

$$= P\left[\varepsilon < -\frac{\ln\left(\frac{V_0}{D} \right) + \left(\mu - \frac{\sigma_v^2}{2} \right) T}{\sigma_v \sqrt{T}} \right] = \Phi(-d_2) = \Phi(-DD) \tag{4-42}$$

$$DD = d_2 = \frac{\ln\left(\frac{V_0}{D} \right) + \left(\mu - \frac{\sigma_v^2}{2} \right) T}{\sigma_v \sqrt{T}} \tag{4-43}$$

由前文可知,在 T 时刻企业资产价值低于总债务值(D)时的概率,并非准确的违约率,需要求出 T 时刻的违约临界值,此处记为 V_{DEF}。KMV 模型将违约临界值设定为短期负债(STD)加长期负债(LTD)的一半。

由于企业资产价值并不一定服从几何布朗运动,企业资本结构的简化也会导致估计的失真,所以 KMV 模型给出了一个直接计算违约距离的方法:

$$DD = \frac{V_T - V_{DEF}}{V_T \sigma_v} \tag{4-44}$$

其中,V_T 为 T 时刻的预期资产价值;V_{DEF} 仍为 T 时刻的违约临界值;σ_v 表示 T 时刻资产价值的波动率。

3) 计算违约概率

企业资产市场价值的分布如图 4-9 所示,期初资产的市场价值为 V_0,之后资产价值会随时间变化而呈随机波动。在 T 时刻,当资产市场价值小于违约点时,企业违约,阴影部分就是根据违约距离推算出的违约概率 EDF。通常我们计算的是一年以后的违约概率,所以 T 一般为 1 年。

根据式(4-43)违约距离的简便计算,可以简化违约概率 EDF 的计算步骤。我们将介绍两种方法:第一种是基于资产价值分布的 EDF 的计算,称为理论 EDF,如假设资产价值服从正态分布,进一步计算违约概率和违约距离;第二种是基于历史违约数据的 EDF 的计算,称为经验 EDF。

第一,理论 EDF 的计算。当假定公司资产价值服从几何布朗运动时,将利用

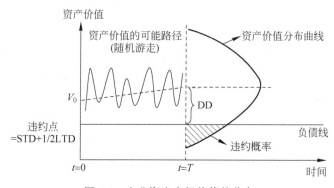

图 4-9　企业资产市场价值的分布

式(4-43)得到的违约距离(DD)代入累积标准正态分布函数 $\Phi(\cdot)$,即得到预期违约率 $EDF = \Phi(-DD)$。假设某企业年初的违约距离(DD)为 2.33,且企业的资产价值分布服从正态分布。若该企业下一年违约,对应 2.33 个标准差的概率为 $\Phi(-DD) = \Phi(-2.33) = 1\%$,该概率即为理论违约率。

第二,经验 EDF 的计算。基于资产价值正态分布假定计算出的是 EDF 的理论值,由于该假定不一定与现实相符,为此 KMV 还利用历史数据求 EDF 的经验值。假设我们可以获得大量的企业违约与不违约的历史数据,则可以估计出期初在某给定违约距离(DD)的所有企业中,在期末 T 时刻后实际发生违约的企业比例数,这里的 T 通常也是计算 1 年的时间长度,则

$$经验\ EDF = \frac{期初违约距离为\ DD\ 且期末发生违约的企业数量}{期初违约距离为\ DD\ 的企业总数} \tag{4-45}$$

【例 4-9】　估计违约距离和违约概率

假设某公司当前资产市值是 1 000 万元,且预计年增长率可达到 20%。据估计,该公司下一年的短期负债和长期负债可分别达到 400 万元和 1 134 万元,同时预计下一年资产价值的波动率为 0.083 33,并服从正态分布。据此计算该公司的违约概率。

$$违约距离\ DD = \frac{V_T - V_{DEF}}{V_T \sigma_v} = \frac{1\,000 \times 1.2 - \left(400 + \dfrac{1\,134}{2}\right)}{1\,000 \times 1.2 \times 0.083\,33} = 2.33$$

由概率论可知,在正态分布下,单侧 t 检验的临界值为 2.33,也就是说发生 2.33 个标准差事件的概率约为 1%。因此可知该公司 1 年内的预期违约概率(EDF)为 1%。

3. 模型评价

KMV 模型的优点包括:第一,具有较强的理论基础,它以现代期权理论基础作依托。由于有很强的理论基础,所以它所得出的预期违约概率具有较强的说服力。第二,该模型具有前瞻性,是一种"向前看"的方法。由于该模型所获取的数据来自股票市场每日交易数据,因而更能反映企业当前的信用状况,其预测能力更优。第三,作为一种信用风险的定量分析工具,它不仅可以反映不同上市公司风险水平的高低,而且可以比较风险水平差异的程度,相对来说更准确。

KMV 模型也存在一些缺陷:第一,KMV 模型主要适用于评估上市公司的信用风

险,而应用于非上市公司时则具有一定的局限。第二,假设较为严格,许多无法符合现实条件。例如,假设资产收益分布符合正态分布,实际上多数资产收益会呈现非正态的特征,即会存在肥尾现象。第三,只考虑企业负债变化对违约的影响,而忽略了企业信用等级变化等其他因素的影响。第四,违约点的确定不够准确,例如,长期债务可能分为很多类别,包括是否担保、是否可转换等,进而导致 KMV 模型的估计结果不够准确。

4. 上机实验

为了帮助学生更生动深刻地了解信用风险,掌握度量信用风险的 KMV 模型,促进学生对模型进行思考及实践,同时让学生通过对公司信用风险的度量,分析上市公司违约情况

KMV 模型上机实验案例

的变化,进而提升学生动手实践和解决实际问题的能力,本书提供自行开发的 KMV 模型的教学案例。考虑到 KMV 模型的复杂度,上机实验供教师授课酌情使用,具体资料请扫左侧的二维码获得①。

第四节　资产组合的信用风险度量

在前文介绍的信用风险度量模型中,我们主要介绍的是如何衡量单项资产的信用风险,但在实际金融活动中,金融机构需要评估的是资产组合的信用风险。极少有机构投资者只在某种单一的资产上进行投资,它们通常会进行组合投资。所谓组合投资,就是将投资资金分配于不同的资产上,投资的结果就是一个投资组合,下面介绍资产组合的信用风险度量。

一、现代资产组合理论(MPT)

1. 单项资产收益和风险的衡量

投资者进行资产投资时,首先关注的就是资产的投资收益率,但投资收益率受到很多因素(如宏观因素、市场因素、行业因素等)的影响。要如何分析不确定情况下的收益? 一般可采用情景分析法,通过分析未来经济状况的不同情形,以及结合各种不确定性出现的可能性,判断未来收益率的概率分布。

1) 收益率估计

数学中的数学期望为我们估计证券的未来收益率提供了一个很好的工具。其公式为

$$E(r_i) = \sum_{j=1}^{n} r_{ij} P_j \tag{4-46}$$

其中,$E(r)$ 为证券 i 的期望收益率;r_{ij} 为证券 i 在第 j 种状态下的投资收益率;P_j 为出现第 j 种状态的概率。

【例 4-10】 假设股票 X 和 Y 未来某一时期的投资收益率主要受宏观经济变化的影响,经过分析,得到未来经济状态的三种情况及在这三种情况下两种股票的收益率(见表 4-11)。

---

① 此处的二维码提供的是教学案例正文,案例说明请教师通过扫描书后的教辅资源二维码获取。案例说明中附有可供上机操作的 PYTHON、R 语言和 MATLAB 软件的 KMV 模型代码。

表 4-11 股票 *X* 和 *Y* 的收益率

经济状态	概率	收益率/%	
		X	Y
繁荣	0.2	70	20
正常	0.5	10	10
衰退	0.3	−3	6

在前述例题中,股票 X 和 Y 收益率的计算方法为

$$E(r_X) = 0.2 \times 70\% + 0.5 \times 10\% + 0.3 \times (-3\%) = 18.1\%$$

$$E(r_Y) = 0.2 \times 20\% + 0.5 \times 10\% + 0.3 \times 6\% = 10.8\%$$

由上述计算可知,股票 X 和 Y 的期望收益率分别为 18.1% 和 10.8%,股票 X 预期有更高的期望收益率。

上述例题假定只有三种经济状态,但是实际中的可能性变化则更加复杂。不过,即使未来可能出现的情形有无数种可能的状态,只要可以判断出每种状态可能出现的概率,就可以推测出预期收益率。

2)风险估计

证券投资风险是指证券投资收益率偏离期望收益率的可能性。衡量投资风险的方法很多,比较常用的是收益率的方差和标准差。投资收益率方差和标准差的计算公式为

$$\sigma_i^2 = \sum_{j=1}^{m} [r_{ij} - E(r_i)]^2 P_j \tag{4-47}$$

$$\sigma_i = \sqrt{\sum_{j=1}^{m} [r_{ij} - E(r_i)]^2 P_j} \tag{4-48}$$

其中,$E(r_i)$ 为资产 i 的收益率;σ_i^2 为资产 i 的方差;σ_i 为资产 i 的收益率的标准差。

因此,上述例题中股票 X 和 Y 的方差的计算过程如下:

$$\sigma_X^2 = 0.2 \times (70\% - 18.1\%)^2 + 0.5 \times (10\% - 18.1\%)^2 +$$

$$0.3 \times (-3\% - 18.1\%)^2 = 0.069$$

$$\sigma_X = 0.262\ 7$$

$$\sigma_Y^2 = 0.2 \times (20\% - 10.8\%)^2 + 0.5 \times (10\% - 10.8\%)^2 +$$

$$0.3 \times (6\% - 10.8\%)^2 = 0.002\ 4$$

$$\sigma_Y = 0.048\ 98$$

可以看出,虽然股票 X 的收益率大于股票 Y,但是股票 X 的风险也要大于股票 Y,通常情况下风险和收益是正相关的。

3)证券间的相互关系

在分析投资组合的情况下,仅分析单一证券的收益率和风险是不够的,还需要考虑不同证券之间的相互关系。协方差可以反映两种证券的投资收益率相对于其期望收益率的变动是否同向。相关系数是一种标准化的协方差,计算公式为

$$\sigma_{ij} = \sum_{k=1}^{m} [r_{ik} - E(r_i)][r_{jk} - E(r_j)]P_k \tag{4-49}$$

$$\rho_{ij} = \frac{\sigma_{ij}}{\sigma_i \sigma_j} \tag{4-50}$$

其中,σ_{ij} 是证券 i 与证券 j 的收益率的协方差;ρ_{ij} 是证券 i 与证券 j 的收益率的相关系数;σ_i 是证券 i 的收益率的标准差;σ_j 是证券 j 的收益率的标准差。

在前述例题中,股票 X 和 Y 收益率的协方差的计算过程如下:

$$\begin{aligned}
\sigma_{XY} &= (70\% - 18.1\%) \times (20\% - 10.8\%) \times 0.2 + (10\% - 18.1\%) \times \\
&\quad (10\% - 10.8\%) \times 0.5 + (-3\% - 18.10\%) \times (6\% - 10.8\%) \times 0.3 \\
&= 0.003
\end{aligned}$$

$$\rho_{ij} = \frac{0.003}{0.262\,7 \times 0.048\,98} = 0.233\,2$$

可以看到,股票 X 和 Y 具有正相关关系,但并不是完全正相关,这种情况在股票市场上比较常见。

2. 资产组合的收益率和风险

资产组合是指投资者将资金投入不同资产配置上的投资结果的集合。金融机构很少会只进行单一资产的投资,它们所持有的资产种类是很丰富的,包括股票、债券、外汇等。接下来我们先了解投资组合中的权重分配,然后再计算资产组合的收益率和方差。

1) 投资组合的权重

我们以构成投资组合的各种证券的权重表示某个投资组合。例如,组合 P 由 i 和 j 两种证券构成,其权重分别为 0.3 和 0.7,则该组合可以表示为 $P(0.3, 0.7)$。投资组合中各种证券权重(x_i)的计算公式为

$$x_i = \frac{购买(或卖空)证券\ i\ 的金额}{投资者投资于某组合的自有资金金额} \tag{4-51}$$

值得注意的是,权重可以是正数,也可以是负数。若权重为正数,则表示投资者在该证券上处于多头地位;相反,若权重为负数,则表示投资者卖空该证券,处于空头地位。卖空就是投资者进行了负的投资。但是,我们需要强调的是,无论组合中各种证券的权重是正的还是负的,整个组合的所有证券的权重之和等于1。

【例 4-11】 已知 A、B 和 C 三种股票的每股现价分别为 5 元、10 元和 20 元。某投资者卖空 200 股股票 A,将所得资金 1 000 元与其自有投资资金 5 000 元共 6 000 元,买入 200 股 B 和 200 股 C,得到投资组合 P。求组合 P 中股票 A、B 和 C 的权重。

股票 A 的权重 $x_1 = -1\,000/5\,000 \times 100\% = -20\%$

股票 B 的权重 $x_2 = (10 \times 200)/5\,000 \times 100\% = 40\%$

股票 C 的权重 $x_3 = (20 \times 200)/5\,000 \times 100\% = 80\%$

2) 投资组合的收益率和方差

假设某项资产组合包含 n 项资产,每项资产的预期收益为 R_i,则资产组合的预期收益和方差为

$$\bar{R}_p = \sum_{i=1}^{n} X_i \bar{R}_i \tag{4-52}$$

$$\sigma_p^2 = \sum_{i=1}^{n} X_i^2 \sigma_i^2 + \sum_{i=1}^{n} \sum_{\substack{j=1 \\ i \neq j}}^{n} X_i X_j \sigma_{ij} \qquad (4\text{-}53)$$

$$或 \quad \sigma_p^2 = \sum_{i=1}^{n} X_i^2 \sigma_i^2 + \sum_{i=1}^{n} \sum_{\substack{j=1 \\ i \neq j}}^{n} X_i X_j \rho_{ij} \sigma_i \sigma_j \qquad (4\text{-}54)$$

其中:

$\bar{R}_p$ = 资产组合的预期或平均收益;

$\bar{R}_i$ = 资产组合中第 i 种资产的平均收益;

X_i = 资产组合中第 i 种资产的投资所占比重;

σ_i^2 = 第 i 种资产收益的方差;

σ_{ij} = 第 i 种与第 j 种资产收益之间的协方差;

ρ_{ij} = 第 i 种与第 j 种资产收益之间的相关性。

【例 4-12】 计算资产组合的收益和风险(见表 4-12)。

表 4-12 资产组合的收益和风险

贷款 i	X_i	R_i	σ_i	
1	0.3	10%	0.09	$\rho_{12} = -0.76$
2	0.7	11%	0.08	$\sigma_{12} = -0.0055$

贷款组合的收益为
$$R_p = 0.3 \times 10\% + 0.7 \times 11\% = 10.7\%$$

贷款组合的风险为
$$\sigma_p^2 = 0.3^2 \times 0.09^2 + 0.7^2 \times 0.08^2 + 2 \times 0.3 \times 0.7 \times (-0.76) \times 0.09 \times 0.08$$
$$= 0.001567$$

得到:$\sigma_p = 0.0395 = 3.95\%$。

可以看到,贷款组合的风险为 3.95%,要小于组合中任一贷款的风险,说明投资分散化可以有效降低风险。需要注意的是,只要相关系数小于 1,则组合的风险都可以降低,而不仅局限于相关系数为负的情况。当相关系数为 1 时,组合的风险最大,等于两个资产的风险简单相加。

3. 资产组合的风险分散化

1952 年马科维茨在《资产组合的选择》一文中,将概率论和线性代数的方法应用于证券投资组合的研究,探讨了不同类别的运动方向各异的证券之间的内在相关性,从而提出现代投资组合理论,并因此于 1990 年获得诺贝尔经济学奖。投资组合理论研究的是理性投资者如何选择优化投资组合。理性投资者是指这样的投资者:他们在给定期望风险水平下对期望收益进行最大化,或者在给定期望收益水平下对期望风险进行最小化。通过现代资产组合理论(modern portfolio theory,MPT)可知,利用自身的规模,金融机构能将大量的信用风险分散掉。但有一个前提:各种资产的收益与其违约风险调整收益并非完全相关。

通过观察图 4-10 我们可以更直观地看出投资分散化的好处。图中的 X 点代表未分散的组合,其投资主要集中于少数几种贷款和债券。通过充分利用债券或贷款分散化的好处,金融机构的经理可以在获取相同预期收益的前提下,将资产组合的信用风险从

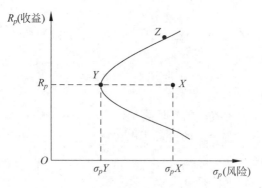

图 4-10　金融机构资产组合的分散化

$\sigma_p X$ 降为 $\sigma_p Y$。也就是说,当资产组合中资产相关性小于 1 的时候,无论相关系数为正为负,都可以有效地降低资产组合的标准差。资产组合 Y 是与总体收益水平 $\bar{R}_p$ 相关的最低风险资产组合。YZ 上方的曲线被称为投资组合的有效边界。有效投资组合是指在各种投资组合中,在收益相同的情况下实现风险水平最低。可以看到,Y 点是所有有效组合中的最低风险投资组合,但是它的收益也是最低的,因此最厌恶风险的金融机构经理会选择 Y 点。现实情况中,有的投资经理愿意承担更大的风险,以获得更高的收益。例如,Z 点就是收益更高的有效投资组合,因为在该点,相同的收益水平线组合风险最低。

综上,我们可以通过调整所持有资产组合中各项资产的比重确定最优投资组合,从而找出风险一定的情况下最高的收益率组合,或者是收益率一定的情况下风险最低的组合。需要注意的是,现实中的情况更为复杂,由于信用风险不同于市场风险,贷款等资产组合很难做到分散化投资。

二、KMV 资产组合管理者模型

现代投资组合理论的基本思想就是通过分散化投资,金融机构可以降低信用风险。在前文组合理论的介绍中,资产的预期收益和预期风险,以及资产之间的相关系数需要我们加以计算。KMV 资产组合管理者模型计算这三种指标的方法如下:

$$R_i = \text{AIS}_i - E(L_i) = \text{AIS}_i - \text{EDF}_i \cdot \text{LGD}_i \tag{4-55}$$

$$\sigma_i = \text{UL}_i = \sigma_{Di} \cdot \text{LGD}_i = \sqrt{\text{EDF}_i(1 - \text{EDF})} \cdot \text{LGD}_i \tag{4-56}$$

$$\rho_{ij} = 借款人 i 和借款人 j 的回报率之间的相关系数 \tag{4-57}$$

其中,R_i 为预期收益;AIS_i 为年度总利差;$E(L_i)$ 为预期损失;EDF_i 为预期违约概率;LGD_i 为违约损失;σ_i 为贷款风险;σ_{Di} 为贷款预期价值违约率的波动幅度;UL_i 代表非预期贷款损失。接下来,我们将详细介绍这几项指标。

(1) 贷款收益(R_i)。贷款收益是用总利差减去预期损失后的差值。年度总利差可通过金融机构每年获取的贷款费用收益加上每年获取的净利差计算得到,其中,净利差为贷款利率与资金成本之差。贷款的预期损失可以用借款人下一年的预期违约概率乘以借款

人违约时金融机构遭受的损失比例得到。

（2）贷款风险（σ_i）。贷款风险又称非预期损失，可以通过贷款预期价值违约率的波动幅度乘以违约损失得到。对于违约率的波动幅度的计算，我们假设两种简单的情况，即贷款只出现违约和不违约两种情况，则贷款在统计上就会呈二项分布，因此可通过 $\sqrt{\mathrm{EDF}_i(1-\mathrm{EDF}_i)}$ 计算第 i 个借款人违约率的标准差。

（3）相关系数（ρ_{ij}）。借款人之间违约风险的相关性比较复杂，无法比较直观地得到。为判断借款人之间的相关性，KMV 资产组合管理者以两位借款人的总收益为基础进行计算。例如，两家公司的违约风险相关性有时可以根据二者贷款收益过去的同步变化情况来计算。根据 KMV 模型提供的信息，资产之间的违约相关性一般都比较低，大多数为 $0.002\sim0.15$。从现实意义上也比较好理解，例如，万科地产和联想集团同时破产的概率是非常小的，除非遇到极为严重的经济衰退等特殊原因。这一信息对于金融机构管理者是有利的，因为他们可以通过将贷款尽可能地发放给更多的借款人来降低金融机构资产组合的风险。

【例 4-13】 假设某金融机构持有的两种贷款如表 4-13 所示。

表 4-13 金融机构贷款组合情况

贷款	所占比重	年利差	年度费用	违约损失	预期违约频率	相关系数
A	0.5	4%	2%	20%	2%	$\rho=0.1$
B	0.5	5%	3%	25%	4%	

A 项贷款的收益和风险为

$$R_A=(4\%+2\%)-(20\%\times2\%)=5.6\%$$

$$\sigma_A=(0.02\times0.98)^{0.5}\times0.2=2.8\%$$

B 项贷款的收益和风险为

$$R_B=(5\%+3\%)-(25\%\times4\%)=7\%$$

$$\sigma_B=(0.04\times0.96)^{0.5}\times0.25=4.9\%$$

则组合之间的收益和风险分别为

$$R_P=0.5\times5.6\%+0.5\times7\%=6.3\%$$

$$\sigma_P^2=0.5^2\times2.8\%+0.5^2\times4.9\%+2\times0.5\times0.5\times0.1\times2.8\%\times4.9\%=1.93\%$$

$$\sigma_P=13.9\%$$

由上述介绍可知，当 A、B 两项贷款的相关系数为 0.1 时，组合的风险小于任何一项贷款。事实上，只要资产之间的相关系数小于 1，并且不论相关系数为正为负，组合的风险都会降低。

三、资产组合的 CreditMetrics 模型 *

金融市场活动中，单项贷款存在的情况往往很少，大多数情况下都会以资产组合的形式出现。前面我们介绍了 CreditMetrics 模型度量单项资产的计算步骤，接下来我们将以

---

* 本小节为选讲内容，教师可根据授课对象的接受程度自行决定是否进行课堂讲授。

两项贷款为例,进一步介绍如何运用该模型计算组合贷款的 VaR 值。这里,我们仍然分别考察正态分布和实际分布两种情况。计算组合贷款的 VaR 值一般也需要三步。第一,预测借款人信用等级的变动,得出信用等级转移概率矩阵。与单项贷款不同的是,需要求出联合信用等级转移概率矩阵。第二,对信用等级变动后的组合贷款市值进行估计。第三,计算组合贷款的风险价值(VaR)。

假设商业银行拥有两项贷款,其中一项贷款面值为 1 亿元,企业评级为 BBB,另外一项贷款面值也为 1 亿元,企业评级为 A 级[①]。

(1)联合信用等级转移概率矩阵。我们首先需要求出联合信用等级转移概率矩阵。与单项贷款不同,两项贷款需要考虑贷款之间的相关性。表 4-14 和表 4-15 给出了两项贷款相关性分别为 0 和 0.3 时的信用等级转移概率矩阵。如果相关系数为 0,假设下一年年末借款人 1 仍为 BBB 级,借款人 2 仍为 A 级,则对应表 4-14 中的联合概率 79.15%,即 86.13%乘以 91.05%。但若考虑相关性为 0.3,则联合概率的计算会更加复杂。

表 4-14 相关性为 0 条件下两贷款联合信用等级转换概率情况　　　%

借款人 1 (BBB 级)		借款人 2(A 级)							
		AAA	AA	A	BBB	BB	B	CC	违约
		0.09	2.27	91.05	5.52	0.74	0.26	0.01	0.06
AAA	0.02	0.00	0.00	0.02	0.00	0.00	0.00	0.00	0.00
AA	0.33	0.00	0.01	0.30	0.02	0.00	0.00	0.00	0.00
A	5.95	0.01	0.14	5.42	0.33	0.04	0.02	0.00	0.00
BBB	86.93	0.08	1.98	79.15	4.80	0.64	0.23	0.01	0.05
BB	5.30	0.00	0.12	4.83	0.29	0.04	0.01	0.00	0.00
B	1.17	0.00	0.03	1.06	0.06	0.01	0.00	0.00	0.00
CCC	0.12	0.00	0.00	0.11	0.01	0.00	0.00	0.00	0.00
违约	0.18	0.00	0.00	0.16	0.01	0.00	0.00	0.00	0.00

表 4-15 相关性为 0.3 条件下两贷款联合信用等级转换概率情况　　　%

借款人 1 (BBB 级)		借款人 2(A 级)							
		AAA	AA	A	BBB	BB	B	CC	违约
		0.09	2.27	91.05	5.52	0.74	0.26	0.01	0.06
AAA	0.02	0.00	0.00	0.02	0.00	0.00	0.00	0.00	0.00
AA	0.33	0.00	0.04	0.29	0.00	0.00	0.00	0.00	0.00
A	5.95	0.02	0.35	5.44	0.08	0.01	0.00	0.00	0.00
BBB	86.93	0.07	1.81	79.69	4.55	0.57	0.19	0.01	0.04
BB	5.30	0.00	0.02	4.47	0.64	0.11	0.04	0.00	0.01
B	1.17	0.00	0.00	0.92	0.18	0.04	0.02	0.00	0.00
CCC	0.12	0.00	0.00	0.09	0.02	0.00	0.00	0.00	0.00
违约	0.18	0.00	0.00	0.13	0.04	0.01	0.00	0.00	0.00

(2)估算信用等级变化后的贷款市场价值。上一节介绍了单项贷款的市场价值的计

---

① 本例题来源于：*CreditMetrics*-Technical Document. J. P. Morgan & Co. Incorporated，New York，1997.

算方式是通过赋予合适的折现率,然后采用现金流贴现法进行计算。对于单项贷款来说,年末信用评级的情况共有 8 种,自然也就有 8 种市场价值数据。对于两项贷款来说,单项贷款市值的计算方法与前文一致,因此这里不再赘述。组合贷款的市场价值则是单项贷款市场价值加总求和得来,而每一项贷款的市场价值按照前述单项贷款的计算方式。我们假设两笔贷款的相关性系数为 0.3,时间跨度仍然选择一年,那么在一年之后,两项贷款可能出现的市场价值量为 64 种情况(见表 4-16)。例如:假设借款人 1 在下一年年末等级仍然为 BBB,借款人 2 在下一年年末等级仍然为 A,那么二者年末的现值分别为 1.075 5 亿元和 1.063 亿元,则年末贷款组合的现值为 2.138 5 亿元(1.075 5+1.063)。

表 4-16　两贷款组合一年后的组合价值量(相关值 0.3)　　　　单位:万元

借款人 1 (BBB 级)		借款人 2(A 级)							
		AAA	AA	A	BBB	BB	B	CC	违约
		10 659	10 649	10 630	10 564	10 315	10 139	8 871	5 113
AAA	10 937	21 596	21 586	21 567	21 501	21 252	21 076	19 808	16 050
AA	10 919	21 578	21 568	21 549	21 483	21 234	21 058	19 790	16 032
A	10 866	21 525	21 515	21 496	21 430	21 181	21 005	19 737	15 979
BBB	**10 755**	21 414	21 404	**21 385**	21 319	21 070	20 894	19 626	15 868
BB	10 202	20 861	20 851	20 833	20 766	20 517	20 341	19 073	15 315
B	9 810	20 469	20 459	20 440	20 374	20 125	19 949	18 681	14 923
CCC	8 364	19 023	19 013	18 994	18 928	28 679	18 503	17 235	13 472
违约	5 113	15 772	15 762	15 743	15 677	15 428	15 252	13 984	10 226

(3) 计算 VaR 值。首先考虑在正态分布下的 VaR 值,这里我们需要计算在 1% 概率下的 VaR 值,1% 的最坏情景是指每 100 年发生一个坏年景造成贷款价值的最大损失额(1% 的风险价值)。计算 VaR 的前提是我们应该计算出贷款的均值和标准差,具体是将每一信用等级下的贷款市值乘以借款人信用等级转换到该等级的概率,再将 8 种结果加总便可得出。根据表 4-16 中一年后可能出现的 64 种市场价值组合,可知贷款市场的均值和标准差为

$$\mu_{贷款组合价值} = \sum_{i=1}^{64} p_i \cdot V_i = 21\ 363 \tag{4-58}$$

$$\sigma_{贷款组合价值} = \sqrt{\sum_{i=1}^{64} p_i \cdot (V_i - \mu)^2} = 335 \tag{4-59}$$

首先,我们假定贷款的市值为正态分布,其标准差为 335 万元。根据正态分布的特征,两贷款组合的 VaR 为 2.33×335=781(万元)。

其次,考虑在实际分布下的 VaR 值。由表 4-16 可知,在最接近 1% 的概率下对应的两贷款组合价值为 2.044 亿元,则 VaR=21 363−20 440=923(万元),比在正态分布条件下以风险价值为基础计算的资本需要量高出 142 万元(923−781)。

从计算结果可知,以正态分布为例,尽管两贷款组合价值比原来的单个贷款价值增加了一倍,但是以风险价值为基础计算出的资本需要量只比原 BBB 级贷款以风险价值计算出的资本需要量多 84 万元(781−697),具体可以参见单一贷款 CreditMetrics 模型的正态分布情况下的计算结果 697 万元。显然,造成这种状况的原因就是贷款组合的风险分

散功能发挥了作用,特别是我们假定两贷款间存在0.3的违约风险相关系数。

四、其他资产组合模型

(一)贷款损失率模型

贷款损失率模型是以历史贷款损失率为基础估计某一行业的整体贷款损失风险相对于金融机构总贷款资产组合损失风险的比重,这也是投资组合理论的一种应用。为了确定整体的贷款损失,我们可以利用时间序列的回归模型进行估计,其利用的基本数据就是行业的贷款损失率及金融机构的总贷款损失率。具体的估计方法为

$$\frac{\text{行业 } i \text{ 贷款损失}}{\text{行业 } i \text{ 贷款}} = a + b_i \left(\frac{\text{总贷款损失}}{\text{总贷款}} \right) \tag{4-60}$$

其中,a 代表不受总贷款损失影响的行业贷款损失率,b_i 代表行业 i 贷款相对于总贷款损失的敏感性。该模型的重点在于:b 值较低的行业可以比 b 值高的行业拥有更高的贷款集中度,原因是行业的 b 值较低,代表该行业风险的整体性不高,从投资组合分散化的原理来看,也就是其风险更易分散。以零售行业和钢铁行业为例,如果回归结果中零售行业和钢铁行业的 b 值分别为0.3和1.6,则可知对于零售行业来说,总贷款带来的损失率较低。因此,钢铁行业的贷款集中率限额比零售行业低一些,以尽可能降低风险。通过贷款损失率的计算,金融机构的经理可以通过判别贷款损失率的大小来比较各行业间相对于总贷款损失的敏感性大小,进而确定各行业的贷款集中率限额大小。

【例 4-14】 估计贷款损失率

假设某金融机构估算出了各项贷款的损失率,表示为:$X_1 = 0.002 + 0.6X_P$ 及 $X_2 = 0.004 + 1.2X_P$。

在上述公式中,X_1 代表房地产业的贷款损失率;X_2 代表农业的贷款损失率;X_P 代表金融机构贷款资产组合的损失率。假设金融机构的总贷款损失率升高10%,则房地产业贷款和农业贷款的预期损失率将上升:

$$X_1 = 0.002 + 0.6 \times 10\% = 0.062 = 6.2\%$$
$$X_2 = 0.004 + 1.2 \times 10\% = 0.124 = 12.4\%$$

从结果可知,农业的预期损失率高于房地产业,因此应该降低农业的贷款集中度。

(二)贷款额度模型

现代资产组合理论需要借助市场价格等基础信息,然而缺乏这些信息的金融机构一般很难直接利用现代资产组合理论。但贷款额度信息可供商业银行的主管们运用部分资产组合理论来建立修正模型,以分析自己所面临的信用风险。贷款额度模型利用商业银行、各行业及全国的贷款信息进行分析,从而确定公司内部与整个行业的偏离程度。

通过将自身特定行业的贷款所占比重与全国的贷款在借款人之间的分配进行比较,金融机构即可计量出自己的贷款资产组合与市场资产组合标准的偏离状况。这反映了金融机构贷款集中化的程度,即其资产组合在各领域的分散化程度。通过比较各金融机构的偏离大小,可以反映金融机构间的资产差异。

表 4-17 给出了 X、Y 两家银行在各项贷款中所占比重与全国的比较。表中以四项贷款为例,分别是:不动产贷款、工商业贷款、个人贷款和其他贷款。表 4-17 的第 2 列和第 3 列分别是 X 银行和 Y 银行的贷款分配情况,第 4 列则给出了全国所有银行贷款分配的比重,这可以视为市场资产组合的分配情况。

表 4-17 贷款资产组合的分配情况 %

	X 银行	Y 银行	全国
不动产贷款	60	15	50
工商业贷款	30	20	20
个人贷款	5	50	20
其他贷款	5	15	10
	100	100	100

从表 4-17 中可以看到,与全国标准相比,X 银行的贷款更多地集中在不动产行业,而 Y 银行的贷款则更多地集中于个人信贷。X 银行在房地产领域的贷款占据主导地位,也可能是该银行客户中房地产企业居多。Y 银行专门从事个人信贷,其原因可能是它在个人贷款领域的信息收集和监控方面具有比较优势。但也需要注意,贷款偏离全国平均水平不一定是不利的,因为有可能金融机构在某些贷款领域具有比较优势,这可能是由该机构的资产规模、地理位置、当地的经济发展优势等因素决定的。由于全国的标准代表了一种分散化的市场投资组合,因此更接近一种有效的投资组合。也正是基于现代投资组合理论,我们可以分析某家银行同有效投资组合的偏离程度。基于这一思想,金融机构可以分析任一资产同某一标准的偏离情况。

对于贷款分配的相对偏离情况的衡量,我们可以利用银行的资产分配比重及全国的资产分配比重进行衡量,具体公式为

$$\sigma_j = \frac{\sqrt{\sum_{i=1}^{N}(W_{ij}-W_i)^2}}{N} \tag{4-61}$$

其中,$\sigma_j = j$ 银行的资产分配比重相对于全国状况的标准差;

$W_{ij} = j$ 银行的资产分配比重;

$W_i = $ 全国的资产分配比重;

$N = $ 样本数或贷款种类。

【例 4-15】 贷款额度模型的计算

表 4-18 不同行业贷款资产组合的分配情况 %

	(1) 全国	(2) i 银行	(3) j 银行
不动产贷款	40	50	10
工商业贷款	30	25	30
个人贷款	20	20	50
其他贷款	10	5	10
	100	100	100

根据表 4-18 中的数据及式(4-61)，我们可以计算出贷款分配的标准差。

针对 i 银行：

$$(50\%-40\%)^2+(25\%-30\%)^2+(20\%-20\%)^2+(5\%-10\%)^2=1.5\%$$

则 i 银行的贷款分配标准差为：$(1.5\%/4)^{0.5}=6.12\%$

针对 j 银行：

$$(10\%-40\%)^2+(30\%-30\%)^2+(50\%-20\%)^2+(10\%-10\%)^2=18\%$$

则 j 银行的贷款分配标准差为：$(18\%/4)^{0.5}=21.21\%$

相比较之下，我们可以看出 j 银行与全国标准的偏离程度更大，主要原因是 j 银行的贷款业务更多地集中在个人贷款方面。

【拓展阅读 4-2】 包商银行的信用风险事件

【课后习题】

1. 什么是信用风险？信用风险包括哪些种类？

2. 信用风险具有哪些特点？

3. 专家法评估信用风险的劣势是什么？

4. Z 评分模型与 ZETA 信贷风险模型的主要区别是什么？

5. 信用风险期限结构方法的理论基础是什么？

6. 投资组合可以分散投资风险，其前提是什么？KMV 资产组合管理者模型的基本内容是什么？

7. 假设某商业银行提供基础利率为 8% 的一年期贷款，收取 0.2% 的贷款启动费用，并规定补偿余额的比例为 10%，而且必须在央行持有 5% 的法定准备金。回答下列问题：

(1) 如果某客户的风险溢价为 3%，那么贷款的简单承诺利息回报率是多少？

(2) 合同承诺的每一元贷款的总收益是多少？

8. 请根据以下零息国债和零息公司债券收益率曲线的即期利率，计算三年内违约概率的期限结构，并计算年度边际违约概率和累积违约概率。

%

	1 年期	2 年期	3 年期
国库券	4.5	5.6	6.5
BBB 评级债券	6.0	7.5	8.6

9. 假设某银行计划向房地产行业的一家公司贷款 1 000 万元，预计将收取 50 个基点的服务费。这笔贷款 8 年后到期，有效期限为 7.5 年。该行业的资金成本（风险调整后资本收益率的标准）为 8%。根据两年的历史数据，该银行估计房地产行业风险溢价的最大变化约为 4.5%。目前该行业贷款的市场利率为 10%。回答下列问题：

(1) 根据风险调整后资本收益率模型，该银行是否应发放贷款？

(2) 要使该项贷款得到批准，其有效期限应是多少？

(3) 假设其他条件不变，为使贷款可被接受，需要额外支付多少利息和费用？

（4）假设其他条件不变，为使贷款可被接受，需要对服务费率做怎样的调整？

10. 假设有一笔 1 亿元的 5 年期固定利率贷款，年利率为 7%。借款人的信用评级为 BB 级。根据假设的历史数据，已确定了下一年各种评级和违约可能性的概率分布。同时还提供了反映当前国债收益率曲线的远期利率信息，以及债券不同到期日对国债的年度信用利差。

%

信用评级	概率分布/%	新增贷款加本票价值/万元
AAA	0.01	11 482
AA	0.31	11 460
A	1.45	11 403
BBB	6.05	
BB	85.48	10 855
B	5.60	9 843
CCC	0.90	8 682
违约	0.20	5 412

	在 t 时刻的远期利差	
t	R_t	ϕ_t
1	3.12	0.60
2	3.50	0.82
3	3.91	1.02
4	4.14	1.18

回答下列问题：

（1）假设借款人的信用评级从 BB 级上升至 BBB 级，则一年后贷款的风险价值是多少？

（2）第一年年末，这笔贷款的预期平均价值是多少？

（3）第一年年末，这笔贷款价值的波动性是多少？

（4）假设贷款价值服从正态分布，计算这笔贷款的 5%VaR 和 1%VaR。

（5）假设贷款价值服从实际分布，计算这笔贷款在实际分布下的 5%VaR 和 1%VaR，并计算插值法的 VaR 值。

（6）在（4）和（5）的计算结果中，1%VaR 的资本要求与巴塞尔协议的资本要求相差多少？

11. 某商业银行有两笔 30 000 元的贷款。贷款 A 的预期回报率为 8%，回报率的标准差为 12%，贷款 B 的预期回报率为 14%，回报率的标准差为 18%。

（1）如果贷款 A 与贷款 B 之间的相关系数为 0.1，那么该投资组合的预期收益和标准差是多少？

（2）如果两项贷款的相关性为 −0.1，那么投资组合的标准差是多少？

（3）简述协方差或相关性在现代投资组合理论的风险分散中的作用。

12. 假设银行有一笔 2 000 万元的商业贷款，每年可获得 3% 的费用，存贷款利差为 4.5%。借款人有抵押品，如果违约，银行的损失将为贷款面值的 18%。预期违约概率为 4%。根据 KMV 资产组合管理者模型，这笔贷款的预期回报是多少？贷款的风险又是多少？

13. 两家银行想要估算其投资组合偏离全国平均水平的程度。贷款组合在不同行业的分配情况如下表所示。

%

贷款在不同行业的分配情况			
行业	全国	银行 X	银行 Y
商业	20	50	20
消费	40	30	30
房地产	40	20	50

（1）哪家银行偏离全国平均水平更大？

（2）对于使用贷款额度模型的一般金融机构来说，较高的标准差一定是不好的事吗？

14. 某金融机构拥有 1 000 笔贷款的资产组合，其中每笔贷款的金额为 1 万美元，贷款的历史平均违约率为 4％，贷款损失率为 40％，e＝2.718 28。

（1）下一年内，2％、4％和 8％的贷款发生违约的概率各为多少？

（2）在 4％和 8％的贷款发生违约的情况下，贷款资产组合的损失额分别是多少？

（3）要弥补 3％的最大损失，需要保留多少资本准备？这笔资本准备占资产价值的比重是多少？

即测即练　　扫码答题

第五章

操 作 风 险

学习目的

☞ 掌握操作风险的概念及分类

☞ 重点掌握操作风险的定性评估方法

☞ 重点掌握操作风险的量化模型

☞ 掌握操作风险的管理原则和流程

第一节 操作风险概述

一、操作风险的定义和特征

(一)操作风险的定义

1995 年,英国巴林银行因其交易员违规操作并隐瞒累计亏损最终破产。在巴林银行事件发生后,金融机构和监管机构认识到交易欺诈及类似的风险是与信用风险和市场风险都不相同的一个独立风险类别,操作风险相关概念和风险管理问题逐渐得到重视。相比信用风险和市场风险,操作风险的概念还处在不断发展之中,理论界尚缺乏统一的、规范的定义,实务中金融机构对操作风险的理解也不尽相同。

国际上对操作风险的界定概括起来可分为狭义和广义两种。狭义的定义,仅将存在于商业银行运营部门的操作风险定义为操作风险,并将其界定为由于控制、系统及运营过程中的错误或疏忽而可能引起潜在损失的风险。这些风险是可以控制的风险,但不包括外部事件。广义的定义,是将操作风险定义为除市场风险和信用风险之外的一切金融风险。广义的定义很广泛,其优势在于涵盖了所有市场风险和信用风险以外的剩余风险,但该定义使商业银行难以对操作风险进行管理和计量。此外,还有一种定义是介于狭义和广义之间。该定义区分了可控事件与受监管机构、竞争对手等外部实体影响的难以控制的事件,进而将可控事件的风险定义为操作风险。

目前,国际上最具代表性的操作风险定义有两个。一个是英国银行家协会从操作风险产生来源的角度对其所做的界定。英国银行家协会把操作风险定义为"由于内部程序、人员、系统的不完善或失误,或外部事件造成直接或间接损失的风险",它按照人的因素、流程、系统和外部事件等操作风险产生的四个主要来源对操作风险进行了界定。英国银行家协会还从操作风险的四个来源方面详细分了三级目录,不仅方便对操作风险进行识别和计量,而且能很清楚地从源头上进行控制。

另一个是巴塞尔委员会在巴塞尔协议Ⅱ的征询意见稿中提出的,这也是目前国际上公认的定义。在巴塞尔协议Ⅱ中的描述为:"操作风险是由不完善或有问题的内部程序、人员及系统或外部事件所造成损失的风险,其中包括法律风险,但不包括策略风险和声誉风险。"巴塞尔委员会的定义基于因果关系,将引发操作风险的原因类型罗列出来,包括内部程序、人员、系统及外部事件,同时加以"包括法律风险,但不包括策略风险和声誉风险"的补充,旨在将操作风险与信用风险、国家风险、市场风险、利率风险、流动性风险、法律风险和声誉风险区别开来。这一定义的侧重点在于操作风险的形成原因,从银行内部原因和外部因素两个方面进行了界定,涵盖了银行所面对的大多数操作风险。

2007年,为加强商业银行的操作风险管理,我国银监会发布了《商业银行操作风险管理指引》(简称《指引》),并将操作风险定义为:"操作风险是由不完善或有问题的内部程序、员工和信息科技系统,以及外部事件所造成损失的风险,其中包括法律风险,但不包括策略风险和声誉风险。"该定义基本上沿用了巴塞尔委员会的定义,对银行业机构的操作风险提出了更加全面的监管指引,有助于进一步完善银行业审慎监管的规章体系,提高监管的有效性,推进我国银行业监管标准与国际银行监管标准接轨。从操作层面来看,《指引》的出台有助于银行业机构提高识别、控制操作风险的能力和风险管理水平,有助于进一步防范银行业大案、要案的发生,促进银行业的稳健运行,切实维护广大存款人的利益,提升银行业的整体国际竞争力。

(二)操作风险的特征

操作风险除了具有所有金融风险的一些共性之外,还在很多方面表现出了自己所独有的特点。

1. 内生性

市场风险和信用风险通常是由外部不确定因素引发的,所以为外生性风险。例如,信用风险是由借款人的主客观情况所决定的违约风险,市场风险则与市场价格波动相联系。相反,绝大部分操作风险来自银行的内部业务操作失误、内部系统失灵、内部人员控制和制度失效等,只有很少一部分来源于外部欺诈、自然灾害等。

2. 人为性

内部因素是引发操作风险的主要因素,这些因素主要涉及人、流程、管理和设备等。而人为因素在操作风险的形成原因中占了绝大部分。在巴塞尔协议Ⅱ所列举的导致操作风险的七大类原因中有六类与人为操作有关,这也从另一个侧面证实了绝大多数操作风险都源于人为因素。

3. 广泛性

信用风险和市场风险发生的环节仅限于与之相关的部分业务环节,如发放贷款、吸收存款,主要涉及业务发展部门和业务管理部门。然而,导致操作风险的因素众多,几乎覆盖了金融机构日常经营管理的每一个方面,所以操作风险几乎每天都会在金融机构发生。操作风险发生的可能性遍布银行所有业务环节,涵盖所有部门,既包括发生频率高、损失相对较低的日常业务流程处理上的小纰漏,也包括发生频率低,但只要发生就会造成极大损失,甚至危及银行存亡的自然灾害、大规模舞弊等。

4. 突发性

操作风险发生范围广,形成原因复杂,且具有很强的人为性,从而使操作风险的发生具有突发性、偶发性和难以捉摸等特点。操作风险的表现形式也常常具有显著的个性特征,因此所采取的防范与管理措施也有所不同。

5. 风险与收益的不对称性

信用风险与市场风险通常存在风险越大收益越高、风险越小收益越低的特点。因此,管理者将风险视为盈利增加的机会而加以充分利用,保持适度的风险承担能力,以获取更大的收益。然而,操作风险主要产生于企业内部控制行为,损失与收益之间具有明显的不对称性,商业银行承担这种风险并不一定有收益。从损失程度来看,市场风险与交易的风险暴露大小有关,其最大限度是在某一市场上投入的全部资金;信用风险的最大限度则是交易金额。而操作风险的损失虽然普遍性较低,但其带来的损失可能对一个机构造成致命的打击。

二、操作风险的分类

(一)操作风险损失事件的分类

根据巴塞尔协议Ⅱ的内容,操作风险根据损失事件分为内部欺诈,外部欺诈,就业政策和工作场所安全,客户、产品及业务操作,实体资产损坏,业务中断和系统失败,执行、交割及流程管理七大类(见表 5-1),而七类事件又被进一步划分为二级目录和三级目录。

表 5-1 损失事件二级分类表

事件类型(一级目录)	定 义	二 级 目 录
内部欺诈	故意骗取、盗用财产或违反监管规章、法律或公司政策导致的损失,此类事件至少涉及内部一方,但不包括性别/种族歧视事件	未经授权的活动 盗窃和欺诈
外部欺诈	第三方故意骗取、盗用财产或逃避法律导致的损失	盗窃和欺诈 系统安全
就业政策和工作场所安全	违反就业、健康或安全方面的法律或协议,个人工伤赔付或者因性别/种族歧视事件导致的损失	劳资关系 安全性环境 性别及种族歧视事件
客户、产品及业务操作	因疏忽未对特定客户履行分内义务(如信托责任和适当性要求)或产品性质或设计缺陷导致的损失	适当性、披露和信托责任 不良的业务或市场行为 产品瑕疵 客户选择、业务提起和风险暴露咨询业务
实体资产损坏	实体资产因自然灾害或其他事件丢失或毁坏导致的损失	灾害和其他事件
业务中断和系统失败	业务中断或系统失败导致的损失	系统

续表

事件类型(一级目录)	定 义	二 级 目 录
执行、交割及流程管理	交易处理或流程管理失败和因交易对手方及外部销售商关系导致的损失	交易认定、执行和维持 监控和报告 招揽客户和文件记录 个人/企业客户账户管理

1. 内部欺诈风险

内部欺诈风险主要是指内部员工有主观愿望,存心欺诈银行,包括由于进行未被授权的交易、未报告的交易、超过限额的交易、内部交易,偷盗,贪污,接受贿赂,做假账,违反税法,恶意毁损资产等原因而引发的银行损失。例如,巴林银行外汇交易员里森违规进行未经授权的外汇交易,并隐匿期权和期货交易,隐藏亏损,最终导致巴林银行发生 8.6 亿英镑的亏损。为长期掩盖自己从事的超授权交易及所造成的损失,违规的交易员经常做假账,伪造交易记录。

2. 外部欺诈风险

外部欺诈风险主要是指由于第三方故意欺诈、非法侵占财产及规避法律而引发的损失。我国商业银行操作风险管理研究涉及:利用伪造的票据、偷盗、抢劫、敲诈、贿赂等手段造成的银行损失;黑客破坏、盗用客户信息、数据操纵等计算机犯罪而引发的损失;税制、政治等方面的变动,监管和法律环境的调整等导致银行收益的减少。据统计,美国银行业每年由于支票欺诈而造成的损失大约为 100 亿美元。

3. 就业政策和工作场所安全风险

就业政策和工作场所安全风险包括劳资关系与安全性环境等方面,主要是指在员工雇用、管理中,由于违反相关法律、制度而引发的索赔、补偿损失,由于缺乏对员工的恰当评估和考核等导致的风险,以及性别与种族歧视事件。

4. 客户、产品及业务操作风险

客户、产品及业务操作风险是指由于产品特性或设计不合理、员工服务粗心大意、对特定客户不能提供专业服务等原因造成的银行损失,包括产品功能不完善引发的损失,由于强行销售产品、未对敏感问题进行披露、违规披露零售客户信息、对客户建议不当、职业疏忽大意、为多收手续费反复操作客户账户、不恰当的广告、不适当的交易、销售歧视等导致与客户信托关系破裂、合同关系破裂、客户关系破裂而引发的损失。这类风险在整个操作风险中占相当大的比重。

5. 实体资产损坏风险

实体资产损坏风险主要是指自然灾害或恐怖主义等其他外部事件引起的损失,包括由于火灾、洪水、地震、恐怖活动、故意破坏等原因造成的物质资产损失。

6. 业务中断和系统失败风险

业务中断和系统失败风险主要是指由于计算机硬件、软件、通信或电力中断引发的损失,包括硬件瘫痪、软件漏洞、设备故障、程序错误、计算机病毒、互联网失灵、动力输送损耗或中断等原因造成的损失。

7. 执行、交割和流程管理风险

执行、交割和流程管理风险主要是指交易处理、流程管理失误以及与交易对手关系破裂而引发的损失,包括业务记账错误、错误的信息交流、系统误操作、叙述错误、未被批准的账户录入、未经客户允许的交易、交割失误、抵押品管理失误、担保品管理失败、法律文件缺失、未履行强制报告职责等原因造成的损失。

与此同时,巴塞尔委员会还根据发生操作风险的业务环节,将商业银行的业务分为八个类型:公司金融、交易和销售、零售银行业务、商业银行业务、支付和清算、代理服务、资产管理、零售经纪。

通过事件类型和业务类型两个维度的划分,对任意的操作风险损失事件都可以在事件类型和业务类型构成的 7×8 矩阵中找到唯一对应的位置。

(二)发生频率和严重程度分类

操作风险的发生频率是指一定时间内操作风险损失事件发生的数目。操作风险的损失程度是指操作风险事件发生所导致的影响。按照操作风险的发生频率及其可能导致的损失程度,可以把操作风险分为四类(见图 5-1)。

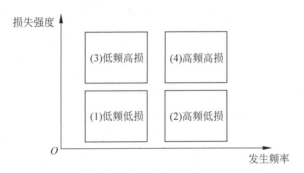

图 5-1 操作风险损失的频率和严重程度分类

(1)"低频低损"操作风险。这类风险造成的损失一般属于预期内损失,金融机构可以通过预先提留风险准备金的方式降低损失。

(2)"高频低损"操作风险。这类风险一般由计算差错、交易误差等人为过失造成,可以通过直接观察的客观数据,建立统计模型进行评估。

(3)"低频高损"操作风险。这类风险一般是由预期外的事件造成的,如商业银行的大型操作风险事件、政治危机等。这类事件虽然发生频率不高,但一旦发生就会带来巨大的损失,需要引起高度的关注。

(4)"高频高损"操作风险。这类风险一旦发生将会造成巨大损失,应及时采取措施进行规避和控制。

金融机构经常发生的操作风险大多属于"高频低损"类风险,这类风险往往防不胜防,频繁发生,但危害不大,易于纠正。而"低频高损"类风险尽管发生概率小,但往往突然发生,危害极大,会给金融机构带来重大损失甚至致命打击。

【拓展阅读 5-1】 光大证券"816乌龙指"事件

此外,一些"高频低损"操作风险的日积月累也容易给银行声誉造成损失,并有可能最终导致类似于"低频高损"操作风险造成的危害。

第二节 操作风险的度量

与信用风险和市场风险相比,操作风险的管理还处于不成熟的阶段,目前用于衡量、监控操作风险的各种模型、技术等工具,总体上还处于初级的开发阶段,远未达到成熟可靠。2004 年,巴塞尔委员会提出应对操作风险计提资本金,并给出了基本指标法、标准法和高级度量法三种计算操作风险资本的方法,操作风险的计量研究重点开始由操作风险的界定转向操作风险的计量、评估、控制和缓释。

一、操作风险的定性评估方法

对于某些操作风险,特别是"低频高损"操作风险,如果其可获得的数据是有限的,且行业损失数据或外部数据只是反映新业务或者业务量变化引起的资本额的变化,则需要使用定性评估方法。目前,定性分析常采用的方法有自我评估法、风险指标法及情景分析等。

(一)自我评估法

自我评估是通过调查问卷、系统性的检查或公开讨论的方式,向金融机构内相关责任部门提问,主观地评估组织中的运作、市场、财务、行政、技术和人力资源部及其特征,以识别重要的风险、控制的效果、可能发生的后果等信息。

1. 自我评估的内容

自我评估是商业银行识别和评估潜在操作风险以及自身业务活动的控制措施、适当程度及有效性的操作风险管理工具。操作风险自我评估法涵盖了商业银行的所有业务部门,在产品线层次上展开,包括每个产品线的每个流程中的固有风险、控制风险和剩余风险。

自我评估的内容包括银行的组织管理、人力资源、风险操作流程、信息系统等内在因素,以及社会环境变化、产业结构、市场环境和科技发展等外部因素对操作风险发生的可能性和损失程度两个方面的影响。可能性是指每一种潜在风险识别出的风险暴露或每一类主要的风险事件类型在未来一定时期内转化为实际损失的概率大小。损失程度是指某一特定操作风险事件发生的情况,即如果不对潜在风险实施任何控制措施,风险实际发生后可能对机构造成的影响。

2. 自我评估的方法

自我评估通常的做法是通过调查问卷、系统性检查或公开讨论的方式,利用银行内部人员及外部专家的专业知识与从业经验识别和评估操作风险事件。具体方法包括:

(1)调查问卷法,即将事先设计好的问卷分发给各业务部门,由相关人员就业务和产品控制点进行回答,帮助其确认风险水平和确定相应的控制措施。

(2)叙述法,即从业务部门的目标和风险出发,由各部门管理人员就采取的控制措施进行答辩,检查对预期控制的执行效果。

（3）专家预测法,即采取匿名方式由专家对风险控制点进行考核、分析,提出意见,经修改、论证、汇集完成控制点的优化。

自我评估法是商业银行内部稽核的工具,相关人员一旦发现评估结果中有违背机构政策或准则的项目,会立即上报高级主管人员。该方法可以监督改正的进度,有助于对操作风险进行评估。同时,自我评估法还能充分调动操作风险管理各方的积极性,促使员工自发地对风险、内控体系、风险防范手段进行分析和评价,激励员工提高对操作风险的认知程度,最终有效地提高对操作风险的监督和管理水平。

（二）风险指标法

风险指标法主要是由业务主管或风险主管指定代表各个业务种类操作风险的指标来监督日常操作的表现,一旦发现问题就按照严重程度及时上报高级管理层。

风险指标的选取是准确评估操作风险的关键。风险指标是指代表某一风险领域变化情况并可定期监控的统计指标,也可作为反映风险变化情况的早期预警指标。风险指标既可以是财务指标,也可以是非财务指标,具体包括每亿元资产损失率、营业额增幅降低百分比或业绩下滑金额、关键岗位人员流失数、系统遭受黑客攻击次数、设备的老化程度、顾客投诉次数等。

由于可供选择的指标很多,所以在选择关键指标时,首先应考虑所选指标的代表性,要求所选指标能够反映某一业务种类的风险水平;其次,所设计的指标要能够敏感地反映相关业务操作风险的变化;最后,指标要易于观察、获得、测量和跟踪。当指标确定之后,就需要为各个指标设置各种水平基准,当关键风险指标值超过某个基准水平时,相关部门或责任人就应该采取相应的措施。

风险指标法可以为操作风险管理者提供当前特定业务部门中风险水平的相关数据,高级管理层可据此迅速对症下药,采取有效措施,及时控制存在的潜在风险。

（三）情景分析

情景分析主要研究一个特定的事件对金融机构造成的影响,如过去或将来可能发生的恐怖袭击、黑客对系统的攻击等。情景分析主要通过创造和模拟未来情景来度量可能发生的影响,也可以重建真实的历史事件,或者只是度量不利的趋势,并研究它对现在的金融机构会产生怎样的影响。

进行情景分析的关键在于情景的合理设定。为合理设定情景,风险管理者首先应从两个方面入手:充分认识自己所面临风险的性质和特点,了解可能影响该风险的因素;了解市场和整个社会环境中可能发生的相关事件,包括政治选举、战争冲突、恐怖袭击和黑客攻击等,并充分理解这些事件可能对市场进而对自己所在机构产生的重大影响。

其次,要深入细致地分析和预测该情景对事态在给定时间内可能发展的重要程度以及机构因此可能遭受的损失。这一分析和预测过程是整个情景分析的中心环节,不仅需要对自身机构可能面临风险的各个方面进行综合分析,而且需要把在分析过程中得到的反馈信息重新纳入情景分析的前提中,使情景分析更加合理。

最后,要注重对情景分析报告的陈述。由于情景分析是一个主观性很强的过程,在报告中对分析结果进行评估和得出最终结论并不是一件容易的事情,对分析的假设前提条件进行明确说明是非常必要的。

情景分析可以帮助测定金融机构从来没有经历过的损失情形,当然这些损失情形也受管理人员判断能力的限制。情景分析不仅反映了银行的风险控制现状,而且反映了银行的业务状态。情景分析还可以促成管理人员以某种主观且更有创造力的方式来管理将来可能发生的不利事件。例如,对于某些情形,银行可以事先制定政策以保证在不利事件发生时将损失程度控制在最小;在某些情形下,银行可以主动提出预防措施来减小不利事件发生的概率。

二、操作风险的量化模型

由于操作风险的发生范围广泛,损失资料数据难以收集,因而相比市场风险和信用风险,人们对操作风险的度量模型还远没有达成共识。现阶段,操作风险度量模型大都是在巴塞尔协议Ⅱ框架下的一套由简到繁、由低级到高级的方法,其中包括基本指标法、标准法和高级计量法,这三大类方法在复杂性和风险敏感度方面逐次加强,分别适用于具有不同风险管理水平的银行。

(一)基本指标法

基本指标法是指以单一的指标作为衡量商业银行整体操作风险的尺度,并以此为基础配置操作风险资本的方法。

采用基本指标法时,金融机构持有的操作风险资本应等于该机构前三年中各年正的总收入加总后的平均值乘以一个固定比例(用 α 表示)。资本计算公式为

$$K_{\text{BIA}} = \alpha \cdot \left(\frac{1}{n} \sum_{j=1}^{3} \text{GI}_j \right) \tag{5-1}$$

其中,K_{BIA} 表示基本指标法计算得到的操作风险资本;GI 表示过去三年各年正的总收入;n 表示过去三年中总收入为正的年数;α 为操作风险敏感系数,是巴塞尔委员会设定的对总收入提取的固定比例,表示为获得单位总收入该机构可能面临的操作风险损失值。一般情况下,巴塞尔委员会根据行业范围的监管要求将 α 设定为 15%。

【例 5-1】 假设某商业银行机构按照基本指标法计量操作风险资本要求,最近三年的总收入分别为 50 亿元、30 亿元和 -8 亿元,试计算该机构操作风险的资本要求是多少。

解:根据基本指标法的计算式,即式(5-1),有

$$K_{\text{BIA}} = 15\% \times \left(\frac{50 + 30}{2} \right) = 6(\text{亿元})$$

在计量中,总收入定义为根据各国的监管当局或各国会计准则计算得到的净利息收入加上非利息收入。这种计算方法旨在:①反映所有准备的总额;②不包括银行账户上出售证券实现的利润或损失;③不包括特殊项目及保险收入。

基本指标法的最大优点是操作简单,不需要复杂的数学计算和收集大量操作风险损失数据,几乎所有的银行都可以采用这种方法计算操作风险。但是,简单易行的代价是资

本要求对操作风险的敏感度下降,不能充分反映各金融机构的具体特点和资本要求。特别是,对所有金融机构的所有业务类型都采用统一的 α 值,导致具有不同风险特征和风险管理状况的金融机构的每单位总收入被要求配置相同的资本,从而使计量结果有可能严重偏离现实情况,无法实现监管与激励的相容。同时,对于选择金融机构的历史总收入作为度量操作风险的基本指标是否合适,也一直存在争议。因此,巴塞尔委员会建议那些业务简单、规模较小的银行使用基本指标法,建议国际活跃银行和具有较高操作风险的银行使用更为精确的衡量方法。

(二)标准法

标准法是基本指标法的一种改进方法。在标准法中,银行业务分为 8 个业务类别:公司金融、交易和销售、零售银行业务、商业银行业务、支付和清算、代理服务、资产管理、零售经纪。

在各业务类型中,总收入是一个广义的指标,代表业务经营规模,因此也大致代表各业务类型的操作风险暴露(以 β 值表示)。β 值代表整个银行业特定业务类型的操作风险损失经验值与该业务类型总收入之间的关系。操作风险总资本是将各业务类型的操作风险按年简单加总后取前三年和的平均值。按年加总时,在不加限制的情况下可以用任何业务类型负的资本抵消其他业务类型正的资本。在计算前三年的平均值时,如果在给定年份各业务类型加总后的资本为负值,则当年分子项为零。操作风险资本的计算公式为

$$K_{\text{TSA}} = \frac{1}{3}\left\{\sum_{j=3}^{3}\max\left[\sum_{k=1}^{8}(\text{GI}_{jk}\cdot\beta_k),0\right]\right\} \tag{5-2}$$

其中,K_{TSA} 表示用标准法计算的操作风险资本;GI_{jk} 表示 8 个业务类型中第 k 个业务类型在过去第 j 年的总收入;β_k 表示由巴塞尔委员会设定的固定百分比,见表 5-2。

表 5-2　业务类型及 β 系数

业　务　类　型	β 系数	业　务　类　型	β 系数
公司金融(β_1)	18%	支付和清算(β_5)	18%
交易和销售(β_2)	18%	代理服务(β_6)	15%
零售银行业务(β_3)	12%	资产管理(β_7)	12%
商业银行业务(β_4)	15%	零售经纪(β_8)	12%

标准化方法对业务类型进行了区分,反映了不同业务风险特征的差异,但没有对不同的风险类型加以区分。此外,与基本指标法一样,该方法将总收入作为计算操作风险的基本指标,监管资本的计算并不直接与损失数据相连,而且不能反映各银行自身的操作风险损失特征,有较大的局限性。标准法适用于那些还没有建立内部损失资料和不符合内部衡量法的银行。某些不愿意搜集所有业务类型的损失资料的机构,针对当前操作风险影响不大的业务种类,也可以采用比较简单的标准法。

(三)高级计量法

高级计量法是指银行采用一定的定量和定性标准,通过内部的操作风险计量系统计

算监管资本的方法。巴塞尔委员会在对高级计量法定量标准的规定中,并未规定用于操作风险计量和监管资本计算所需的具体方法和统计分布假设。但无论采用哪种方法,银行必须表明,操作风险计量方式符合与信用风险内部评级法相当的稳健标准。

操作风险的高级计量法与基本指标法和标准法的根本不同在于:高级计量法通过估计操作风险事件所引致的未预期损失来计算操作风险资本。高级计量法中各种方法的主要差别在于操作风险未预期损失的估计方法不同。

随着衡量方法的发展,高级计量法可包括多种处理模式,如内部衡量法、损失分布法、计分卡法、极值理论法等。

1. 内部衡量法

内部衡量法的基本思想是:首先,根据历史数据通过估计损失次数与损失严重程度的平均值得到操作风险的预期损失;然后,假设操作风险的预期损失与非预期损失之间存在线性关系,由此即可得到非预期损失。

一般而言,在使用内部衡量法时,主要有以下 5 个步骤。

(1) 对金融机构所有业务/损失类型进行划分。根据巴塞尔协议Ⅱ将金融机构的所有业务划分为 8 种业务类型(见表 5-2),进一步将每个业务类型分为 7 种不同的操作风险损失类型(见表 5-1),构成 56 个业务/损失类型组合,或称为 56 个风险单元。

(2) 基本风险指标的确定或估计。对每个风险单元,确定风险暴露指标(EI),并根据历史损失数据估计操作风险事件发生概率(PE)及风险发生后的平均损失比率(LGE)。历史损失数据主要包括所有风险单元的损失金额、损失事件发生的时间及导致损失事件发生的主要因素的描述性信息等。一般要求有 5 年以上的内部损失历史数据作为计量依据。

(3) 计算每个风险单元的预期损失。每个风险单元的预期损失(EL)等于 PE、LGE 和 EI 的乘积,则对于任意的风险单元:

$$EL_{ij} = EI_{ij} \cdot PE_{ij} \cdot LGE_{ij} \tag{5-3}$$

(4) 确定每个风险单元的转换因子,计算非预期损失。假设预期损失和操作风险所需资本之间具有固定的稳定关系(见图 5-2),即假设每个风险单元的转换因子为 γ,则非预期损失(UL)为

$$UL_{ij} = \gamma_{ij} \cdot EL_{ij} \tag{5-4}$$

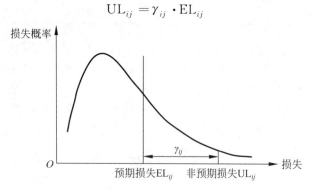

图 5-2 内部衡量法示例图

对于系数 γ_{ij} 的取值大小和范围，监管当局建议参考基本指标法和标准法中操作风险敏感系数的设定方法，以行业标准和惯例或者说以整个行业的损失分布来确定其大小。

（5）计算整个金融机构的非预期损失，得出操作风险的资本金要求。假设各风险单元相互独立，则整个机构的非预期损失就等于所有风险单元非预期损失之和。于是：

$$K_{\mathrm{IMA}} = \sum_i \sum_j \mathrm{UL}_{ij} = \sum_i \sum_j \gamma_{ij} \mathrm{EL}_{ij} \tag{5-5}$$

其中，K_{IMA} 为操作风险的资本要求。

2. 损失分布法

损失分布法首先假设由操作风险引致的损失次数及损失发生后的损失程度都为随机过程；然后，根据损失次数和损失发生后的损失程度的概率分布估计出操作风险的损失分布；最后，用 VaR 方法得到一定置信度水平和持有期（通常为 1 年）下发生操作风险的非预期损失，并据此计算操作风险资本。损失分布法是目前银行度量和管理操作风险的方法中较为复杂的一种，主要涉及业务类型、风险暴露、风险观察期和 VaR 的综合运用。

具体而言，损失分布法是根据每种业务/损失类型估计操作风险损失在一定期间（如1年）内发生的概率，通常使用蒙特卡罗模拟或者事先假设的具体概率分布形式，如损失次数服从泊松分布、损失强度或损失金额服从对数正态分布或威布尔分布等，从而计算 VaR 值来直接衡量非预期损失。

相比内部衡量法，损失分布法不需要假定预期损失与非预期损失之间的关系，从而具有更强的风险敏感性。

3. 计分卡法

计分卡法是巴塞尔委员会提出的三种操作风险高级计量法之一。计分卡法包括多项关于操作风险的前瞻性的数量指标，通过对这些指标的监测、度量和分析，金融机构可以用计分卡法配置其他方法计算出的所需资本金。概括起来，计分卡法一般需要以下 6 个步骤。

（1）对金融机构的所有业务/损失类型进行划分。

（2）对每个风险单元进行流程细化，找出每个业务/损失类型的全部业务流程。

（3）确定每个流程的风险因子。

（4）为每个流程建立一张计分卡，用来记录专家对全部相关风险因子发生概率的评分。

（5）由流程的评分汇总得到每个风险单元损失事件发生次数的概率。同时，根据专家的评分，确定该风险单元损失事件发生时的损失程度。

（6）在上述基础上，计算操作风险资本，其计算公式为

$$K_{\mathrm{SA}} = \sum_i \sum_j \mathrm{EI}_{ij} \cdot \omega_{ij} \cdot \mathrm{RS}_{ij} \tag{5-6}$$

其中，K_{SA} 为操作风险资本，RS_{ij} 是由专家评分得出的损失事件发生的概率，ω_{ij} 是主观确定的损失程度。

计分卡法对损失分布的估计较少采用历史数据，更多偏重于专家的主观估计，因此主观性较强，依赖专家的直觉和经验。这就要求做出判断的专家有丰富的理论知识和从业经验以及对整个银行业务流程的深刻理解。

4. 极值理论法

在操作风险中,较为危险的并非日常的"高频低损"类事件,而是"低频高损"的极端事件。从统计角度看,极端损失的存在使操作风险的损失分布具有明显的厚尾特点,因此极值理论法被许多国际银行用于测量操作风险。

操作风险的极值理论法是专门用来衡量操作风险分布的尾部即损失极端值的方法,它通过推导超过一定临界水平的操作风险损失的具体分布函数,得出一定置信水平下VaR的估计值和超过临界水平的损失的期望值,作为提取操作风险资本的参照。

目前,主要的操作风险极值理论模型是 POT 模型,该模型通过对样本中超过某一充分大的阈值的数据进行建模,能有效地利用有限的观察数据。当阈值趋于极大时,对于超过确定阈值的随机变量的分布近似为广义帕累托分布。广义帕累托分布可以很好地描述操作风险损失分布的厚尾特征。运用数据分析可以得到合适的阈值,而且可以计算出一定置信水平下的操作风险 VaR 值。

极值理论法的优势在于它可以直接处理损失分布的尾部,且没有对损失数据预先假设任何分布,而是直接利用数据本身说话。但极值理论法需要处理一系列的不确定性,首先是参数的不确定性,即使有足够多的高质量数据及良好的模型,参数估计仍存在偏差;其次是模型的不确定性,可能有很好的数据,但模型很差;最后是数据的不确定性,从某种意义上讲,在极值分析中永远不会有充足的数据。

第三节　操作风险管理

一、操作风险管理原则

鉴于全球银行业操作风险的频发和造成的巨额损失,为引导商业银行更好地管理操作风险,巴塞尔委员会在 2003 年颁布了《操作风险管理和监管的稳健做法》(简称《做法》),从营造适宜的风险管理环境,风险管理的识别、评估、监测、缓释、控制,监管者的作用以及信息披露的作用四个方面确立了与建立操作风险管理框架有关的 10 条原则。

(1) 董事会应了解本行的主要操作风险所在,把它作为一种必须管理的主要风险类别,核准并定期审核本行的操作风险管理系统。该系统应对存在于本行各类业务中的操作风险进行界定,并制定识别、评估、监测与控制、缓释操作风险所应依据的原则。

(2) 董事会要确保本行的操作风险管理系统受到内审部门全面、有效的监督。内审部门必须拥有一支独立运作、训练有素、业务精良的内审队伍。内审部门不应直接负责操作风险的管理。

(3) 高级管理层应负责执行经董事会批准的操作风险管理系统。该系统应在银行内各部门持续地贯彻执行,并且各级员工应了解自己在操作风险管理中的责任。高级管理层还应负责制定相关政策、程序和步骤,以管理存在于银行重要产品、活动、程序和系统中的操作风险。

(4) 银行应识别和评估所有重要产品、活动、程序和系统中固有的操作风险。银行还应确保在引进或采取新产品、活动、程序和系统之前,对其中固有的操作风险已经采取了足够的评估步骤。

（5）银行应制定一套程序来定期监测操作风险状况和重大损失风险。对积极支持操作风险管理的高级管理层和董事会，应该定期报告有关信息。

（6）银行应制定控制和缓释重大操作风险的政策、程序和步骤。银行应定期检查自身的风险限度和控制战略，并根据全面的风险喜好和状况，通过使用合适的战略，相应地调整操作风险状况。

（7）银行应制定应急和连续营业方案，以确保在严重的业务中断事件中连续经营并控制损失。

（8）银行监管者应要求所有的银行，不管其大小，制定有效的制度来识别、评估、监测和控制、缓释重大操作风险，并且作为全面风险管理方法的一部分。

（9）监管者应直接或间接地对银行有关操作风险的政策、程序和做法进行定期的独立评估。监管者应确保有适当的机制保证他们知悉银行的进展情况。

（10）银行应进行足够的信息披露，允许市场参与者评估银行的操作风险管理方法。

从内容来看，这10条原则分别从战略、流程、基础设施和环境四个层面设立了操作风险的管理原则。战略设定了操作风险管理的总基调和基本方法，包括业务目标、风险容忍度、管理模式以及与操作风险管理相关的政策；流程是在既定战略框架下风险管理的日常活动和过程；基础设施是指用于风险管理中的系统和工具；环境包括文化和相关因素。巴塞尔委员会特别指出，对于操作风险防范，建立一套较为完整的管理目录，有助于商业银行对业务流程进行组织，并在银行内部形成共同的操作风险价值观和语言。

二、操作风险管理流程

操作风险管理流程是指商业银行在日常工作中开展操作风险管理的业务程序和环节。最基本的操作风险管理流程包括操作风险的识别、操作风险的评估、操作风险的控制，以及操作风险的监测与报告。

（一）操作风险的识别

操作风险的识别在整个流程中处于基础地位，正确地识别操作风险，既是准确计量和评估操作风险的基础，也是合理选择风险控制工具的前提。操作风险的识别主要包含两个方面的内容：一是操作风险的确定；二是操作风险的定位。其中的工作既包括损失事件的辨识，也包括对引发损失事件的原因的追溯及对损失事件所造成影响的预测。操作风险识别的目的在于通过对操作风险事件的分析对其进行定位和归类，为管理的后续工作提供信息。

与其他风险相似，操作风险的构成也包括风险因素、风险事故和损失三个方面。操作风险因素通常可以分为内部风险因素和外部风险因素两类，其中内部风险因素包括人员因素、流程因素和技术因素，外部风险因素包括人为事故和自然灾害。因此，操作风险可以划分为以下四大类别。

1. 人员因素操作风险

人员因素主要是指因员工管理不当以及员工的知识、技能、经验匮乏而导致操作风险发生的概率或损失程度增加。人员因素导致的操作风险事故及损失主要表现在内部欺诈、失职违规、核心员工流失、违反用工法、知识/技能匮乏五个方面。

2. 流程操作风险

内部流程引起的操作风险是指由于企业业务流程缺失、设计不完善或者没有被严格执行而造成的损失，主要包括财务/会计错误、文件/合同缺陷、产品设计缺陷、错误监控/报告、结算/支付错误、交易/定价错误六个方面。

3. 技术操作风险

技术操作风险又称系统操作风险，是指由于信息技术部门或服务供应商提供的计算机系统或设备发生故障或其他原因，导致企业不能正常提供部分、全部服务或业务中断而造成的损失。它包括系统设计不完善和系统维护不完善所产生的风险，具体表现在数据/信息质量，违反系统安全规定，系统设计/开发的战略风险，以及系统的稳定性、兼容性、适宜性四个方面。

4. 外部操作风险

企业经营是在一定的政治、经济和社会环境中发生的，所以经营环境的变化、外部突发事件等都会影响企业的正常经营活动，甚至使企业蒙受损失。这类事件具体包括由于外部人员故意欺诈、骗取或盗用企业资产及违反法律而对企业的客户、员工、财务资源或声誉可能或者已经造成负面影响的事件。该类事件可能是内部控制失败或内部控制的薄弱环节，或是外部因素对企业运作或声誉造成的"威胁"。具体来说，主要表现为外部欺诈/盗窃、洗钱、政治风险、违反监管规定风险、业务外包风险、自然灾害、恐怖威胁等。

（二）操作风险的评估

操作风险被识别之后，接下来应该对操作风险进行评估。风险评估和量化的作用在于，它使管理层能够将操作风险与风险管理战略和政策进行比较，识别银行不能接受或超出机构风险偏好的那些风险暴露，选择合适的缓解机制并对需要缓解的风险进行优先排序。进行操作风险的量化和评估时，不仅需要考察操作风险产生的原因及其发生的概率，还需要评估操作风险损失事件发生时可能产生的影响。这种影响不仅是经济上的直接影响，也包括风险发生对企业目标实现的影响。

巴塞尔委员会在《操作风险管理和监管的稳健做法》中推荐了银行用于识别、评估操作风险的工具：自我评估、风险对应关系和风险指标。目前，一些银行已经开始使用许多方法来量化其操作风险程度。对于操作风险的度量方法在前面已经有过讨论。根据操作风险评估提供的信息，银行可以确定已经存在的风险和潜在风险的发展趋势，判断风险产生的损失是否在银行可承受的范围之内，为银行选择合适的控制方法并对需要控制的操作风险进行优先排序。

在进行操作风险评估时，风险评估必须独立进行，其结果依赖于特定的报告人，应避免评估疲劳。避免评估疲劳的有效方法是在保持一致性的前提下，把不同的人员加入评估流程中。

（三）操作风险的控制

风险控制的过程就是商业银行根据已有的信息,选择合适的风险管理策略和工具对冲风险暴露,以达到减少操作风险事件发生的概率和损失程度的目的。商业银行经常采用的风险控制方法有风险规避、风险缓释、风险转移、风险承担等。在具体操作时,商业银行应该根据操作风险的发生频率、损失程度等特征选择不同的工具。

1. 风险规避

风险规避是指对于某些操作风险事件,考虑到其损失程度较大,银行应降低该业务的业务量或者干脆撤除此类业务,从而避免可能的损失。但银行在使用风险规避这一风险控制工具时应保持谨慎的态度。因为高风险业务带来的可能是高盈利,银行应该综合考虑其风险和报酬因素,而不能轻易地选择退出某一业务领域。

风险规避是一种消极的管理策略,但在特定条件下,它不失为一种有效的风险管理策略。对于那些对操作风险管理水平要求比较高,但经济效益比较差的业务,银行业可以采取回避的方法控制其操作风险。

2. 风险缓释

风险缓释是指银行使用抵押、担保、风险净值、信用衍生物等风险缓释工具,或者采取保险等手段所实施的风险分散技术。一些重大操作风险发生的概率虽低,但潜在的财务影响却非常大。而且,并非所有的风险事件都能被控制。风险缓释工具或方案可以被用来减少此类事件的风险、频率或严重性。

缓释技术可以保证银行在损失发生后得到部分或全部的补偿,从而有效地减轻或避免操作风险造成的损失。目前被广泛认可和采用的缓释技术是操作风险保险,通常被用来对银行提供一种操作风险方面的经济保证。但是,由于存在保险公司不能及时赔付以及部分操作风险不适合保险的问题,保险只能作为一种辅助手段。因此,巴塞尔委员会在允许将保险作为风险缓释的一种手段之外还规定:"高级计量法允许银行出于计算最低监管资本的需要,在计量操作风险时认可保险的风险缓释影响。保险的缓释作用不超过操作风险总资本要求的 20%",以降低银行运用保险进行风险缓释的动力。

3. 风险转移

风险转移主要是指业务外包。业务外包可以减轻金融机构的风险,因为它可以把相关业务转给具有较高技能和规模的其他人来管理。

业务外包是指受监管实体持续地利用外包服务商来完成以前由自身承担的业务活动。在商业银行的经营过程中,总是存在一些自己并不擅长或在战略上不愿意重点拓展的业务或管理环节,如计算机的硬件设备及软件系统的采购和维护等。如果由商业银行自己来完成这些业务,则可能会出现差错或提高经营成本。所以,商业银行会选择将这些业务或管理环节交由专业机构完成,而银行在将其外包的同时,也将该业务中的操作风险转嫁给了承担该业务的服务商。因此,业务外包能够达到银行转移风险的目的。

然而,银行借助第三方的力量并不能减少董事会和管理层确保第三方的行为安全稳健并遵守相关法律的责任。

4. 风险承担

风险承担也是风险控制的一种。在采用这种方式的时候,银行需要重点考虑其风险承担能力。对于能够有效控制、影响后果可以预见且对银行机构影响较小的风险,银行通常会选择接受风险并以自身的资本作为承担可能损失的准备金,同时加强操作风险管理。

风险承担可以通过两种方式实现:一是将操作风险的预期损失计入成本,通过产品定价获得操作风险准备金,通过操作风险准备金吸收损失;二是预提资本,在风险发生以后,用预提资本吸收损失。

(四)操作风险的监测与报告

金融机构应该制定一套程序来定期监测操作风险状况和重大风险事件,对积极支持操作风险管理的高级管理层和董事会,应该定期报告有关信息。

高级管理层应该建立一套操作风险监测程序,以实现下列目标:对银行面临的所有类型操作风险的定性和定量评估进行监控;评估缓释活动是否有效和适当,包括可识别的风险能在多大程度上被转移至银行外部;确保控制充分、风险管理系统正常运行。金融机构应该为操作风险建立风险衡量标准或关键风险指标,以确保重大风险事件的相关信息被传递至适当的管理层级。

操作风险报告是向操作风险管理层反馈操作风险管理信息的工具,其内容应该包括风险评估结果、损失事件、风险诱因、关键指标、控制状况、资本金水平和建议等。通过操作风险报告,操作风险管理者可以掌握操作风险来源、整体风险状况、操作风险发展趋势及其他重要信息,并以此为依据对现有的管理体系进行改进,以提高操作风险的管理水平,适应不断变化的外部环境和内部环境。

【拓展阅读5-2】　法国兴业银行巨亏案例

【课后习题】

1. 国际上对操作风险界定有哪些不同的观点?
2. 操作风险有哪些特殊性?
3. 简述操作风险的种类。
4. 目前计量操作风险的方法有哪些?列举并简单介绍操作风险的一种量化模型。
5. 简述基本指标法与标准法的异同之处以及这两种方法的缺陷。
6. 简述内部衡量法、损失分布法的基本原理。
7. 保险也是进行操作风险管理的有效工具,试分析保险在操作风险管理中的作用。
8. 简述操作风险管理的流程。

即测即练

扫码答题

第六章

流动性风险

学习目的

- ☞ 掌握流动性风险的概念
- ☞ 了解流动性风险的成因
- ☞ 熟悉负债和资产流动性风险管理
- ☞ 知道流动性风险的度量方法
- ☞ 了解流动性风险的管理方法

第一节　流动性风险概述

一、流动性风险的概念

巴塞尔委员会1997年发布的《有效银行监管的核心原则》中指出,商业银行的流动性风险(liquidity risk)是指银行无力为负债的减少或资产的增加提供融资的风险,即当银行流动性不足时,它无法以合理的成本迅速增加负债或者变现资产以获得足够的资金,从而影响了其盈利水平。在我国2018年开始实施的《商业银行流动性风险管理办法》中,流动性风险是指商业银行无法以合理成本及时获得充足资金,用于偿付到期债务、履行其他支付义务和满足正常业务开展的其他资金需求的风险。

随着金融市场的发展和银行业竞争的日趋激烈,与其他商业银行风险相比,流动性风险的变化更具复杂性,不仅受到自身内部的影响,还与宏观政策及金融市场发展程度有关。流动性风险具有下列特征:

(1) 内生性。流动性风险源于金融机构自身资产和负债的期限错配以及高资产负债率。金融机构不同于一般企业的重要特征之一就是高资产负债率,正是这一特征导致了金融机构流动性风险管理始终处于重要的地位。

(2) 外生性。金融机构的流动性风险不仅与其自身的经营特点有关,还受中央银行政策和金融市场发展程度等因素的影响。事实上,自身资产负债结构合理、流动性管理体系完善的金融机构,也有可能因金融市场缺乏流动性等因素被动地遭受流动性风险,这也是金融体系脆弱性的表现。

(3) 不确定性。金融机构的流动性风险是客观存在的,但是发生的时间、过程及结果都具有不确定性。流动性风险的不确定性加大了监管的难度。鉴于历史数据和传统常规风险测量工具不能对流动性风险进行准确的测量,金融机构需要具备前瞻性,预留足够的现金流以应对突然出现的流动性紧缩现象,从而更好地防范流动性风险。

(4)传染性。金融机构具有期限转换功能,这是流动性风险产生的内在原因。同业业务的发展壮大,特别是买入返售金融资产和卖出回购金融资产等创新业务的高速发展,形成了错综复杂的债权债务关系,为流动性风险在同业间传染提供了渠道。一家银行出现问题,会通过各种途径传染到相关机构,从而引发严重的经济危机。

二、流动性风险的成因

金融机构的流动性风险来源于负债和资产两个方面。从负债方面看,金融机构负债的持有者想要立即兑现债权时,流动性风险随之产生。当债权人要求将其持有的债权兑现时,如果金融机构的现金不足以满足提款需求,金融机构需要在市场上借入额外的资金或者卖出资产来满足资金需求。现金是流动性最强的资产,金融机构使用现金资产向债权持有者付款。然而,由于现金资产不能带来利息收益,金融机构一般会尽可能地减少持有现金资产。为了获得更高的投资收益,金融机构会投资于流动性较差或期限较长的资产,尽管这些资产最终也可以转变为现金,但其立即出售时的价格往往会低于长期协商出售时的价格。同时,金融机构除了出售资产外,也可以在外部借入额外的资金。例如,银行可以通过同业拆借市场获得资金。同业拆借在提供高效的资金流动渠道的同时,也有可能是风险传染的渠道,当某个银行发生流动性风险时,可能导致其他银行债权人做出提取资金的行为。

从资产方面来看,金融机构向借款人提供贷款承诺,当借款人按照贷款承诺取款时,金融机构必须为其提供贷款融资,这就对金融机构资产的流动性提出了要求。与债权人兑现债权一样,金融机构可以通过减少现金资产、出售其他流动性资产或借入资金来满足这类资金需求。

第二节　金融机构的流动性风险

一、商业银行的流动性风险

(一)负债流动性风险

负债流动性风险是指商业银行的负债特别是存款,因为内外因素发生不规律波动而对商业银行产生冲击并造成相关损失的风险。商业银行一般会将活期存款等短期负债投资于到期期限较长的资产,而活期存款的存款人有权在任意一天取回存款,负债流动性风险的发生可能迫使商业银行对资产负债进行调整,造成流动性的损失,这有可能致使商业银行提前进入清算,使账面上的潜在损失转化为实际损失,甚至导致商业银行破产。现在,存款人可以依托互联网在商业银行之间迅速转移资金,这无疑给负债流动性风险的管理增加了困难。

实际情况中,每天被提取的活期存款只是一小部分,大部分的活期存款可以作为每天的消费者核心存款,这是储蓄和定期存款相对稳定的来源。而且一部分提取存款的资金需求可以被新的存款流入及资产组合的收益所抵消。商业银行也要关注存款提取额或净存款外流,一般来说,商业银行能比较准确地预测正常情况下净存款外流的概率。

商业银行主要依靠购买流动性和储存流动性两种方法来管理存款外流。过去,商业银行将储存流动性作为主要的管理方法。如今,许多能够进入货币市场及其他证券市场获取资金的商业银行都依赖购买流动性的管理方法来应对存款外流。

1. 购买流动性方法

当需要购买流动性时,商业银行可以通过同业拆借市场、回购市场等渠道获得资金。此外,商业银行还可以发行大额定期存单或者出售票据和证券。举例来说,表 6-1 中的商业银行只要筹集的资金总额达到 100 万元,就可以满足存款外流 100 万元所需的资金。

表 6-1 某商业银行存款外流情况　　　　　　　　　单位:万元

存款外流前				存款外流后			
资产		负债		资产		负债	
现金	300	存款	600	现金	300	存款	500
其他资产	700	借入资金	200	其他资产	700	借入资金	200
		其他负债	200			其他负债	200
	1 000		1 000		1 000		900

通常来说,购买流动性的成本较高,因为需要按照市场利率在货币批发市场上获取资金,再去弥补利率较低的外流资金。购买资金的成本越高,商业银行购买流动性的积极性越低。商业银行通过购买流动性满足资金需求时的资产负债表如表 6-2 所示。

表 6-2 某商业银行购买流动性调整资金外流时的资产负债情况　　单位:万元

资　　产		负　　债	
现金	300	存款	500
其他资产	700	借入资金	300
		其他负债	200
	1 000		1 000

购买流动性管理没有改变商业银行的资产构成和规模,针对存款外流进行的调整全部发生在负债方,购买流动性管理可以减少负债外流对于资产方造成的影响。然而,商业银行购买流动性获得的资金大多数不在存款保险范围内,如果商业银行面临清偿困难,购买流动性的成本将急剧上升,市场上的其他机构很可能不愿意借出资金。监管当局也指出,随着越来越多的储户将资金用于投资,商业银行存款增长的速度赶不上资产增长的速度,一旦发生流动性紧张,如金融危机时,银行很难在市场上通过购买流动性进行融资,有时甚至无法获得批发资金。

2. 储存流动性方法

商业银行除了购买流动性来满足资金需求之外,还可以使用储存流动性方法,即商业银行可以出售部分资产来满足提款需求。为了满足商业银行的流动性需求,中央银行会要求商业银行缴存一定比例的法定存款准备金。同时,为了满足流动性需求,在缴存法定存款准备金的基础上,商业银行还会持有一定比例的超额准备金。

举例来说,商业银行资产方持有 300 万元现金,其中 150 万元是为了满足中央银行的最低准备金要求,150 万元是超额准备金。表 6-3 描述了净存款外流之前的情况,当储户提取 100 万元存款时,商业银行可以直接使用准备金和超额准备金来满足这一资金需求,这时其资产负债情况如表 6-4 所示。

表 6-3　某商业银行资产负债情况　　　　　　　　　　单位:万元

资　　产		负　　债	
现金	300	存款	600
其他资产	700	借入资金	200
		其他负债	200
	1 000		1 000

表 6-4　某商业银行储备资产调整　　　　　　　　　　单位:万元

资　　产		负　　债	
现金	200	存款	500
其他资产	700	借入资金	200
		其他负债	200
	900		900

当商业银行通过储存流动性管理满足取款需求时,其资产和负债规模都会相应缩小,例子中商业银行的资产和负债总额均从 1 000 万元降至 900 万元。除此之外,商业银行还应考虑所持有的额外现金资产及其他流动性资产因无法投资于其他高收益资产而被迫放弃的收益,即这些资产的机会成本。

购买流动性管理和储存流动性管理都是商业银行应对存款外流的方法,商业银行还可以将二者结合使用来满足流动性需求。

(二)资产流动性风险

借款人动用贷款承诺或者其他信用额度时,同样会导致商业银行的流动性问题。可能是由于商业银行认为贷款承诺很少会被使用,近些年商业银行大规模增加了贷款承诺的余额,而贷款承诺过多很可能造成巨大的流动性风险。

举例而言,如果借款人动用了 200 万元的贷款承诺,商业银行就必须为新增的 200 万元贷款融资。表 6-5 描述了动用贷款承诺前后商业银行的资产负债情况。其他资产从 700 万元升至 900 万元,这可以通过购买流动性管理解决,即在市场上借入 200 万元,再将资金借给借款人,也可以通过储存流动性管理解决,即使用现金资产满足借款人的现金需要。表 6-6 中对两种策略进行了说明。可以看到,对于资产方的流动性需求,购买流动性的方法同样不会以缩小资产规模为代价,而储存流动性的方法会使资产规模从最初的 1 200 万元降低到 1 000 万元。但是购买流动性方法也要考虑融资成本和融资可得性的风险。

表 6-5 借款人动用存款承诺前后的资产负债情况 单位：万元

动用贷款承诺前				动用贷款承诺后			
资产		负债		资产		负债	
现金	300	存款	600	现金	300	存款	600
其他资产	700	借入资金	200	其他资产	900	借入资金	200
		其他负债	200			其他负债	200
	1 000		1 000		1 200		1 000

表 6-6 借款人动用存款承诺后的资产负债表调整 单位：万元

购买流动性管理				储存流动性管理			
资产		负债		资产		负债	
现金	300	存款	600	现金	100	存款	600
其他资产	900	借入资金	400	其他资产	900	借入资金	200
		其他负债	200			其他负债	200
	1 200		1 200		1 000		1 000

(三) 挤兑

由于商业银行对流动性风险的管理,正常情况下净存款外流或者贷款承诺的执行不会使商业银行的流动性出现太大问题。然而,一旦发生异常的大规模非预期存款外流,就会引发严重的流动性问题。突发的非预期大规模净存款外流有可能引发银行挤兑(bank run)。银行挤兑是存款人集中大量提取存款的行为,是一种突发性、集中性、灾难性的危机。银行挤兑具有很强的传染性,一个银行出现银行挤兑,如果不能迅速平息,往往会引发更大规模的挤兑,从而造成金融动荡。

商业银行发生挤兑可能是出于对以下问题的担忧:第一,银行清偿能力不足引发了存款人的担忧;第二,相关银行的倒闭引发了存款人对银行清偿能力的担心,这也被视为一种传染效应;第三,投资者的投资偏好发生变化,不再愿意持有银行存款。

银行挤兑的主要原因在于活期存款的基本特点。具体而言,由于活期存款具有"先到先得"的特性,存款人排队的位置决定了他能在银行取款的数量。当一家商业银行的价值低于其吸收的存款时,只有一部分存款人能够得到全额支付,即使存款人不需要日常消费所用的现金也会加入取款的队伍,原本稳健的银行也会因为存款人突然大量取款而陷入流动性危机。

为了应对银行挤兑的发生,监管当局会采取一些方法缓解银行流动性问题,常用的方法有存款保险制度和贴现窗口。存款保险制度是指各商业银行根据其吸收存款的数额,按照规定的费率向存款保险机构投保,当商业银行发生经营危机无法满足存款人提款需求时,由存款保险机构向存款人偿付被保险存款,从而达到保护存款人利益、维护银行信用和金融秩序的目的。在我国,存款保险实行限额偿付,目前最高偿付限额为人民币 50 万元。除了存款保险制度,中央银行的贴现窗口也可以满足银行暂时性的流动性需求。中央银行的功能之一就是"银行的银行",意味着当商业银行陷入临时性流动危机时,可以通过再贴现、再贷款等方式从中央银行借入资金,以满足其非永久性的资金需求,从而保障金融安全和稳定。

二、其他金融机构的流动性风险

(一)共同基金

共同基金分为开放式和封闭式两种。开放式基金是指基金发起人在设立基金时,基金的单位和总规模不固定,可以随时向投资者出售,而且可以按照投资者的要求赎回发行在外的基金份额。封闭式基金的发行规模是固定的,封闭式基金一经成立就进入封闭期,在封闭期内基金规模不变,投资者不能进行申购和赎回,只能在二级市场上进行交易。封闭式基金的交易价格主要受市场供求关系影响,开放式基金的申购、赎回价格则是由每天公布的基金单位净值加减一定手续费来计算,其中开放式基金随时准备出售新的股份或者赎回已有股份的价格就是基金的净资产价值。净资产价值等于基金资产减去负债之后,除以基金股份数。当共同基金赎回额上升到一定高度时,共同基金也会像商业银行那样面临流动性问题。

然而,由于共同基金的估价方法与银行存款的估价方法存在区别,股东对于基金的挤兑并没有银行存款挤兑那么严重。如果基金被关闭后对资产进行清理,那么基金剩余的资产将按照比例分配给股东,而不会像银行存款那样采用"先到先得"的方法。

下面通过一个例子来比较共同基金与银行存款投资者的挤兑动机。表 6-7 展示了一家商业银行与一家开放式基金的资产负债情况。

表 6-7　两家金融机构的资产负债情况

商业银行		开放式基金	
资产	负债	资产	负债
资产　　　70 元	100 元的存款(100 位存款人,每位存 1 元)	资产　　　700 元	100 元的股份(100 位股东,每位有 1 元股份)

该共同基金有 100 位股东,每位投资了 1 元股份,总投资额为 100 元,但这时共同基金的资产价值只有 70 元,如果这时股东试图取回其股份,那么谁都不会获得 1 元。共同基金将以市场价值为基础对负债价值进行估值:

$$P = \frac{资产价值}{市场价值} = 净资产价值(NAV)$$

在表 6-7 中,每位股东的资产价值为

$$P = \frac{70}{100} = 0.7$$

也就是说,基金资产价值的亏损是由每位股东按比例分摊的,无论先来还是后到,共同基金的每位股东在某一天兑现其股份所收到的每股净资产都是相同的。在本例中,每位股东的资产价值为 0.7 元,意味着每位股东损失了 0.3 元。共同基金所有的股东都知道这一点,知道投资会按照比例来分摊损失,这与商业银行不同,排在前面的人并不具有优势。当然,这并不意味着共同基金不会面临流动性风险,而是共同基金与商业银行不同,共同基金一般不会因为股东的挤兑出现严重的流动性问题。然而,当商业银行的资产价值低于负债价值时,存款人就会挤兑商业银行,以便在他人之前取回存款。如表 6-7 所示,只有前 70 位存款人能够取回自己的存款,剩下的 30 位存款人将损失全部存款。

(二) 保险

金融机构中并非只有商业银行和共同基金才面临流动性风险,保险公司同样需要持有现金准备及其他流动性资产来满足保险业务中保单终止等资金需求。保险可简单分为人寿保险和财产保险两种,下面分别对其流动性风险进行介绍。

1. 人寿保险

人寿保险是以被保险人的寿命为保险标的,且以被保险人的生存或死亡为给付条件的人身保险。与其他保险业务一样,被保险人将风险转嫁给保险人,接受保险人的条款并且支付保费。与其他保险不同的是,人寿保险转嫁的是被保险人生存或死亡的危险。

人寿保险公司在日常业务中需要持有一定的现金和流动性资产来应对退保及其他营运资金需求。一旦保单提前终止,人寿保险公司需要向被保险人支付保单的退保金额。通常情况下,人寿保险公司的保费收入和资产组合的收益能够满足保单持有者退保产生的现金外流,当人寿保险公司的保费收入不能满足退保需求时,人寿保险公司可以出售部分流动性较好的资产,如国债就可以作为人寿保险公司的流动性储备资产。

然而,保单持有者对于人寿保险公司清偿力的担忧会导致挤兑的发生,为了满足巨额的现金需求,人寿保险公司将被迫出售资产组合中的其他资产,甚至以甩卖价出售这些资产。与商业银行的情况相同,被迫出售资产有可能导致人寿保险公司破产。

2. 财产保险

财产保险公司向某些意外造成的不动产损失或者人身损害提供保险。财产保险和人寿保险不同,财产保险期限相对较短,一般为 1~3 年,而且与人寿保险相比,财产事故的损失更加难以预测,因此财产保险公司需要持有更多的流动性资产。同时,财产保险合约及保险费调整的时间间隔也更短,因此对财产保险来说,退保带来的问题并不会太严重。财产保险公司面对的最大流动性风险来源于保单持有者受到清偿力风险、定价及市场竞争等因素的影响,取消保险或终止续保。这种情况可能导致财产保险公司的保费收入及资产组合的收益无法弥补保单持有者的损失。此外,一些意外灾难的发生也会导致财产保险公司产生巨额的非预期损失。

【拓展阅读 6-1】　流动性风险——北岩银行

第三节　流动性风险度量

一、财务指标分析法

财务指标分析法是根据金融机构的资产负债表计算相关的财务指标,与同等规模的机构进行比较,从而对金融机构的流动性状况进行分析。常用的指标分为负债流动性指标和资产流动性指标两类。

1. 负债流动性指标

(1) 核心存款比率。

$$核心存款比率 = \frac{核心存款}{总资产} \qquad (6\text{-}1)$$

其中,核心存款对利率变动不敏感,不随经济条件和周期性因素变化而变化,是商业银行存款中最稳定的部分。该比率越高,说明银行流动性风险越小。

(2) 贷存比率。

$$贷存比率 = \frac{贷款}{存款} \qquad (6\text{-}2)$$

贷存比率能综合反映银行存款与贷款的特征。贷存比率越低说明银行流动性越高,银行有充足的存款来发放新的贷款,相应的流动性风险越小。

(3) 货币资产负债比率。

$$货币资产负债比率 = \frac{货币市场资产}{货币市场负债} \qquad (6\text{-}3)$$

其中,货币市场资产是指现金、短期政府债券、中央银行短期票据等流动性极强的短期资产;货币市场负债是指银行流动性极强的负债,包括大额存单、中央银行超额准备金头寸的拆入及回购协议等。该指标可以反映银行平衡货币市场资金头寸的能力,该比率越高,说明银行资产的流动性越强。

(4) 短期资产比率。

$$短期资产比率 = \frac{短期资产}{敏感性负债} \qquad (6\text{-}4)$$

其中,短期资产是指在短期内能迅速变现的资产,包括在其他银行的短期存款、银行持有的短期证券和中央银行超额准备金的拆出等;敏感性负债是指对利率变化敏感的负债,主要包括大额存款、政府的即期票据和其他票据等,这些负债对利率变化很敏感,很容易从银行中流出。该比率越高,说明银行资产的流动性越强。

2. 资产流动性指标

(1) 现金状况比率。

$$现金状况比率 = \frac{现金项目}{总资产} \qquad (6\text{-}5)$$

现金项目包括法定准备金、超额准备金、应收现金、同业存款和托收资金。现金项目虽然盈利性较差,但是可以迅速转换为现金,是银行资产流动性的重要保障。现金状况比率越高,银行可动用的付现资产比率就越高,流动性状况就越好。

(2) 流动性证券比率。

$$流动性证券比率 = \frac{政府证券总额}{总资产} \qquad (6\text{-}6)$$

1年期以内的政府债券是期限短、流动性强的资产,可以在需要时低成本出售。该比率越高,说明银行流动性越强,当出现流动性缺口时,银行可以随时出售短期政府债券来弥补流动性缺口。

（3）抵押证券比率。

$$抵押证券比率 = \frac{抵押证券}{证券总额} \qquad (6-7)$$

抵押证券是银行借款时用作抵押品的证券,因此作为抵押品的证券应当从流动性资产中剔除。抵押证券比率越高,说明能满足银行流动性需求的证券所占比率越低,银行证券资产的流动性越差。

（4）贷款承诺比率。

$$贷款承诺比率 = \frac{贷款承诺}{总资产} \qquad (6-8)$$

贷款承诺属于表外业务,但是当借款人使用贷款承诺时,就会成为表内资产,因此商业银行要密切关注贷款承诺业务对流动性风险的影响。当借款人按照贷款承诺取款时,银行必须为其提供贷款,此时对银行资产流动性提出了要求。如果贷款承诺比率较高,说明该银行的流动性风险通常较高,需要为非预期的贷款承诺准备更多的流动性。

二、融资缺口法

融资缺口法是根据银行平均存款与平均负债之间的差额来计量流动性风险的方法。银行内相当一部分活期存款不会被立即提取,而是会在银行存放相当长的一段时间,因此银行可以将包含活期存款在内的平均存款基数作为核心存款来源,银行可以使用核心存款来源解决一定时间内的平均贷款需求。融资缺口的计算公式为

$$融资缺口 = 平均贷款 - 平均存款 \qquad (6-9)$$

假如银行拥有正的融资缺口,即平均贷款大于平均存款,这时银行就需要通过现金、出售流动性资产或者在市场上借入资金来弥补融资缺口,因此融资缺口可以用如下公式表示:

$$融资缺口 = -流动性资产 + 借入资金 \qquad (6-10)$$
$$融资要求(借入资金) = 融资缺口 + 流动性资产 \qquad (6-11)$$

从上面的公式中可以看到,银行在进行流动性管理时,借入资金的多少取决于银行拥有的核心存款、贷款和流动性资产的规模。举例而言,银行的融资缺口越大,流动性资产越多,那么需要借入的资金就越多,同时该银行也面临更大的流动性风险。需要强调的是,流动性资产越多是指商业银行在不减少现有流动性资产数额的情况下,只能借入更多的资金来满足融资需求。

为了进一步说明融资缺口的含义,我们以某银行资产负债表为例来解释融资缺口、流动性资产与融资要求的关系。表6-8是某银行的资产负债表,该银行拥有3 000万元贷款及1 000万元流动性资产,负债包括2 000万元核心存款及2 000万元借入资金。利用式(6-10)可以计算得出融资缺口为1 000万元,利用式(6-11)可以计算得出融资要求为2 000万元。假设存款提取和贷款增加,导致融资缺口变为2 000万元,此时如果银行不想减少现有的流动性资产数额,即想保持1 000万元,则只能通过融资的方式获取资金,这时融资要求增大到3 000万元,金融机构经理必须从货币市场等渠道借入更多的资金。

表 6-8　某银行的融资缺口　　　　　　　　　　单位：万元

资　产		负　债	
贷款	30	核心存款	20
流动性资产	10	借入资金（融资要求）	20
合计	40	合计	40
		融资缺口	10

综上，银行融资缺口的增大表明银行未来可能遇到流动性问题，如银行遭遇核心存款提取增加或贷款增加。如果银行不卖出持有的流动性资产，就必须在市场上借入资金，随着银行借入的资金不断增加，债权人会对银行的信用表示关注，会对银行的借款要求更高的风险溢价，或者是对银行借款设定信用限额。如果银行的融资要求远超过该信用限额，无法满足融资要求，就有可能面临破产。

三、流动性指数法

流动性指数法是由美国联邦储备银行的吉姆·皮尔斯设计的，用来度量金融机构在特定情况下的风险损失，即与正常情况下出售资产的收入相比，银行立即出售资产承担的价格损失。假设立即出售资产的价格和公平的市场价格分别为 P_i 和 P_i^*，流动性指数的公式为

$$I = \sum_{i=1}^{N} [w_i \cdot (P_i / P_i^*)] \tag{6-12}$$

其中，w_i 为金融机构资产组合中每种资产所占的比重，P_i 和 P_i^* 的差额越大，银行资产的流动性越缺乏，流动性指数越小。流动性指数大小始终位于 0 和 1 之间，我们可以利用流动性指数与同类型银行进行横向对比。

【例 6-1】 流动性指数的计算

假设 A 银行有两类资产，5 000 万元为 6 个月短期国债，5 000 万元为住房抵押贷款。如果资产必须在短期内出售，那么 A 银行将获得短期国债的面值的 98%，但如果等国债半年后到期出售，A 银行将获得面值的 100%。住房抵押贷款短期出售 A 银行将获得面值的 90%，但等半年后到期时出售 A 银行将获得面值的 95%。请计算 A 银行资产组合的 6 个月流动性指数。

$$I = 0.5 \times 98\% / 100\% + 0.5 \times 90\% / 95\% = 0.963\ 7$$

如果债券市场行情不好，或者住房抵押贷款市场低迷，就会使短期售出的价值更低，从而降低流动性指数。因此，该流动性指数越小，流动性风险越大。

四、流动性计划和净流动性报表

银行可以利用流动性计划度量流动性风险及其成本。流动性计划可以让银行在流动性风险发生之前做出一些决策，如优先借款等。银行利用流动性计划不仅可以有效降低资金成本，还可以减少超额准备金的规模，从而降低利息收入的损失。

银行使用流动性计划，需要明确几个步骤。第一，银行要明确管理责任。发生流动性

风险后,应该由关键的管理人员来处理,并且由专人负责与中央银行等监督机构进行沟通。第二,明确最有可能取款的取款人名单及取款规律。举例来说,一旦发生流动性风险,共同基金和养老基金在银行取款的速度要快于企业和往来银行,而企业和往来银行的取款速度又快于个人储户,因此融资结构会影响流动性风险的管理。第三,银行要确定未来各期限的潜在取款规模及可获得的资金来源。第四,银行要规定各分支机构和分行借款的内部限额,同时确定在各个市场可以承受的风险溢价的范围。除此之外,根据预期的流动性需求程度,还可以在流动性计划中明确详尽的资产出售顺序。

表 6-9 给出了某银行流动性计划中的存款来源和预期取款。从表中可以看到,银行的存款来源共有 3 亿元,同时包括了今后一周、一个月、三个月的预期取款平均数额和最大数额。银行通常可以通过以下渠道获得流动性:①利用新的存款满足取款需求;②出售一定数量的流动性资产,如短期国债;③从其他金融机构(如同业拆借市场等)借入资金;④向中央银行借款。

表 6-9　某银行流动性计划　　　　　　　　　　　　　　单位:百万元

存款来源			
共同基金		75	
养老基金		65	
往来银行		40	
小企业		65	
个人		55	
合计		**300**	
预期取款时间	平均数额	最大数额	
一周	50	110	
一个月	60	150	
三个月	80	220	
取款资金来源的顺序	一周	一个月	三个月
1. 新的存款	15	40	80
2. 出售投资证券	55	60	75
3. 从其他金融机构借款	35	40	45
4. 从中央银行借款	20	15	10

净流动性报表与流动性计划类似,其中列出银行的流动性来源和使用,对银行流动性状况进行度量。银行可以根据净流动性报表计算每日的流动性状况,同时计算银行的净流动性头寸。同样,可以看到商业银行的流动性来源的三个渠道:第一,出售现金类流动性资产;第二,从货币市场借入资金,通常会确定一个最大限额;第三,使用超额现金准备。表 6-10 是某银行的净流动性报表,清晰地列出了该银行流动性的来源及使用渠道。该银行流动性来源合计 160 亿元,而流动性使用合计 90 亿元,使用部分表示已经从市场借入 70 亿元,已经从中央银行借入 20 亿元,则银行存在正的 70 亿元的净流动性头寸。利用净流动性报表对历史数据进行分析,有助于银行对未来流动性问题进行预判,也能看

出银行对于其未来净流动性的预期。

表 6-10　某银行净流动性报表　　　　　　单位：百万元

流动性的来源	
1. 现金类资产总额	3 000
2. 最大借款限额	12 000
3. 超额现金准备	1 000
合计	16 000
流动性的使用	
1. 借入资金	7 000
2. 从中央银行借款	2 000
合计	9 000
总体流动性净额	7 000

第四节　流动性风险管理

金融机构为了防止资产负债表受到流动性风险的影响，可以通过管理流行性资金头寸或资产负债结构来降低流动性危机发生的可能。具体来说，金融机构可以通过优化自身资产负债结构来防止金融机构受到流动性风险的冲击。本节将介绍金融机构可以使用的各种资产和负债，以及对这些资产的风险与收益的权衡。此外，巴塞尔协议Ⅲ中增加了流动性覆盖率和净稳定资金比率两大监管指标，用以对商业银行流动性风险进行进一步监管。

一、资产管理

金融机构的流动性资产是指具有较强流动性的资产，包括库存现金、在中央银行的存款、政府债券、同业存款、短期贷款、短期投资、其他流动性资产等。

流动性资产能够以较低的成本迅速转变为现金，即使它的交易量很大，也很难使价格出现大幅波动。国债就是流动性资产的典型例子。在流动性资产中，最具流动性的是现金，但如果金融机构持有大量的现金、国债等资产来应对潜在的流动性风险，也会面临收益上的损失。同样，非流动性资产由于不易变现，通常要承诺额外的收益或流动性风险溢价，并且通常具有更高的违约风险。如果金融机构持有的流动性资产较少，则会面临更大的资金缺口，流动性的过度缺乏将导致无法满足提款的资金需求，极端情况下会导致机构破产，甚至会传染到其他金融机构，引发连锁反应。为了防止流动性风险的发生，监管当局会要求金融机构提供最低流动性资产准备。除了能够确保金融机构满足预期和非预期的提款需求外，监管当局设定最低流动性资产要求与货币政策和税收也有关系。

一方面，监管当局设定最低流动性资产要求与货币政策有关。具体而言，对商业银行提出最低流动性资产要求，能够有效限制商业银行的扩张，并且有助于控制货币供给的规模。例如，中央银行下调准备金比率，此时商业银行可以持有更少的存款准备金，将更多的资金用于放贷，增加信贷规模。而货币供给也会因为货币乘数而成倍增加。同样，如果中央银行提高准备金比率,商业银行必须持有更多的存款准备金,最终会导致信贷规模下降,货币供给也将下降。因此,监管当局设定最低流动性资产要求有利于更好地控制货币供给等宏观调控目标。

另一方面,监管当局设定最低流动性资产,是为了促使商业银行投资于政府金融债券而不是私营部门债券。这样一来,最低流动性资产准备要求是政府间接从商业银行获取"税收"。即使这些准备金不是正式税收,但商业银行持有库存现金或在中央银行持有准备金,是将资金转移到了中央银行。实际上,许多中央银行的利润大小取决于准备金要求的规模。可以将准备金看作是对所管辖的商业银行征的税。如果这些准备金的购买能力受到通货膨胀的影响,则这种非生息的准备金造成的税负还会进一步提高。

金融机构选择所持有的流动性资产时,既要考虑收益性,也要满足中央银行对于最低流动性资产准备的种类的规定。金融机构为了优化自己的资产结构,需要对收益和风险进行权衡。由于监管当局对于流动性资产准备的要求,金融机构的选择是一种约束条件下的优化,即使金融机构面临的流动性风险很小,也必须持有更多的流动性资产,而不能按照对自己最有利的方式持有流动性资产。

商业银行持有超额准备金的成本,取决于商业银行自己的需要和监管要求。具体而言,如果中央银行要求的最低准备高于商业银行认为的最优水平,商业银行应尽快将差额补齐,如果不满足准备金标准,将受到中央银行内在和外在的处罚。外在的处罚包括利息处罚,中央银行将给出更高的贴现利率。内在处罚包括更加频繁的监控、审核和考察,因为监管当局认为准备金短缺意味着商业银行的经营行为不稳健。相反,如果中央银行要求的最低准备高于商业银行认为的最优水平,那么商业银行持有的现金就会高于要求的最低准备金目标,这将使其流动性头寸处于谨慎充足的状态。这种情况下,商业银行需要考虑使用成本最低的金融工具来持有这种准备。

因此,尽管有些超额准备金以现金形式存在,但有部分超额准备金可以以短期国债等缓冲资产的形式存在。虽然这些资产有利息收益,但流动性弱于现金。商业银行持有的现金和短期国债的比例,较大程度上取决于收益率的差异。例如,贷款利率为 15%、短期国债利率为 8% 时,商业银行以这两种形式持有超额准备金的机会成本为

$$现金的机会成本 = 15\% - 0 = 15\%$$
$$短期国债的机会成本 = 15\% - 8\% = 7\%$$

由此我们可以看到短期国债的机会成本低于现金的机会成本,商业银行此时将从以下两个方面进行权衡:一方面,以短期国债持有超额准备,能够节省 8% 的机会成本;另一方面,当需要出售短期国债满足流动性需求时,要比现金难变现。

对商业银行流动性资产的管理类似一把"双刃剑":持有太多的流动性资产会损害商业银行的利润,也会损害股东权益;而对于不满足最低流动性资产要求的金融机构,监管当局会进行干预,而且这些机构发生流动性风险的可能性也会增加。

二、负债管理

如果商业银行过度依赖借入资金,投资者有可能会对该机构丧失信心并限制该机构的借款额度,此时商业银行有可能出现流动性危机。对于商业银行来说,构建一个低成

本、低取款风险的负债组合并不容易,那些最容易遭受取款风险的银行往往也是成本最低的。因此,商业银行需要进行权衡,较低融资成本的负债有较高的提取风险,而融资成本高的负债通常缺乏流动性。下面是商业银行在进行负债管理时经常面对的负债结构选择。

(一) 存款类业务

1. 活期存款

商业银行的活期存款面临很高的取款风险。取款有可能随时发生,幸运的是大多数取款行为都能被商业银行预判到(如节假日前的现款提取),但有一些则是不可预料的,如发生在经济危机时期的取款,非预期的大规模取款很可能引发银行挤兑。

很多国家的法律规定活期存款不能获得公开的利息收益,但这并不意味着活期存款是金融机构免费的资金来源,也不意味着金融机构不能用价格和利率手段来控制活期存款的取款风险。虽然活期存款账户无法获得公开的利息收益,但商业银行及其他金融机构之间的竞争使这些账户可以获得隐含的利息收入。例如,在提供可开支票的活期存款账户时,商业银行必须提供一整套相关服务,而这些服务要消耗一定的劳动力和资本,因此商业银行可以通过收费来收回这些成本。当这些费用不能完全弥补商业银行提供这类服务的成本时,储户便获得了一笔隐含的利息收益。

【例 6-2】 平均隐含利率的计算

假设美国的某商业银行清算一份支票要花费 20 美分,而收费却只有 16 美分,存款人从每份支票中可得到 4 美分的补贴。我们可以计算每一个存款账户的每一笔服务的平均隐含利率。商业银行活期存款的平均隐含利率为

$$平均隐含利率(IIR) = \frac{每个账户的年均管理成本 - 每个账户的年均费用收益}{账户的年均规模}$$

我们假设:

商业银行每个存款账户每年的平均管理成本 = 200 美元
每个存款账户每年的平均费用收益 = 160 美元
账户的年均规模 = 1 500 美元

得到

$$IIR = \frac{200 - 160}{1\,500} = 2.67\%$$

2. 定期存款

定期存款又称定期存单,是银行和存款人在存款时事先约定好期限、利率,到期后支取本息的存款。有的定期存单在到期前存款人如果需要资金可以在市场上卖出,如大额可转让定期存单(后面会单独介绍)。不过,大部分定期存单是不能转让的,如果存款人提前支取资金,需要向银行支付一定的费用。由于本息的支付时间在合约中有明确规定,商业银行能够确切知道存款人持有定期存款时应获得利息和本金的时间,通过改变定期存款的期限,商业银行可以直接控制资金的流入和流出。

3. 储蓄存款

储蓄存款是指居民将其暂时不用的收入存入银行形成的存款。储蓄存款的储户一般

限于个人。传统的储蓄存款不能开支票进行支付,可以获得利息。这种存款通常会给存款人一张存折,用作存款和提取存款的凭证。存折不具有流通性,无法转让和贴现。储蓄存款可以是活期储蓄存款,也可以是定期储蓄存款,银行主要的成本表现为这些账户的公开利息。

4. 货币市场存款账户

货币市场存款账户(money market deposit accounts,MMDAs)是西方银行为了竞争存款而开办的一种业务。开立这种账户可以获得较高的利息,利息可以浮动,还可以使用支票。货币市场存款账户的主要成本是支付给存款人的公开利息。公开利息也是商业银行用来控制取款风险的定价机制。商业银行可以通过变动这类账户所支付的利率来影响其净提款率。例如,尽管货币市场共同基金股份获得的利率直接反映了资产组合经理所投资的货币市场标的资产的收益率,但商业银行支付给货币市场存款账户的利率却并不是以货币市场某种标的资产组合为基础的。一般而言,商业银行的经理在调整货币市场存款账户的利率方面有较大的自由决策权,因此他们在改变货币市场共同基金和货币市场存款账户的利差方面也有较大的自由决策权。这种决策权能对货币市场存款账户的取款率和取款风险产生直接影响。使货币市场存款账户的利率大幅低于货币市场共同基金利率的做法,将导致货币市场存款账户净取款率上升。

5. 大额可转让定期存单

大额可转让定期存单是西方商业银行 20 世纪 60 年代金融创新的产品。大额可转让定期存单是商业银行印发的一种定期存款凭证,上面印有一定的票面金额、存入和到期日以及利率,到期后可以按照票面金额和规定的利率提取全部的本利,其利率通常高于普通定期存款工具。大额可转让定期存单的独特之处在于它是可转让的金融工具,也就是其所有权可以在二级市场上转让给其他投资者。

在我国,大额可转让定期存单的发行单位只限于各类银行,非银行金融机构不能发行大额可转让定期存单。大额可转让定期存单的发行对象为城乡个人、企业和事业单位,购买大额可转让定期存单的资金应为个人资金和企业、事业单位的自有资金。大额可转让定期存单可以转让,但不可提前支取,也不分段计息,到期一次还本付息,不计逾期息。

(二)非存款类业务

1. 同业拆借

同业拆借是指拥有超额准备金的商业银行不仅可以将超额准备金投资于短期国债等生息资产,还可以将资金借给一些寻求短期资金的商业银行的行为。同业拆借利率实际上反映的就是同业拆借市场上的资金价格水平,其波动情况受到货币政策、其他投资产品收益率、拆解期限及资信水平等多种因素的影响。伦敦银行同业拆借利率(LIBOR)、新加坡银行同业拆借利率(SIBOR)和香港银行同业拆借利率(HIBOR)是目前国际上比较有代表性的同业拆借利率,其中最有代表性的 LIBOR 在全球范围内都有基准参照作用。我国内地的同业拆借利率经历了一系列复杂的变化,随着市场规模的扩大,同业拆借市场利率的结构体系日益合理化。1996 年建立内地统一的银行间拆借市场之后,形成了统一的同业拆借市场利率(CHIBOR)。2007 年 1 月上海银行间同业拆借利率(SHIBOR)正式运行,这是内地目前使用的拆借利率,CHIBOR 不再使用。

同业拆借市场有利于商业银行实现流动性、安全性和盈利性的统一,商业银行在保证其他业务正常进行的前提下会扩大高收益资产规模,银行间同业拆借市场有足够的流动性时,同业拆借市场有助于银行系统内部流动性的再分配以及消费的最优配置。此外,同业拆借利率的波动情况也反映了市场资金的供求情况,中国人民银行可以通过调整准备金率来改变银行的信贷规模。

2. 回购协议

回购协议可以被看作有抵押的同业拆借。在同业拆借业务中,某家金融机构如果某一日头寸不足,就可以向其他有盈余的金融机构进行拆借来弥补自己的头寸,同时也可以使有盈余的金融机构有短期收益。同业拆借一般是金融机构之间的信用抵押而不需要抵押品。但是在回购协议交易中,资金购买方以政府债券为抵押品从资金售出方获得资金,也就是资金购买方暂时以债券换取了现金,第二天资金购买方返还资金及利息,同时收回在交易中作为抵押品的债券。

回购协议市场与同业拆借市场一样,也具有很高的流动性,对于需要资金满足取款要求的商业银行来说,回购协议市场也是一个灵活的资金来源。同时,回购协议也可以像同业拆借一样每天进行展期。回购协议与同业拆借的区别在于,同业拆借可以在营业日的任何时间达成,而一般情况下在营业日的晚些时候很难进行回购协议借款,资金售出方必须对资金购买方提供的债券抵押物的种类和信用质量感到满意。这些抵押物以国债和抵押担保债券的形式存在,如果期限和赎回条款等不能吸引资金售出方,就有可能导致回购协议的交易被推迟,从而更难达成交易。

由于具有抵押物的特性,回购协议的利率通常低于同业拆借的利率。同时,由于回购协议在一天中变化幅度小于同业拆借,其利率在一天中的波动通常小于同业拆借利率。

3. 其他借款

虽然同业拆借和回购协议一直是主要的借入资金来源,但商业银行还在使用其他众多的借款来源,以增强其负债管理的灵活性。下面简要介绍这些内容。

(1)金融债券。金融债券是指银行等金融机构发行的债券,属于主动负债。金融债券按法定发行手续,承诺按约定利率定期支付利息并到期偿还本金。由于银行等金融机构的资信等级相对较高,金融债券多以信用债券形式发行,利率略高于同期定期存款利率水平,但一般都低于公司债券利率水平。金融债券的期限一般为3~5年。

(2)贴现窗口贷款。贴现窗口贷款是指商业银行用短期的国库券、政府债券等短期的高质量的债券到中央银行进行贴现。这通常是商业银行最后的资金渠道。中央银行通过调整贴现率,约束银行的贷款行为,控制货币供应量,从而控制一国经济的扩张或收缩。

三、巴塞尔协议Ⅲ流动性风险新监管框架

巴塞尔协议是对全球商业银行最佳实践的总结,对全球商业银行的全面风险管理提出了较为清晰的原则和框架要求,主要包括信用风险、市场风险和操作风险的风险计量方面。巴塞尔协议Ⅲ对商业银行的流动性风险提出了新的较高的监管标准要求。

20世纪后期,开始主导银行监督的巴塞尔委员会针对当时商业银行国际监管的空

白,发布了一些商业银行的国际监管原则,于 1988 年发布了巴塞尔协议Ⅰ。为了保障国际银行体系的稳定运行,巴塞尔协议Ⅰ统一规定了资本充足率的计算和标准,提出资本充足率和核心资本充足率的最低要求、资本分类、信用风险资产的风险权重标准。巴塞尔协议Ⅰ仅覆盖了商业银行账户的信用风险。由于其科学合理、可操作性强,全球许多经济体的监管部门自愿遵守该协议。

在对 1995 年巴林银行倒闭进行总结分析后,巴塞尔委员会纳入了商业银行交易账户的市场风险。在 1997 年东南亚金融危机之后,基于对经济危机和银行监管的深入总结,巴塞尔委员会于 2004 年发布了巴塞尔协议Ⅱ。

巴塞尔协议Ⅱ分为三个支柱。第一个支柱是最低资本要求,包括和完善了银行账户的三大风险:信用风险、市场风险和操作风险。第二个支柱强调监管当局的监管,通过监管确保各银行建立合理有效的内部评估程序,判断其面临的风险状况,并以此为基础对其资本是否充足做出评估。第三个支柱是外部市场约束机制,要求银行按规定披露资本充足率、风险等信息,增加信息透明度,并加强对市场也就是投资者的约束。在对 2008 年的全球性金融危机进行总结后,对交易账户监管资本加强了压力 VaR。

为了更好、更强地应对风险,巴塞尔委员会于 2010 年年底发布了巴塞尔协议Ⅲ,以补充和发扬巴塞尔协议Ⅱ。巴塞尔协议Ⅲ的重点是在资本的数量及质量上的要求更高,并提出了重要的杠杆率,新增了两个关键的独立但目标互补的流动性监管标准,促进金融机构拥有更多的流动性缓冲,保护存款者的利益及维护金融体系的稳定性,国际流动性风险监管得到进一步加强并且其一致性得以提高。至此,包含了加权资产、资本及其质量、全面的风险管理,巴塞尔协议越来越全面、完善和精细化。

巴塞尔协议Ⅲ中关于流动性风险的新监管框架代表了银行业流动性风险监管改革的最新发展趋势。巴塞尔协议Ⅲ设定了流动性覆盖率(LCR)和净稳定资金比率(NSFR)两大流动性风险监管指标。其中,流动性覆盖率是短期监管指标,旨在监测商业银行短期的流动性风险;净稳定资金比例是长期监管指标,旨在监测商业银行的长期风险。

(一)流动性覆盖率

流动覆盖率(LCR)旨在衡量银行在监管当局设定的流动性严重压力情境下,能否将变现无障碍且优质的资产保持在一个合理水平,以满足 30 天期限的流动性需求。一般认为,如果足以支撑 30 天,管理层和监管当局将有足够的时间采取适当行动,使银行面临的问题得到有效解决。

$$\text{LCR} = \frac{\text{合格优质流动性资产}}{\text{未来 30 天资金短期净流出}} \geqslant 100\% \tag{6-13}$$

流动性覆盖率的分子是合格优质流动性资产,包括优质资产和附加资产,其中优质资产包括现金、央行准备金、零风险权重的主权、国际机构证券,附加资产包括 AA- 及以上评级公司的担保债、20% 权重的主权债。流动性覆盖率的分母是未来 30 天资金短期净流出,具体计算公式如下:

$$\text{未来 30 天资金短期净流出} = \text{资金流出} - \text{资金流入} \tag{6-14}$$

巴塞尔委员会设定的 LCR 情景包括非系统性的特定冲击和影响整个市场的冲击,同时要求商业银行进行内部压力测试,以评估其应当持有的高于最低监管标准的流动性水平。表 6-11 给出了流动性覆盖率的压力情景下可能导致银行发生流动性风险的事件。

表 6-11　LCR 压力情景下可能引发银行流动性风险的事件

LCR 压力情景	可能引发银行流动性风险的事件
压力情景 1	一定比例的零售存款流失
压力情景 2	无担保的批发融资能力下降
压力情景 3	与特定抵押品或特定交易对手相关的短期担保融资能力下降
压力情景 4	信用评级下降(3 个档次及以内)导致的契约性资金流出(包括抵押品的追加)
压力情景 5	市场波动引起抵押品质量下降,衍生品头寸的潜在远期风险暴露增加,导致抵押品可能采用更高比例的扣减或者追加抵押品,或者引起其他流动性需求的增加
压力情景 6	已对外承诺但尚未被提取的授信额度及向客户提供的流动性便利未被按计划提取
压力情景 7	为降低声誉风险,可能需要偿付债务或者履行非契约性义务

(二) 净稳定资金比率

净稳定资金比率(NSFR)用来度量银行较长期限内可使用的稳定资金来源对其表内外资产业务发展的支持能力,对偏重短期的流动性覆盖率指标从更长期限方面形成补充,鼓励银行通过结构调整减少短期融资的期限错配、增加长期稳定资金来源,特别是用于确保投行类产品、表外风险暴露、证券化资产及其他资产和业务的融资至少具有与其流动性风险状况相匹配的一部分满足最低限额的稳定资金来源,防止银行在市场繁荣、流动性充裕时期过度依赖批发性融资,提高监管措施的有效性。

$$NSFR = \frac{可用的稳定资金(ASF)}{所需的稳定资金(RSF)} > 100\%$$

其中,稳定资金是指在持续压力情景下,1 年之内都能被预期为稳定资金来源的权益类及负债类资金总额。可用的稳定资金包括资本、期限大于 1 年的优先股、有效期大于 1 年的负债、无确定期限的存款和期限小于 1 年且出现非系统性特定压力时不会被提取的批发资金。所需的稳定资金是监管当局在对银行资产、表外风险暴露及其他相关业务活动的流动性风险基本特征的监管假设基础之上对所需的稳定资金进行计算得出的。净稳定资金比率衡量了商业银行利用长期稳定资金来源为其资产业务提供资金的能力。该指标的提高有助于商业银行进行资金来源和资金使用的流动性匹配,降低银行的流动性风险。

通过分析定义及具体计算公式和细则,我们可以看出,流动性覆盖率和净稳定资金比率两个新流动性监管指标具有下列优势和特点:

首先,两个指标都更加强调银行负债业务的稳定性,因为稳定的资金来源意味着流动性来源的充足。在两个指标折算率的计算中,更鼓励商业银行吸收具有业务关系的存款,如短期内有过资金往来的同业存款等,这可能是由于业务关系密切的同业存款在需要流动性时更容易以合理的成本变现。

其次,两个指标的衡量更加综合具体。流动性覆盖率依据短期现金流量表设定资产储备的折算率,而净稳定资金比率依照年度资产负债表数据计算,使流动性监管指标体系更加全面,不仅涵盖了短期现金流,也考虑了较长期的流动性需求,可以有效地避免资产负债期限过度错配,并可以形成一个统一的标准。

最后,两个指标能够突出审慎监管的原则,体现了合理配置与管理流动性资产和流动性负债的重要性。监管部门要求,对于易于定价和风险较低的优质流动性资产,需要定期确定其构成和规模,并进行测算。ASF 和 RSF 对不同资产的折算系数不同,能够吸引商业银行主动配置优质资产,以防范金融体系内流动性风险的产生和累积。

【拓展阅读 6-2】 美国大陆伊利诺银行危机

【课后习题】

1. 不同类型的金融机构面临的流动性风险大小有何不同?

2. 金融机构持有大量流动性资产的利弊是什么?国债为什么被看作是较好的流动性资产?

3. 商业银行可以采用哪两种方法来抵消净存款外流对流动性产生的影响?使用每一种方法的利弊分别是什么?

4. 某银行预计存款外流为 2 000 万元,其资产负债表如下。

单位:百万元

资　　产		负债和权益	
现金	35	存款	77
贷款	35	权益	8
证券	15		——
总资产	85	总负债和权益	85

请列出不同策略下该银行的资产负债表:

(1) 该银行采用购买负债的策略来对冲未来的存款外流。

(2) 该银行采用储存流动性方法来抵消未来的存款外流。

5. 某商业银行有 2 000 万元资产,其中有 200 万元现金和 1 800 万元贷款。同时,该银行拥有 1 200 万元核心存款、400 万元附属债务和 400 万元权益。现在,该商业银行预计这一年的利率上升会引起 400 万元的净核心存款外流。

(1) 假设存款平均成本为 6.5%、贷款平均收益为 8.5%。如果该银行通过减少贷款来抵消预期的存款外流,该银行的利息净收益和规模会怎样变化?

如果该银行通过增加负债来满足预期的存款外流,新的短期债务的利息成本为 8%,该银行的净利息收益和资产规模是多少?

(3) 该银行使用减少贷款和增加负债策略有何区别?

6. 某商业银行的资产组合为:存放于中央银行的 2 000 万元准备金、2 000 万元短期国债、4 000 万元抵押贷款。如果资产必须在短期内出售,那么该商业银行将获得短期国债公平市场价值的 98%,以及抵押贷款公平市场价值的 95%。请计算该商业银行的流动性指数。

7. 某银行拥有 2 000 万元现金及其等价物、6 000 万元贷款及 3 000 万元核心存款。

(1) 融资缺口是多少?

(2) 融资要求是多少?

(3) 融资缺口变化对商业银行流动性管理意味着什么?

8. 某共同基金的资产组合为: 5 000 万元的固定收益证券和市值为 5 000 万元的股票。如果发生金融危机,该基金可以在 3 天内按市值的 92% 出售这些资产,如果给基金 7 天时间,可以按照市值 98% 出售这些资产。甲乙两位股东分别持有该基金 5% 和 10% 的股份。

(1) 假如市场出现动荡,甲乙两位股东决定赎回基金。如果基金在 3 天内出售资产,甲乙两位股东能赎回多少金额? 如果基金有 7 天时间,又可以赎回多少金额?

(2) 将共同基金与银行挤兑进行比较,并为银行挤兑提供相关建议。

即测即练　　　扫码答题

第七章

表外风险

学习目的

☞ 掌握商业银行表外风险的基本概念、特点及分类

☞ 知道表外业务与金融机构清偿力的关系

☞ 掌握商业银行各种传统型表外业务的基本特点和风险

☞ 知道商业银行其他表外业务风险的内容

☞ 了解表外业务风险的管理办法

商业银行在表外业务经营中由于各种不确定因素的影响,实际收益和预期收益会发生一定的偏差,可能使金融机构的总体风险上升。但同时,商业银行通过开展表外业务能在一定程度上避免、转移和分散银行传统表内业务面临的风险。此外,表外业务基本上无须运用或较少运用自有或营运资本,同时可以放慢资产增长速度,避免资本充足率的限制,不仅可以降低经营成本,还能带来大量的手续费和佣金收入。因此,表外业务就像一把"双刃剑",银行若能合理运用并加强风险管理,对自身盈利和宏观经济稳定将带来积极影响。

本章将详细分析金融机构的表外风险。首先,对表外风险进行了概述。其次,探讨了表外业务与金融机构清偿力的关系。再次,介绍了传统型表外业务风险与其他表外业务风险。尽管我们强调表外业务会使金融机构的风险增加,但本章的最后也探讨了表外业务在降低金融机构风险方面的作用,并分别从金融机构自身和监管机构出发,剖析了表外业务的风险管理办法。

第一节　表外风险概述

一、表外风险的概念

表外风险(off-balance-sheet risk)是指金融机构在表外业务经营中由于各种不确定因素的影响,使实际收益和预期收益发生一定的偏差,从而蒙受损失或获得额外收益的机会或可能性。在一定情况下,表外业务可以转化为表内业务,主要是指或有资产业务、或有负债业务最终形成了确定性的资产或者负债。因此,表外业务与资产负债表相关联,表外业务对金融机构资产负债的变动形成了不确定的风险。

按照巴塞尔委员会对表外业务广义和狭义概念的区别,可将表外业务分为或有债权类表外业务和金融服务类表外业务。或有债权类表外业务主要包括贷款承诺、担保和金融衍生工具类业务,而金融服务类表外业务主要以收取手续费为目的,不承担资金损失风

险,不构成银行的或有债权/债务。或有债权类表外业务在一定条件下(如客户发生违约时)会转化为实际负债,并记入资产负债表的负债方,增加商业银行的风险暴露。因此,商业银行需对表外业务风险进行准确计量,明确表外风险对金融机构价值的影响。

根据《商业银行表外业务风险管理指引》(银监发〔2011〕31 号)对银行表外业务的定义,商业银行表外业务是指银行从事的,按照现行的会计准则不计入资产负债表内,不形成现实资产负债,但能引起当期损益变动的业务。表外业务有狭义和广义之分,狭义的表外业务与表内业务相关但不列入资产负债表的系列业务,也称为或有资产或或有负债。广义的表外业务除了包括狭义的表外业务外,还包括结算、代理、咨询等无风险的经营活动,即商业银行从事的所有不在资产负债表内反映的业务,也就是中间业务。

二、表外风险的特点

金融机构的表外业务具有较强的隐蔽性和不确定性,因此与表内业务相比,表外风险呈现以下特点。

(一)风险多元化

表外业务具有复杂的业务特征,涉及的流程较为烦琐,常蕴含信用风险、市场风险、流动性风险、操作风险等多种风险,且各种风险之间的替代或抵补关系较为复杂,提高了风险防范和处置的难度。近年来,国际形势复杂多变,金融市场动荡愈发剧烈频繁,或有资产和或有负债的表外业务在这样的情形下易转化为表内业务,增加商业银行经营的负担。此外,表外业务的特点决定了其规模和质量无法在财务报表上予以反映,造成潜在风险的不确定较为突出。

(二)透明度较差

金融机构经营具有一定的隐蔽性,致使监管机构无法了解金融机构的全部经营内容,难以对表外业务活动进行有效监督和管控。许多表外业务的开展没有相关法规的严格限制,尤其是金融衍生工具类表外业务大多不需要相应的资本准备金,自由度较大,极易刺激表外业务无序扩张,而其复杂的业务结构设计很难得到有效的监管,容易给商业银行带来不可估量的损失。

(三)高杠杆性

金融衍生类表外业务通常具有很高的杠杆性,可能诱发较高的投机性。相较于传统的存贷款业务,衍生金融交易具有以较少的资本金支持较大名义交易金额的特点。例如,金融期货交易通常只要持有一定数量的保证金即可做数倍甚至数十倍的交易,而保证金通常只占合约金额很小的比例,所以可以用少量资金获得较大收益。不过,同时也要注意,如果预测失误,也会导致亏损的数目成倍放大,形成巨亏。这种交易结构在为交易者提供避险工具的同时,也可能放大风险,使金融市场上的交易量变化剧烈;甚至在现行金融衍生市场中,金融衍生的投机功能远远大于避险功能,更使其风险大幅提高。因此,从事金融衍生工具交易既存在赚取巨额利润的可能性,也隐藏着巨额亏损的危险。

三、表外风险的种类

金融机构在划分表外业务和传统业务的风险时采用了基本相似的方法,主要的表外风险有下面几种。

1. 信用风险

表外业务在交易对象无法履约时同样会诱发信用风险。例如,在信用证业务中,一旦开证人因资金周转困难或资金链断裂而不能按期偿付,银行须承担连带偿付责任。

2. 市场风险

当利率、汇率、股价等市场价格因素频繁波动时,金融机构的表外业务可能发生损失,尤其是在各种复杂的金融衍生业务中。

3. 流动性风险

当金融机构流动性不足,出现较大缺口而无法及时弥补时,常常会导致严重后果。流动性问题对银行表外业务影响也很大,如银行提供过多的贷款承诺或备用信用证时,可能发生无法满足客户资金需求的风险。

4. 操作风险

金融机构在处理表外业务的过程中,可能因系统故障、业务操作流程不合理等内控机制缺陷出现失误,也可能因发生灾难事故而蒙受意外损失。

此外,金融机构在从事表外交易时可能因交易方不能履约而面临结算风险,也可能因对风险因素认识程度不够而无法准确定价,造成损失。在跨国交易中,双方因各国法律不一致可能导致表外业务合同在法律意义上无法履行或合同条款违反法律,导致银行利益受到损害。

四、表外业务与金融机构的偿付能力

金融机构在从事表外业务活动时,主要是通过计算机技术、设备及人员等,为客户提供各种服务,并收取一定的手续费,从而实现对自身非资金资源的充分利用。当然,为客户提供承诺与担保,会给银行带来潜在的义务,但这种义务是否会变成现实依赖于以后情况的发展,只有在一定条件下才会产生真实贷款的发放或资金的收付。也就是说,表外项目不会对金融机构资产负债表的当前情况产生影响,但会对未来的状况产生影响,直接影响金融机构未来的盈利能力和清偿能力。

与传统的信贷业务相比,表外业务在形式上显得丰富多样,在业务操作层面给予银行更多灵活性的同时,也给风险定价增添了难度。但许多表外业务都具有期权的属性,因此通常使用或有债权/期权定价理论模型进行计算。贷款承诺和信用证就是具有期权特征的表外业务。贷款承诺的持有者拥有了一种权利,当动用贷款承诺来借款时,相当于使用了一份借款期权。信用证的持有者选择违约时,银行就要无条件地进行偿付,也类似于拥有一份违约期权。同样,当金融衍生工具的交易者一方违约,比如互换的一方停止支付利息时,也是在行使一份违约期权。对于这些具有期权特征的表外业务,我们可以利用期权定价理论将其交易头寸转化为等值基础资产。

要想估算表外头寸的期权价值,通过计算期权德尔塔系数(delta of an option),即期权价值对每一个单位标的资产价值变化的敏感性,然后用该系数乘以期权的名义头寸价值,即可求得表外头寸的期权价值。假设某种债券看涨期权的标的债券价格变化 1 元,就会导致期权价格变化 0.3 元,则期权德尔塔系数为

$$\text{delta} = 期权价格的变化/标的证券价格的变化 = dO/dS = 0.3 \qquad (7-1)$$

若金融机构购买了面值或名义值为 10 亿元的股票看涨期权,代表金融机构持有一项表外资产,则德尔塔等值或有资产的价值为

$$DV = 德尔塔 \times 期权的名义值或面值 = 0.3 \times 10 \text{亿元} = 3 \text{亿元}$$

一般情况下,期权合约的买方有权利而不是义务行使期权,期权的卖方事先无法确定买方届时是否一定会行使购买或卖出的权利,导致期权卖方很难进行套期保值,因此需要对期权价值进行合理的定价。要想解决这一问题,一种方法是假设期权合约基础资产的价格服从某种概率分布,从而为期权定价;另一种方法是从期权第一次被卖出时建立无风险套利交易的可能性出发来定价。第一种方法就是著名的布莱克-斯克尔斯模型,第二种方法则是二项模型。要想获得德尔塔的价值,我们也通常使用这两种方法。根据布莱克-斯克尔斯模型,看涨期权的德尔塔的价值 $\text{delta} = N(d_1)$,$N(\cdot)$ 就是累积正态分布函数。

通过上面的估价模型,我们可以大致计算出每一项表外资产和负债的当期价值或市场价值,以及表外资产和负债对金融机构清偿力的影响。假定某家金融机构资产的市场价值(A)为 150 亿元,负债的市场价值(L)为 130 亿元(见表 7-1)。若只考虑表内业务,金融机构的净值等于:

$$E = A - L = 150 - 130 = 20(\text{亿元})$$

表 7-1　金融机构净值的传统估价　　　　　　　　　　　　　单位:亿元

资　　产		负　　债	
资产的市场价值(A)	150	负债的市场价值(L)	130
		净值(E)	20
	150		150

如前所述,要更真实地反映金融机构的清偿力情况,应将表外业务的市场价值同时纳入考虑的范畴,即对或有未来资产和负债也进行合理定价(见表 7-2)。假定金融机构或有资产(CA)的当期市场价值为 30 亿元,或有负债(CL)的当期市场价值为 35 亿元。此时金融机构股东实际的净值(E)为

$$E = (A - L) + (CA - CL)$$
$$= (150 - 130) + (30 - 35)$$
$$= 15(\text{亿元})$$

表 7-2　根据表内和表外业务对金融机构净值的估价　　　　　单位:亿元

资　　产		负　　债	
资产的市场价值(A)	150	负债的市场价值(L)	130
		净值(E)	15
或有资产的市场价值(CA)	30	或有负债的市场价值(CL)	35
	180		180

可以看到,表外业务价值的变动导致净值的下降,因此从经济上讲,或有资产和负债能够直接影响金融机构的资本净值。表外业务价值的变动会影响金融机构的实际偿付能力,因此商业银行应在纳入表外业务的范畴下对净值进行合理估价,以避免不必要的损失。

第二节 表外业务风险

一、或有债权类表外业务风险

巴塞尔委员会将表外业务具体分为或有债权类表外业务和金融服务类表外业务。或有债权类表外业务主要包括贷款承诺、信用证和金融衍生工具等,而金融服务类表外业务则以收取手续费为目的,不构成银行的或有债权/债务,风险相对较小。或有债权类表外业务在一定条件下会转化为实际负债,增加商业银行的经营风险。因此,商业银行需要重点关注这类表外业务的风险。

(一)贷款承诺的风险

贷款承诺(loan commitment agreement)是银行承诺在双方约定的某段时间内,根据约定条件给公司提供贷款的协议。在银行和借款人双方签订了协议、借款人交了承诺费后,银行就有义务根据协议在一定时间内贷款给借款人。客户一旦获得银行的贷款承诺,未来获得可靠现金来源的可能性将大大提高,竞争优势也随即增强。对于贷款承诺,金融机构会收取两笔费用:一笔在期初收取,作为提供贷款承诺服务的报酬,称为前期费用;另一笔在期末收取,具体针对借款人未使用的贷款承诺余额收费,称为后期费用。原因在于即使借款人未使用贷款承诺,但是商业银行为了提供这种服务放弃了可用于其他业务的收益,所以需要对未使用的部分收取费用来补偿这种损失。贷款承诺使用的部分除以贷款承诺总金额就是贷款承诺的预期提款率。具体流程我们通过一个例题来说明。

【例 7-1】 贷款承诺收益的计算

假定金融机构按固定的利率 8% 向某企业提供 1 000 万元限额的贷款承诺。作为提供这种贷款承诺的回报,金融机构可以收取一笔前期费用,如承诺额的 0.15%。借款人则在承诺期内拥有随时提取 0~1 000 万元的权利,但金融机构可以在承诺期结束时,针对任何未动用的承诺贷款余额向借款人收取一笔后期费用。在这个例子中,如果借款人在这一年只提取了 700 万元,未动用的贷款为 300 万元,若未动用的后期费用为 0.2%,则金融机构还将获得一笔收益:300 万元×0.2%,即 6 000 元。

就一年期的贷款承诺而言,假设:

$$BR = 贷款利率 = 8\%$$

$$m = 风险溢价 = 2\%$$

$$f_1 = 整个贷款承诺的前期费用 = 0.15\%$$

$$f_2 = 未动用承诺的后期费用 = 0.2\%$$

$$b = 补偿余额 = 10\%$$

$$RR = 准备金要求 = 10\%$$
$$td = 贷款承诺的预期提款率(0 < td < 1) = 70\%$$

则根据第 4 章的贷款承诺收益公式,这里考虑到贷款承诺的提款率、前期费用和后期费用,将贷款承诺的承诺收益$(1+k)$的一般公式改进为

$$1+k = 1 + \frac{f_1 + f_2(1-td) + (BR + m)td}{td - [b(td)(1-RR)]}$$

$$1+k = 1 + \frac{0.0015 + 0.002(1-0.7) + (0.08+0.02)0.7}{0.7 - [0.1(0.7)(0.9)]}$$

$$1+k = 1 + \frac{0.0721}{0.637} = 1.1132, 即\ k = 11.32\%$$

同样,考虑到资金的时间价值问题,我们还可以对这一年年底收到的$BR + m$和后期费用f_2进行贴现。假设贴现率为12%,则$k = 10.13\%$,要比未考虑时间价值的贷款承诺收益小。

值得注意的是,金融机构必须随时准备在 1 年承诺期内的任何一天提供全部 1 000 万元的资金;也就是说,刚提供贷款承诺时,就产生了一项针对金融机构资金的选择权利。对于客户来说,贷款承诺有利于他们随时补充资金短缺,但是对商业银行而言,提供贷款承诺可能面临取款风险、总筹资风险、利率风险和信用风险。

1. 取款风险

如前所述,商业银行必须保证随时满足客户的资金需求。特别是当承诺额度较大时,金融机构将面临一定程度的未来流动性风险或不确定性。对于未动用款项收取的后期费用,从某种程度上激励借款人全额提款,但现实中许多贷款只是被部分提取,商业银行无法将剩余的额度进行有效投资和利用,提款风险进一步增大。假设借款人的借款额度为5 000 万元,则在承诺期内,借款人拥有灵活的选择权,可在任何一个营业日借款,借款金额在 0~5 000 万元之间,这就要求银行有充足的流动性准备,会增加银行的流动性风险。研究发现,企业的信用级别会影响贷款承诺的提款率,通常信用级别越低贷款承诺提款率越高。

2. 总筹资风险

现实中,贷款承诺的使用经常面对这样的情况:经济发展良好、市场资金宽松时,多数贷款承诺都未被使用;而经济衰退、市场信用紧缩时,借款人很难借入资金或发行商业票据融资,因此大部分贷款承诺客户都会提取资金,而这正是金融机构最不愿意提供贷款的时候。因为在严苛的信贷条件下,许多金融机构四处筹钱以满足贷款承诺,提款效应进一步放大,会急剧推升资金成本。也就是说,当金融机构融资成本高企、融资困难的时候,贷款承诺的需求有可能最大。对整个金融市场而言,资金融通效率将降低,可能诱发系统性风险。

3. 利率风险

由于金融机构事先承诺,在承诺期内按某一固定的贷款承诺利率或某一浮动的贷款承诺利率向借款人提供贷款,因此存在或有利率风险。假设金融机构承诺 1 年内按 10%的固定利率提供最高限额为 1 000 万元的贷款后,因市场环境恶化等因素造成金融机构

自身的资金成本上升,使 10% 的承诺利率与金融机构资金成本之间的利差变得很小,甚至可能成为负数。如果承诺期内利率上升,随着借款人按低于市场利率的利率行使借款权,金融机构的固定利率贷款承诺资产组合可能会遭受损失。目前商业银行普遍采用提供浮动利率的贷款承诺来尽可能降低利率风险,比如让贷款承诺利率随着优惠利率浮动。但这种解决方案也不能完全消除贷款承诺的利率风险,因为贷款利率和存款利率随时间的变动并非完全正相关,基差风险依然存在。例如,若存款利率上升 1%,但浮动贷款利率仅上升 0.5%,那么存贷款利差将缩小 0.5%,银行收益下降,这就是基差风险带来的影响。

4. 信用风险

金融机构在确定贷款承诺利率时,也承担一定的信用风险。通常,商业银行会对借款人的信用情况进行评估后加上风险溢价,但在提供贷款承诺期间,借款人的信用情况可能因企业运营出现问题快速恶化。例如,企业原先按 AAA 级进行定价,但是由于突发事件导致企业信用下降至 BBB 级,则金融机构就要承担这种信用风险。此时由于大多数金融机构都在贷款协议中包含了一个实质条件变化不利的条款,商业银行可取消或重新定价贷款承诺,但是第 4 章我们介绍过,贷款定价和违约不是相互独立的,这种调整可能反而导致借款人破产,金融机构可能会承受更大的信用风险损失。

(二)信用证和备用信用证风险

商业信用证和备用信用证都属于金融保证业务,都是金融机构所出售的担保书,以确保担保购买者的履约行为。从经济视角来看,出售商业信用证和备用信用证的金融机构是在针对未来某一事件发生的可能性或频率出售保险。

1. 商业信用证

商业信用证(commercial letters of credit,LCs)在国内和国际贸易中均较为常见,尤其是在国际贸易中,贸易双方的资信状况不容易被调查清楚,因此金融机构便成为交易双方的桥梁,通过担保促成交易的达成,减少双方的疑虑。我们通过一个例子来说明。

【例 7-2】 商业信用证交易

如图 7-1 所示,假设国内的进口商 A 公司向国外的出口商 B 公司下了一份 6 000 万元的医疗设备订单,并承诺 6 个月后付款。由于外部因素干扰,B 公司无法对 A 公司的资信状况进行实地调查,不愿意运送这批设备给 A 公司。因此,A 公司就需要找国内值得信赖的金融机构 C 来提供信用证担保。毋庸置疑,C 机构肯定拥有比 A 公司更好的信用情况、更雄厚的资金实力和更高的信用地位,在收到 A 公司支付的信用证费用后,可以向 B 公司发出一份或有付款担保书,即代替 A 公司向 B 公司发送一份信用证,同时也是以自己的信用风险担保代替 A 公司的信用风险。通常 6 个月后,若 A 公司如期向 B 公司付清医疗设备款项,则金融机构 C 可赚取货款 0.1% 左右的费用(本例中为 6 万元),获得不菲的回报;若 A 公司出现违约,即 6 个月后不能按期付款,金融机构 C 需兑现自己的担保,支付 6 000 万元货款,但它可以用对进口方货物的债权来抵消这种损失。

显然,信用证费用应该高于预期的信用证违约风险,事实上,我们要考虑违约概率和预期信用证的净付款能力两方面,后者包含从进口商那里收回资金的数额和相关管理成本。

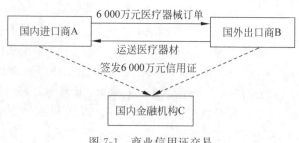

图 7-1　商业信用证交易

2. 备用信用证

备用信用证(standby letters of credit,SLCs)是指开证行根据开证申请人的请求,对申请人开立的承诺承担某种义务的凭证。备用信用证也类似于一种保险,只不过它担保的种类包括履约担保、违约担保等,是为一些重要的或有事项提供担保。例如,金融机构可以为企业发行商业票据提供违约担保,通过提高企业信用级别,实现降低企业融资成本的目的。

企业如果信用级别较低,或者规模较小则不符合在商业票据市场借款的标准,或者说企业只能以更高的融资成本借款。在商业票据市场上,借款人发行商业票据的利率也会根据借款人的信用状况有所区别。例如,我们假定 AAA 级的借款人发行商业票据的利率比 BBB 级借款人低 50 个基本点。向金融机构支付大约 35 个基本点的费用之后,金融机构担保在商业票据到期而发行企业无力偿还时,向购买者支付本息。备用信用证担保时的商业票据发行一般能达到最低违约风险级别(AAA 级),这样发行者也能节省 15 个基本点的发行成本。

商业银行开展备用信用证业务会面临一定的信用风险、利率风险和流动性风险。首先,开立备用信用证的银行可能因为申请人的信用问题而承担向受益人支付的风险;其次,如果开证行被迫在没有预先得到通知的情况下偿还信用证款项,它将不得不以不利的利率筹资,同时面临流动性风险。因此,商业银行在为客户提供担保时,须注意担保权限和额度,通过充分调查申请人的资信情况、经常与客户就贷款条款重新谈判调整、将信用证发证行按地区或按行业分散化等手段,尽可能减少备用信用证的风险敞口。

(三) 金融衍生工具的风险

金融衍生工具的高杠杆性和功能的两面性,决定了金融衍生品的高风险性。商业银行从事衍生产品交易的目的,大致可分为套期保值和投机两种。进行套期保值的目的是通过衍生产品的价值变动抵补它在相关市场上的资产和负债价值变动,商业银行在实现保值的同时也放弃了获得高收益的可能;而投机性的衍生品交易是为了赚取高额利润,进行单方向的投机交易,但高收益常与高风险并存。因此,不同目的驱使下的交易使银行面临的风险程度大不相同。具体来说,金融机构作为投机者所面临的风险远大于作为套期保值者所面临的风险,从事衍生交易投机的风险很可能使金融机构陷入破产的境地。

当金融机构持有远期、期货、互换和期权合约的头寸时,有可能会出现或有信用风险,这是由衍生工具的契约性决定的。在交易所内,保证金制度可以有效保证契约履行,交易所作为交易中间人会保证交易的完成,信用风险较小,甚至可以认为是无风险的;而场外交易既没有保证金,也没有交易对手资格等方面的限制,通常只能以信用为保证,契约的履行存在很大的风险。因此,与期货合约和场内期权相比,远期合约和场外期权带来的违约风险要严重得多。互换交易是由交易双方签订的一种协议,通常协议规定在未来以某种标的证券或价格为基础定期进行现金流的交换,当利率或汇率发生较大幅度的变化时,必会有某一方在未来面临金额较大的亏损,导致违约风险增大。由于互换交易通常互换的只是利息部分,所以金额相对于本金少得多,而且一旦一方违约,另一方将立即中止合约,损失相对较小。

除以上风险外,由于衍生产品的结算方式和价值计算比较复杂,操作风险带来的后果往往更为严重,如巴林银行因内部控制不严使尼克·里森得以越权操作,最终使银行陷入倒闭的境地。场外衍生产品的交易中法律风险也较为突出,许多衍生工具近十年才出现,相关的法律、法规不够完善,均可能导致相关风险的出现。

(四)贷款出售风险

银行贷款出售是指金融机构在发放贷款之后,再将贷款以有追索权或无追索权的方式卖给某一外部购买者。贷款出售市场导致了贷款二级市场的产生,从而提高了商业银行表内贷款资产的流动性。如果贷款以无追索权的方式出售,那么金融机构不但可以将贷款从自己的资产负债表中清除,而且当贷款最终无法收回时,它也不承担任何付款责任。而如果贷款的出售是有追索权的,某些情况下,买方可能会将贷款退还给出售贷款的金融机构,因此金融机构将面临一项或有信用风险负债。此外,在现实中,有追索权和无追索权贷款出售的区别是较为模糊的,金融机构一般愿意回购无追索权的不良贷款,以维护自己在客户中的声誉,但对声誉的担心可能会使商业银行表外或有负债规模增加,从而导致表外风险增大。

(五)证券发行前交易风险

证券发行前交易市场(when-issued market),顾名思义,即金融机构在证券发行前签订买卖承诺的交易市场,如在短期国债拍卖前签订发行前交易承诺。利率风险将对交易承诺带来很大的不确定性。

例如,在短期国债的拍卖中,美联储会在每个星期二代表财政部宣布在下个星期一拍卖的 3 个月和 6 个月短期国债数量,在这段时间内,短期国债交易商会出售发行前交易合约。投资银行和商业银行就是主要的发行前短期国债交易的交易商,它们出售即将发行的短期国债,以便按照比预期支付的初级市场拍卖价稍高的价格与客户在二级市场上进行远期交割。如果投资银行和商业银行按照预期的利率中标国债,则可以赚取一级市场买入国债和二级市场卖出国债的价差。但是,如果对利率水平判断错误,那么这些金融机构将面临风险,如果中签的国债数额不够,那么这些初级交易商只能在市场上以高价购入国债,以完成在证券发行前市场上签订的短期国债交付承诺,这样很可能造成亏损。证券发行前交易既考验交易商对利率水平的判断能力,也考验各交易商之间心理的博弈预期,承诺过高的交易商只能从其他交易商手中按更高的价格购买短期国债,兑现交易承诺,最终面临亏损。

关于国债拍卖,我们可以来看发生在 1991 年的所罗门兄弟公司的案例。当时为了防止单一机构垄断美国国债拍卖市场,美国财政部规定任何投标者的投标额度都不能超过发行额的 35%。所罗门兄弟公司为了获得更多的国债,除了以自己的账户投标外,在客户不知情的情况下,私自违规使用客户的账户进行投标,最终,公司中标额达到将近发行额的 94%。所罗门兄弟公司通过垄断国债市场谋取暴利,导致其他交易商面临巨大的交易压力,无法履行其签订的证券发行前交易承诺,由此引发了巨大的证券发行前交易风险。

前面介绍的五类或有债权型表外业务也是美国商业银行在每季度呈报给美联储的短期拆放报告中的 L 表必须列出的五项表外业务,代表这几类业务的表外风险需要重点关注。

二、金融服务类表外业务风险

(一)结算业务风险

结算是指通过银行结清因商品交易、资金调拨和劳务供应所引起的货币支付行为。结算业务便是商业银行通过提供结算工具(如本票、汇票、支票等),为收付双方完成货币收付、转账划拨行为的业务。它是由商业银行的存款业务派生而来的,能够帮助银行以成本较低的方式吸收客户资金。但如果交易对手到交割期不能履约,便极易产生结算风险,即银行在收到对方一笔款项前对外支付资金结算,到资金清偿期后由于技术或对方经营困难等原因而导致资金支付中断或延迟而产生的风险。结算风险可能是由于技术操作方面的原因造成的,还可能是由于债务人或付款人清偿能力不足造成的,也可能是政治、军事等其他原因造成的。结算业务风险会使银行面临信用风险、市场风险和流动性风险。

(二)代理业务风险

商业银行代理业务是指商业银行以代理人的身份,接受客户的委托并代为办理指定的事务、提供金融服务,从中收取一定费用的业务。商业银行在接受委托并办理事项的过程中,依据双方商定的收费标准收取一定的报酬,同时,在委托人赋予的权限范围内所办的事项,具有委托人亲自办理的同等效力。代理业务包括代理融通业务、代理发行有价证券业务和代理保管业务,三者各具特点、各有利弊。代理融通业务对银行有很强的盈利吸引力,能够扩大业务收入且资金风险性较小,但资信调查需花费大量的人力物力(尤其是放款对象为经营出口业务的企业时),且商业银行必须承担一定的被欺诈风险。代理发行有价证券收益较高,但其属于审批制的中间业务,部分银行不具备代理此类业务的条件,违规代理越权业务会触碰红线。此外,代理保管业务也属于风险较低的有偿业务,但商业银行内部控制系统如不完善,极易诱发操作风险,造成代保管物品丢失等不必要的损失。

(三)银行卡业务风险

银行卡是由商业银行向社会公众发行的一种信用支付工具。从功能上讲,银行卡具有存取现金、消费信贷、转账结算等全部或部分功能;从分类上讲,根据其发卡对象和透支功能等的不同标准,银行卡的分类也不相同。因此,与其他个人金融业务相比,银行卡所面临的业务风险也较为复杂。其中,信用风险是银行卡业务风险的主要组成部分,是指由于持卡人违反规定,不能按时足额归还所欠银行贷款本息而给银行带来损失的可能性或不确定性。目前银行卡诉讼已经成为各银行诉讼的主要部分。究其原因,主要是由于部分银行为了实现银行卡发卡量的突破,发卡审批不严,向有恶意投资倾向的持卡人发卡。

近年来,银行卡欺诈事件愈发普遍,引起商业银行和监管部门的高度重视。欺诈风险是指不法分子恶意透支、骗领、冒用、使用伪造或作废的银行卡以及特约单位诈骗给银行造成经济损失的可能性。欺诈风险形式多样、所占比重较大、性质恶劣,是银行卡业务中最直接也是最难防范的风险。产生这种风险的原因来自银行卡业务的各个环节:一是由于发卡机构挂失制度不严,为欺诈分子留下可乘之机;二是商业银行不注重资信调查,间接导致不法分子能够利用虚假信息进行恶意诈骗;三是部分特约商户投机取巧、唯利是图的心理被不法分子利用。

三、表外业务在降低风险中的作用

商业银行的传统利润来自存贷利差和债券投资的收益。无论是银行贷款还是债券投资,由于都是对银行资金运用的业务,银行不仅面临本金损失的信用风险,而且面临利率、汇率波动等市场风险,而通过开展表外业务,则可以避免、转移和分散上述风险。例如,商业银行可以通过结算服务减少放款和投资等资产业务风险;衍生工具的套期保值若操作得当,可以规避市场风险;备用信用证等表外工具的使用可以很好地转移信用风险。目前,很多表外业务具有高度的流动性和可转让性,如银行可通过有追索权的贷款出售将流动性较差的贷款证券化,缓解银行的资金周转问题,增强流动性。

【拓展阅读 7-1】　大和银行表外业务风险案例

第三节　表外业务的风险管理

由于商业银行表外业务比较复杂,透明度有所欠缺,且未反映在资产负债表中,对商业银行自身管理和银行监管机构提出了更高的要求。总体来说,商业银行应加强自身风险管理体系建设,监管机构也应主动加大对商业银行表外业务的监管力度。

一、商业银行对表外业务的制度管理

商业银行表外业务管理可以从健全制度建设展开,主要包括信用评估制度、业务风险评估制度、双重审核制度和调整会计制度。

(一)信用评估制度

交易对手潜在风险是商业银行表外业务最应防范且最难防范的风险,因此在进行交易之前,加强对交易对手的信用等级评估和信用状况调查至关重要。同时,对于期限较长

的表外业务,商业银行应建立动态信用评估体系,定期开展对交易对手的信用调查,确保信用风险在可控范围之内,避免风险转嫁,减轻道德风险对银行造成的伤害。此外,在达成交易前,若交易对手的信用评级发生明显恶化,应及时重新协商交易事项或取消交易,避免损失扩大。

(二)业务风险评估制度

关于表外业务信用风险的度量方法,巴塞尔协议Ⅱ将表外业务分成八类,并规定了不同业务转换为表内资产的风险程度的指标——信用转换系数,通过这个系数把各类表外业务折算成资产负债表内业务金额,然后按表内同等性质的项目确定风险权数,用这些权数将折算出的金额进行加权,汇总到风险资产总额中,最后按标准资本充足比率对这些表外业务数值分配资本。这使表外业务与资本比率要求挂起钩来,以此来约束商业银行表外业务的扩张,促使其积极审慎地开展表外业务。我国商业银行应积极加强表外业务风险量化评估,完善预警指标,进一步增强风险防范能力。

(三)双重审核制度

由于表外业务风险隐蔽性较强,单一的审核制度很难有效防范。自巴林银行破产之后,许多商业银行吸取其教训,实行双重审核制度,即前台交易员根据市场环境变化和所收集的信息来调整风险敞口,后台管理人员负责跟踪结算、实时反馈和做出决策,二者相辅相成,保证风险监控的全面性和有效性。

(四)调整会计制度

表外业务具有自由度大、透明度差的特点,且不在资产负债表内反映,因此传统会计原则中所强调的"权责发生制原则""历史成本原则"和"充分揭示原则"无法充分揭示。例如,"历史成本原则",财务报表记载的是一种账面成本,而许多表外业务是按市价进行且常采用柜台交易的形式,难以在市场上找到参考价格,从而难以对表外业务的盈亏做出恰当的估计。因此,在对表外业务进行会计揭示时,与传统相比会有适当的调整,一般坚持"权责发生制原则"和"审慎原则"。也就是说,只有当收入和利润已经以现金或其他资产形式实现,其他资产也可以合理地、确定地最后变为现金时,才能计入损益。

二、监管机构对商业银行表外业务风险的管理

中国银行保险监督管理委员会(简称银保监会)近年来多次出台银行业风险防控相关指导意见,对银行业提出全面自查的要求,将监管工作的重点放在风险防范上,将其风险发生率控制在一定范围内。在现有监管背景下还须从以下几个方面进一步完善监管措施。

(一)强化表外业务约束,推进金融去杠杆

监管机构需加强对表外业务违规行为的管理,对资金的流动方向进行严格把控,确定表外业务的资金投入合理合法的框架之内。2021年以来,受居民储蓄意愿明显增强的影

响,银行理财产品发行显著提速,资产的表外转移也导致金融杠杆明显升高,造成期限错配的负面影响。监管机构须对金融杠杆进行严格控制,真正发挥银行表外业务为实体经济服务的作用,推动银行盈利模式多元化和金融发展稳定化。

(二)提高信息披露质量,充分揭示表外业务风险

对商业银行来讲,信用是其生存的根本。由于近年来银行业面临激烈的竞争,商业银行不断扩展业务领域,并衍生出形形色色的表外业务,银行业的风险积聚效应更加突出。若银行出现信用危机,产生挤兑风险,将对国家货币政策的实施和社会民众生活稳定产生不利影响。因此,巴塞尔委员会要求商业银行建立专门的表外业务报表,定期向金融监管当局报告交易的协议总额和交易头寸等信息,确保金融机构能及时有效地评估表外业务风险。我国也进一步细化信息披露的相关规定,获取更加充分准确的表外风险评估数据,促使表外业务发生全过程透明化,为市场主体提供更加准确的决策信息。

(三)做好全面风险管理,应对外部环境压力

有效的银行监管必须是内部控制和外部约束的统一。银行监管的基础是内部控制,外部监管必须辅之以完善的内部控制制度,才能起到防范风险的作用。因此,银行理应对表外业务的资产规模进行合理控制,健全风险管理程序。从内部角度来说,商业银行应成立高度专业化的部门分析和控制表外资产业务风险,准确把握风险演变情况,做到定期评估,真正将风险控制在合理范围内。同时,面对监管机构的审查要求,商业银行也应积极配合,内部外部有机结合,共同防范风险的发生。

 【拓展阅读 7-2】　中行"原油宝"事件

【课后习题】

1. 表内业务和表外业务的区别是什么?为什么商业银行要发展表外业务?

2. 表外业务能否降低商业银行风险?表外业务有哪些风险?表外风险的特点是什么?

3. 金融机构的清偿力是否应将表外业务的市场价值纳入考虑?表外负债价值的变化会对金融机构清偿力造成什么影响?

4. 说明为什么远期、期货、互换和期权等衍生合约的使用会造成信用风险。场外合约的风险是否大于场内合约?原因是什么?

5. 说明金融机构在商业信用证交易中发挥的作用。若被担保的公司出现违约情况,金融机构是否会面临损失?

6. 如何理解证券发行前交易?为什么利率风险会对短期国债拍卖前签订的交易承诺造成不利影响?

7. 某金融机构所出售的股票期权的名义值为 12 亿元,所购买的股票期权的名义值为 18 亿元。出售期权的德尔塔为 0.15,购买期权的德尔塔为 0.25。

(1)或有负债的价值是多少?

(2)或有资产的价值是多少?

（3）或有市场净值是多少？

8. 某银行提供了一笔 800 万元的贷款承诺，其中前期费用和后期费用（未动用贷款）的收费比例分别为 60 个基本点和 35 个基本点。假设客户的贷款提取率为 60%。

（1）当贷款承诺达成时，该银行获取的总费用收益是多少？

（2）在年底该金融机构获取的总费用收益是多少？假设金融机构的资本成本为 8%，考虑货币的时间价值。

9. 某企业计划发行 1 000 万元期限为 180 天、年收益率为 6% 的商业票据。为节省利率，企业准备利用备用信用证或贷款承诺作为发行抵押物。假设可以节省 70 个基本点的利率。

（1）如果某银行愿意提供一份 180 天的备用信用证来担保商业票据的发行，前期费用为 30 个基本点，请计算该企业的净节省额是多少。

（2）如果某银行愿意提供 180 天的贷款承诺来为发行担保，那么该企业的净节省额是多少？前期费用为 20 个基本点，后期费用（未动用贷款）为 10 个基本点。假设贷款无须提取，且费用按贷款承诺的面值计算。

（3）在发行商业票据时，备用信用证或贷款承诺的担保对企业有何不同？

即测即练

扫码答题

第八章

其 他 风 险

学习目的

☞ 了解其他风险包括的风险类型

☞ 熟悉外汇风险的来源和风险管理

☞ 了解国家风险、破产风险的概念及影响

☞ 知道其他风险可能产生的影响

金融风险管理中除了前述章节中提到的主要风险类型,其他风险也在现代金融体系中有着重要的影响,其风险防范也能极大地促进经济社会的稳定发展。商业银行等金融机构的跨国业务不断延伸,面临的外汇风险随着全球化进程的推进也在不断加大。除了外汇风险外,还需要探讨和学习国家风险、破产风险及合规风险等,本章针对不同业务涉及的风险类型分别进行了介绍:第一节主要介绍了外汇风险及外汇风险管理方法;第二节介绍了国家风险的定义、分类及评估方式;第三节介绍了破产风险及相关防范措施;第四节介绍了商业银行等金融机构合规风险管理的原则和方法。

第一节 外 汇 风 险

在当今经济全球化的背景下,贸易需求推动各国的生产技术及生产原料之间的交换和整合,各国之间的经济往来不断深化。货币作为交易媒介在经济交往中发挥了十分重要的作用。国际环境中,不同国家发行的货币之间建立必要的联系有利于实现等价兑换。布雷顿森林体系崩溃后,浮动汇率制代替了固定汇率制。浮动汇率制促进资本流动的同时也进一步加剧了外汇市场的波动。跨国的经济行为受到本国货币和外国货币币值波动的影响,从而促使我们加强对外汇风险的管理。

一、外汇风险的含义

汇率是指一国货币兑换另一国货币的比率,即通过一种货币来表示另一种货币的价格。短期汇率受到外汇供求的直接影响,长期来看,汇率更多地受到经济发展水平、通货膨胀、关税、国际收支等诸多因素的共同影响。西方汇率决定理论主要有购买力平价说、利率平价说、资产市场说等。随着金融服务业的全球化,金融机构正面临越来越大的外汇风险。外汇风险(foreign exchange risk)是指在一定时期的国际经济交易中,以外币计价的资产和负债由于汇率波动引起价值上涨或下跌的可能性。未预期到的汇率变动会使金融机构的成本或收益发生实际值与预期值的偏移,使其承担一定的外汇风险,从而蒙受损失。外汇风险的特点包括不确定性、相对性和或然性。

(1)不确定性:损失或收益的不确定性。外汇风险给外汇的持有方或外汇需求方带来的有可能是损失,也有可能是盈利。

(2)相对性:外汇风险的相对性表现为当给债权人一方带来的是损失时,带给另一方的必然是盈利。

(3)或然性:外汇风险不具有必然性,是可能发生也可能不会发生的。

二、外汇风险的来源

大型商业银行在外汇交易中发挥着重要的作用。我国商业银行在外汇负债和外汇资产上都持有巨额的头寸,表 8-1 给出了 2022 年中国银行业的整体外汇资产和负债的价值。外汇资产和负债项目头寸中美元仍然是主要的外汇储备来源,欧元也占据了较大的比例。近年来,金融机构持有的外汇债券和头寸的数量在不断增多。据国际清算银行公布的数据,全球外汇营业额日平均值由 1989 年的 5 392.42 亿美元增长到 2019 年的 65 954.71 亿美元,其中外汇交易金额最多的货币是美元。

表 8-1　2022 年中国银行业报告的以人民币计价的外汇资产负债情况　　单位:亿

项　　目	总量	人民币	外　币				
			总量	美元	欧元	日元	英镑
资产	**15 687**	**2 305**	**13 382**	**10 492**	**762**	**76**	**129**
存款和贷款	11 256	2 126	9 130	7 623	632	44	105
债券	2 411	125	2 286	2 123	68	20	6
负债	**15 706**	**6 701**	**9 006**	**5 703**	**308**	**26**	**53**
存款和贷款	8 486	3 046	5 440	4 778	237	21	32
债券	2 995	2 166	830	731	61	4	19
其他负债	4 226	1 489	2 737	193	10	1	1

资料来源:国家外汇管理局

根据汇率敏感性资产和负债持有目的的不同,商业银行汇率风险敞口一般分为交易账户的汇率风险敞口和银行账户的汇率风险敞口。外汇资产和负债的差额体现的是银行账户的汇率风险敞口,而外汇买入和卖出的差额则代表交易账户的风险敞口。外汇资产和外汇负债产生的净外汇资产加上净外汇买入情况即为外币裸露情况,即该种外汇的外汇风险敞口。金融机构的外汇风险可以借助对外币裸露情况的计量进行评估。头寸净裸露的具体计量公式为

$$净裸露_i=(外汇资产_i-外汇负债_i)+(外汇买入_i-外汇卖出_i)$$
$$=净外汇资产_i+净外汇买入_i \tag{8-1}$$

2022 年我国银行业的净外汇资产为 4 376 亿美元(外汇资产总额减去负债总额即 13 382 亿美元－9 006 亿美元)。由于无法获得外汇买入和外汇卖出美元的数据,此处我们假设我国银行业的外汇买入为 4 800 亿美元,外汇卖出为 3 600 亿美元。本年度银行业

的外汇净裸露值即为净外汇资产 4 376 亿美元加上净外汇买入值 1 200 亿美元(外汇买入减外汇卖出即 4 800 亿美元－3 600 亿美元),共计 5 576 亿美元。同理,对任何单一外汇的净头寸测度都适用上述公式。当外汇净裸露降低为 0 时,外汇风险可以避免,金融机构通过将外汇资产与外汇负债相匹配来降低外汇净裸露。例如,在美元外汇资产和负债相匹配以及自己的交易账户中买入和卖出的美元货币相匹配时,该种外汇净裸露降低为 0,规避了外汇风险。又或者,该金融机构外汇资产负债组合中有美元外汇资产 10 亿美元、美元外汇负债 6 亿美元,此时净外汇资产处于不平衡的非 0 敞口状态。可以通过美元外汇买入 2 亿美元、美元外汇卖出 6 亿美元这种相反的不平衡状态进行冲销,从而使该机构的美元货币净裸露头寸整体情况达到平衡,风险敞口为 0。

正的净裸露头寸表示外汇净多头,面临外汇价值对本国货币价值可能下跌的风险;负的净裸露头寸表示外汇净空头,面临外汇价值对本国货币价值可能升值的风险。外汇汇率的波动性越大,金融机构的该项外汇资产价值波动也越大。

对于外汇裸露敞口的潜在规模,我们通常使用下列公式:

$$\begin{aligned}\text{第 } i \text{ 种外汇的损益(人民币)} = &\text{第 } i \text{ 种外汇以人民币计量的净裸露} \times \\ &\text{第 } i \text{ 种外汇对人民币的汇率波动性}\end{aligned} \tag{8-2}$$

由式(8-2)可知,外汇汇率波动越大或者外汇的净裸露越大,都会造成潜在损益更大,也就是第三章计算市场风险的风险价值越大。

三、外汇风险的类型

外汇风险由于表现形式和作用对象的不同,可分为交易风险、会计风险和经济风险。

(一) 交易风险

交易风险主要是指商业银行对外进行外汇买卖或以外币进行借贷、投资活动,因未预料的汇率波动造成汇兑损失的可能性。交易风险具体包括交易结算风险和外汇买卖风险。外汇交易风险常见于为涉外企业提供外汇存贷款或提供外汇融资资金支持中。

【例 8-1】　交易风险举例

中国某金融机构在伦敦按照当时的汇率(1 英镑＝1.2 美元)筹资 100 万英镑,折合成美元 120 万。其向国内外资企业发放固定利率美元贷款,贷款资金 120 万美元,贷款期限为一年。第二年到期收回本金 120 万美元及利息 12 万美元(按年利率 10% 计算),按照第二年汇率(1 英镑＝1.406 6 美元)相当于只可以偿付 93.84 万英镑,不足以偿还当年的 100 万英镑本金,损失缺口是英镑贬值引起的,汇率波动容易使金融机构蒙受外汇买卖风险。

(二) 会计风险

会计风险是指由于汇率波动引起资产负债等外汇项目变动的风险,银行进行会计处理时会使用不同时期的汇率将外币折算成本国货币,可能会出现会计账面损益。与交易风险面临的流量风险不同,会计风险造成的账面损失是汇率波动带来的存量风险。此外,外汇变动导致的货币折算风险也会受到各国会计制度的影响,如现行汇率法、时间度量法、货币/非货币法等,不同的折算方法会使外汇的损益有所不同。

【例 8-2】 会计风险举例

美国某金融机构在日本的分支机构年初账户余额为 144.725 5 亿日元,此时的汇率为 1 美元＝144.725 5 日元,账户余额相当于价值 1 亿美元。年底进行财务结算时,日本分行的账户按照汇率 1 美元＝165.725 5 日元计算,只能折合为约 0.87 亿美元。账户中的日元价值相较年初损失了近 1 300 万美元,减少的部分根据会计准则要记在公司损益中。

(三) 经济风险

经济风险表示未预期到的汇率变动对以本币衡量的未来收益现值损失的不确定性。汇率波动不仅产生了对汇率挂钩行为的直接影响,同时也带来了对金融机构在未来一定期限内的现金流量或收益的间接影响。经济风险会在一定程度上表现为资产风险、金融资产风险、营运风险等具体风险。由于意料之外的汇率变动产生了相当长时间的影响,影响范围也很广泛,经济风险这种潜在风险不仅会对企业的投资成本、经营情况等产生影响,导致企业未来一定时间内收益增加或减少,同时也会引起市场利率、市场价格等经济变量的波动。

【例 8-3】 经济风险举例

某企业几年前由于日元利率低,于是向金融机构申请日元贷款。但到还款时,日元升值、人民币贬值,该企业面临严重的经济风险,导致无法弥补损失,最终破产。该企业不是因为地理位置不佳或经营管理不善导致破产,而是由于预料之外的汇率变动导致无法弥补损失而破产,最终使为其提供贷款的金融机构的未来收益也受到了难以估量的损失。

四、外汇风险管理

金融机构在外汇交易活动中,可能为了促使客户完成国际贸易活动或完成国际投资活动而买卖外汇,也可能出于套期保值的需求买卖外汇对风险裸露部分进行抵消,还可能是由于投机目的在预测汇率变动时买卖外汇。金融机构可以直接与其他金融机构进行投机交易,也可以在外汇专业经纪商的帮助下进行投机交易。

实践中汇率风险是商业银行的重要课题,各机构都在积极主动地管理汇率风险。全面评估一家银行所面临的外汇风险是有难度的,但在合理的风险评估方法下我们更多地需要使用金融衍生工具进行套期保值来管理外汇风险,从而减少汇率不利变动的影响。

(一) 外汇风险管理原则

1. 整体收益最大化原则

收益最大化既要从企业外汇管理出发保障企业收益,同时也要协调保证国家整体宏观的利益,共同防范风险损失。基于确保实现风险管理预期的前提下,控制最小成本追求最大的收益,风险管理本质上采用了风险转移或分摊的思想,通过支付一定的成本利用外汇交易、期权、期货、互换等金融工具进行套期保值操作。

2. 全面分类管理原则

由于主体不同,相关金融机构涉及的风险类型有所不同,可能只有交易风险、会计风险和经济风险中的一种或以上。因此,在金融机构涉外业务和跨国投资的项目下应对外汇风险保持全面的重视,针对包含的不同风险类型设定不同的管理方法。对于交易风险,应以选好计价结算货币为主要防范方法;对于投资行为带来的经济风险,应采取各种保值为主的防范方法。分类管理时也要考察外币的净裸露情况、汇率的波动性、外币之间的相关性,认真分析具体情况,寻找最合适的风险测度方法和风险管理手段。由于很难全面消除外汇风险,因而在选择风险管理方案时的较优选是我们需要考虑的。

3. 稳健防范原则

对风险进行管理时主要应追求稳健、稳妥的方式,尽可能选择合理谨慎的防范措施,达到风险消失或者转移的效果。在操作上应尽可能规避不利损害,努力控制非必要损失。基于上述风险管理的原则及目标,尽可能及时止损,避免造成损失扩大,从而进一步规避风险。

(二) 外汇风险管理方法

套期保值分为表内套期保值和表外套期保值。传统表内套期保值的对冲策略调整成本更高,表外套期保值方法由于不涉及表内调整,通常采用表外金融衍生工具进行套期保值的方法管理外汇风险,这类方法属于金融性对冲策略。

1. 表内套期保值

表内套期保值是指在银行自身账户中直接调整外汇风险敞口为零,以达到消减外汇风险影响的结果。通常直接匹配外汇资产和外汇负债账户,不论汇率朝哪个方向变化均可以获得稳定的收益,或者获得资产收益与资金成本之间的固定利差。即使金融机构的资产收益与资金成本之间的利差较小,在进行表内套期保值时仍能保留一定的正收益。总体上金融机构可以锁定外国的存贷利率之间的正利差,实现一定的利润。

表内套期保值可以通过调节自身持有头寸来控制外汇裸露的规模,但是表内套期保值对金融机构来说具有较高的成本,而且调整资产负债结构会对整个金融机构的运作产生一定程度的影响。因此,金融机构需要巧妙地搭配使用表内套期保值与表外套期保值两种主要方法来控制外汇风险。

【例 8-4】 A 金融机构未进行表内套期保值时的外汇交易

A 金融机构有负债和资产各 2 亿元,同时,假定该机构资产和负债的有效期限是匹配的($D_L = D_A = 1$年),该机构期限匹配币种不匹配的情况下,将 2 亿元的中国定期存单作为资产来源。将中国定期存单中 50% 的资产投资于美国贷款中,另外 50% 依旧投资于中国贷款中(见表 8-2)。

表 8-2　A 金融机构的资产负债情况

资　产	负　债
1 亿元一年期中国贷款(9.5%)	2 亿元一年期中国定期存单(8.5%)
1 亿元一年期美国贷款(15%)	

为了进行外汇交易,需将借入的 2 亿元中国定期存单中的一部分转换为美元资金以便进行美元贷款。年初该机构在市场上出售 1 亿元换取美元。若此时汇率为 ¥6.8/$1,

1亿元折算成美元为:1亿元/6.8=1 470万美元。随后,该机构在美国按照15%的利率发放1 470万美元的一年期美国贷款,年底时可以收获的美元贷款收益为:1 470万美元×(1+15%)=1 690.5万美元。年底收到这笔美元后汇回国内,按照年底时的即期汇率在外汇市场上出售这笔美元。

汇率不变

假设这一年人民币汇率不变,保持为¥6.8/＄1,则该机构的这笔投资收益为:1 690.5万美元×¥6.8/＄1=1.15亿元。

根据收益成本计算出收益率为:(1.15亿−1亿)/1亿=15%。

资产加权平均收益为:0.5×0.095+0.5×0.15=12.25%。

此时资金成本为发行中国定期存单的规定利率8.5%。

收益情况为:12.25%−8.5%=3.75%。

美元贬值

假设这一年人民币升值、美元贬值,汇率变为¥6.3/＄1,则该机构的这笔投资收益为:1690.5万美元×¥6.3/＄1=1.065亿元。

根据收益成本计算出收益率为:(1.065亿−1亿)/1亿=6.5%。

资产加权平均收益为:0.5×0.095+0.5×0.065=8%。

此时资金成本为发行中国定期存单的规定利率8.5%。

收益情况为:8%−8.5%=−0.5%。

未进行套期保值时,美元贬值会带来外汇交易的亏损,此时收益情况为亏损0.5%。

美元升值

假设这一年人民币贬值、美元升值,汇率变为¥6.9/＄1,则该机构的这笔投资收益为:1690.5万美元×¥6.9/＄1=1.166 4亿元。

根据收益成本计算出收益率为:(1.166 4亿−1亿)/1亿=16.64%。

资产加权平均收益为:0.5×0.095+0.5×0.166 4=0.113 8=13.07%。

此时资金成本为发行中国定期存单的规定利率8.5%。

收益情况为:13.07%−8.5%=4.57%。

未进行套期保值时,美元升值带来了4.57%的正收益。

因而对于该机构而言,不进行表内套期保值操作很有可能会面临美元贬值带来的利益损失。此时需要承担汇率发生变动带来亏损的风险。

【例8-5】 A金融机构进行表内套期保值

设A金融机构拥有如表8-3所示的资产和负债各2亿元。同时,假定该机构资产和负债的有效期限是匹配的($D_L = D_A = 1$年),该机构期限匹配,币种也完全匹配,由价值1亿元的美国定期存单作为美元资金来源,供给美国贷款发放。

表8-3 A机构进行表内套期保值的资产负债情况

资　　产	负　　债
1亿元一年期中国贷款(9.5%)	1亿元一年期中国定期存单(8.5%)
1亿元一年期美国贷款(15%)	1亿元一年期美国定期存单(10%)

仍然假设一年期中国定期存单利率为 8.5%,中国一年期无信用风险贷款收益率为 9.5%,这笔国内投资收益的利差仅为 1%。同时,一年期美国定期存单承诺利率为 10%,美国一年期无信用风险贷款利率为 15%,二者的利差较大。由于币种有所匹配,发放美国贷款的收益仍然取决于汇率变化和 15% 的贷款利息,因而美元贷款的收益率与例 8-4 相同。但由于资金来源变为 1 亿元的美国定期存单,此时的资金成本计算与上述固定成本(8.5%)有所不同。

汇率不变

年初,一年期美国定期存单承诺利率为 10%,发行 1 亿元的一年期美元定期存单。根据初始汇率计算,需借美元:1 亿元/6.8=0.147 亿美元。年底时,银行向美元存单持有者支付本息:0.147 亿×(1+10%)=0.161 7 亿美元。若美元汇率仍然为 ¥6.8/$1,则用人民币表示的还款额为:0.161 7 亿美元×¥6.8/$=1.1 亿元,即以人民币衡量的资金成本为 10%。

加权平均定期存单的成本为:0.5×0.085+0.5×0.1=9.25%。

结合例 8-4 可知这种情况下的净收益:

资产加权平均收益为:0.5×0.095+0.5×0.15=12.25%。

资产平均收益−资金平均成本=12.25%−9.25%=3%。

如果进行表内套期保值,美元兑人民币汇率不变时能获得 3% 的固定收益。

美元贬值

当美元贬值为 ¥6.3/$1 时,根据例 8-4,美元贷款组合的收益率为 6.5%。下面看看以人民币计算美元债务的成本:

年初,一年期美国定期存单承诺利率为 10%,发行 1 亿元的一年期美元定期存单。根据初始汇率计算,需借美元:1 亿元/6.8=0.147 亿美元。年底时,银行向美元存单持有者支付本息:0.147 亿×(1+10%)=0.161 7 亿美元。如果美元贬值到 ¥6.3/$1,那么用人民币表示的还款额为:0.161 7 亿美元×¥6.3/$=1.018 7 亿元,即以人民币衡量的资金成本为 1.87%。

加权平均定期存单的成本为:0.5×0.085+0.5×0.018 7=5.185%。

结合例 8-4 可知此种情况下的净收益:

资产加权平均收益为:0.5×0.095+0.5×0.065=8%。

资产平均收益−资金平均成本=8%−5.185%=2.815%。

如果进行表内套期保值,美元发生贬值时仍然能获得 2.815% 的固定收益。

美元升值

当美元升值为 ¥6.9/$1 时,美元贷款组合的收益率为 16.64%。以人民币来衡量 1 亿元的美元债务的成本:

年初,一年期美国定期存单承诺利率为 10%,发行 1 亿元的一年期美元定期存单。根据初始汇率计算,需借美元:1 亿元/6.8=0.147 亿美元。年底时,银行向美元存单持有者支付本息:0.147 亿美元×(1+10%)=0.161 7 亿美元。如果美元升值到 ¥6.9/$1,那么用人民币表示的还款额为:0.161 7 亿美元×¥6.9/$=1.115 73 亿元,即以人民币衡量的资金成本为 11.573%。

加权平均定期存单的成本为：$0.5 \times 0.085 + 0.5 \times 0.115\,73 = 10.04\%$。

资产加权平均收益为：$0.5 \times 0.095 + 0.5 \times 0.166\,4 = 13.07\%$。

净收益：资产平均收益－资金平均成本$= 13.07\% - 10.04\% = 3.03\%$。

由此可知，在表内套期保值的过程中，无论外汇汇率升值还是贬值都可以获得稳定的净收益值。按照例题，当汇率不变时，获得固定收益3%；当美元贬值时，获得固定收益2.815%；当美元升值时，获得固定收益3.03%。通过套期保值的方式使表内净头寸裸露为0，此时不管外汇市场朝何种方向波动都会带来固定利差的收益。

金融机构可以锁定外国存贷利率之间存在的大额正利差，也就是例子中美元利差为5%，而人民币利差只有1%。当国外利差大于国内利差时，较大利差带来的固定收益能吸引更多的资本流入。然而，当金融机构越来越多地将资金及业务转向国外市场时，国内市场的竞争力有所减小、国内利差开始增大、国外市场的竞争力增大、利差开始收缩，直到二者达到新的平衡，向国外获取高额利差利润的机会便慢慢消失了。

2. 表外套期保值

表外套期保值是指利用远期外汇合约、期货合约、互换、期权等表外金融工具来建立外汇衍生交易头寸，使其方向与表内风险方向相反而规模相等，以期消除外汇风险。

可以通过签订远期外汇合约来降低外汇市场风险。由于即期汇率和远期汇率很多时候是不同的，远期汇率是由即期汇率和两国间的利差决定的。作为理论基础的利率平价理论（Interest Rate Parity Theorem）即表示了即期汇率、利率与远期汇率之间特定的联系。我们以英镑兑人民币的例子解释利率平价理论的公式，本国投资收益等于英国（外国）投资的套期保值收益，公式为

$$1 + r_{\text{ust}}^{D} = \frac{1}{S_t} \cdot (1 + r_{\text{ukt}}^{L}) \cdot F_t \tag{8-3}$$

其中，r_{ust}^{D}指的是金融机构t时间面对的本国定期存款利率，r_{ukt}^{L}指的是t时间英镑贷款的利率，S_t表示即期汇率，F_t表示远期汇率。

借助远期外汇合约可以消除一年投资期结束时未来外币即期汇率的不确定性。与其年末按照未知汇率将外币本息兑换成本币，不如按照锁定的远期汇率将预期的外币贷款本息收入以远期合约的形式出售，年末即可用外币向买方换回本币。

【例8-6】 B金融机构进行远期外汇套期保值

B金融机构通过直接在远期外汇市场上出售一年期美元贷款的预期收益进行外汇套期保值。远期外汇合约可以消除一年投资期结束时未来美元即期汇率的不确定性，因而不必等到年末再按照未知即期汇率将美元重新换回人民币，可以签订远期合约，提前利用今天已知的远期汇率将贷款预期收益在远期市场上出售，年底向买方交付美元资金即可。

首先B机构的1亿元人民币需要换算成当下等值的美元金额以便向客户发放美元贷款。B金融机构为提供美元贷款按照即期汇率（¥6.8/＄1）出售1亿元人民币购买美元：1亿元/¥6.8/＄1=14 705 882.4美元。

随后该机构立即按照10%的利率向美国客户提供上述美元（14 705 882.4）的一年期贷款。同时，金融机构按照当下的远期汇率将预期的美元贷款本息在一年期远期市场上出售。假设远期汇率为¥6.7/＄1，即相比即期美元有所贴水。贴水百分比为：（6.7元－

6.8 元)/6.8 元＝－1.471%。

年末时,美元借款人偿还的贷款本息为:14 705 882.4 美元×(1＋10%)＝16 176 470.6 美元。该机构可以向一年期合约的买方交付贷款收益 16 176 470.6 美元。远期美元的买方承诺向金融机构支付:$16 176 470.6×¥6.7/$1＝¥108 382 353。这笔外汇套期保值锁定的收益率大致为:(1.083 823 53 亿元－1 亿元)/1 亿元＝8.38%。

在远期市场上按照远期汇率出售外币贷款的预期收益可以消除未来即期汇率的不确定性,即未来人民币对美元汇率无论怎样变动都不会影响持有的这一年期的贷款投资收益。若此 1 亿元人民币定期存单的资金成本为 8%,则这一年锁定的无风险利差为0.38%(即 8.38%－8%)。因此,为了直接或间接消除不确定性,只需签订远期合约,将预期的收益按今天已知的外币的远期汇率在远期市场上出售,年底时再向远期合约中的买方交付外币资金即可锁定收益情况。当然,远期合约在规避了远期风险的同时,也放弃了远期利益,这也是远期合约的缺点。同时,商业银行也可以使用外汇期货、外汇期权和货币互换进行套期保值。

【拓展阅读 8-1】 外汇风险管理在宣钢的应用

第二节　国家风险

随着全球经济交流日益密切及我国经济开放程度的加大,商业银行等金融机构在海外的分支不断延伸。在国际经济业务中除了交易个体本身带来的风险外,还面临交易国经济形势、政策变动等带来的影响。国际业务涉及国家主体相关风险,因而本章我们重点探讨国家风险。

一、国家风险的定义

国家风险(country risk)是指经济主体在与别国经济主体进行国际贸易与金融往来时,由于别国经济、政治和社会等方面的变化而遭受损失的风险。国家风险通常出现在国际经济活动中,是由国家主体发布的政策、国家主权行为或国家社会变动引发一定损失的风险,损失的可能性发生在跨国界的各类信贷、投资或金融交易行为中。具体表述为,由于保留外汇或一定的原因不能或不愿意对贷款或投资者的外汇偿付义务进行履行的风险。在对国家风险的理解上,我们要把握住,国家风险涉及的范围比主权风险更为广阔,国家风险包括主权风险、转移风险等。在主权风险的范围内,国家作为交易的一方,通过其违约行为直接构成风险,通过政策变动(汇率、税率等指标)间接构成风险。在转移风险范围内,国家不一定是交易的直接参与者,但国家的政策、法规却会影响国内企业或个人的交易行为。

对国家风险的防范是国际经济活动发展的必要进程。20 世纪 70 年代,欧美发达国家的商业银行贷款业务扩张到一些欠发达的国家,来满足这些国家经济发展的需求。但是许多情况下对主权国的信用情况考虑欠佳,后续出现了一系列主权国债务违约问题。80 年代末,对新兴国家的大规模投资逐步兴起。发达国家除了提供贷款,还进行债券和股票等投资。1994 年,墨西哥政府突然宣布本国货币比索贬值 15%,该事件对资本市场带来了巨大的负面影响,外国投资者损失惨重。1997 年,泰国金融危机引发了东南亚国家货币的相继贬值,为其提供贷款的日本的商业银行大量倒闭。可以看出,国家风险带来的影响对金融机构而言很可能是致命的,因而需要对国家风险进行测度和管理。

在理解国家风险和信用风险的区别时,我们用英国向冰岛一家私营企业提供英镑贷款的例子进行解释。假定该私营企业总能按时偿还债务,直到冰岛经济出现衰退,冰岛政府英镑储备严重不足,因而规定禁止使用英镑偿还债务。此行为表示为国家风险事件,该私营企业的违约则不是信用风险引起的,而是国家主权风险的体现。该类型的突发事件提示我们在判定贷款人基本信用级别时,还需要考虑贷款人居住的国家风险级别。

国家风险比起商业风险,通常在以下几个方面具有显著的特征:首先,国家风险出现的场景更多为国际经贸活动,属于国家之间经济交往的风险;其次,国家风险和国家主权有密切联系,表现在东道国的法律、政策、规定或对外国投资者的待遇等方面;最后,国家风险是由不可抗拒的外部国家因素引发作用于个体企业或机构的。

二、国家风险的分类

国家风险按照风险事故的性质分为经济风险、政治风险和社会风险。由债务国经济原因引发的风险,如经济低迷、国际收支恶化等情况均属于经济风险。由债务国与其他国家的国际政治因素变动引起的风险,如战争事件、恐怖主义事件等均属于政治风险。由一国的社会矛盾所引起的风险,如内部社会分配不均及宗教纷争等均属于社会风险。

国家风险按借款者的行为划分为间接风险、到期不还风险、债务重新安排风险和债务勾销风险。间接风险是指当一国意外遭受经济困难或者动荡事件导致银行在该国的贷款收益下不会损失,但是在后期回收过程中会产生贬值的间接风险。到期不还风险是指债务人在债务到期后拒不履行债务义务的人为风险。债务重新安排风险是指金融机构与相关国家政府共同协商对债务支付做出一定程度让步的新款协议约定。债务勾销风险是指跨国银行由于债务国形势严峻而不得不勾销债务的风险损失情况。

国家风险按形成原因划分为主权风险和转移风险。国家风险是在国际经济活动中,由于国家的主权行为所引起的造成损失的可能性。其中,主权风险是主权政府或政府机构的行为给贷款方造成的风险,主权国家政府或政府机构可能出于自身利益考虑拒绝履行偿付债务或拒绝承担担保的责任,从而给贷款银行造成损失。转移风险是因东道国政府的政策或法规禁止或限制资金转移而对贷款方构成的风险。

此外,国家风险还有其他一些分类形式,如按照借款者的形态可以划分为政府(主权)风险、私人部门风险及个人风险,按照国家风险程度可以划分为高度风险、中度风险及低度风险。

三、国家风险的评估

国家风险的评估既可以依靠外部评估机构进行,也可以由金融机构自行采用内部模型进行评价。

（一）外部评估机构

外部评估的主流机构包括《欧洲货币》《机构投资者》、"国际报告集团"及国际评级机构。

1.《欧洲货币》

英国权威金融月刊《欧洲货币》推出了国家风险指数（Euromoney's Country Risk Index, ECR）。该指数考虑了债务交易额和期限的具体情况，早期以欧洲货币市场上一国债务的应得收益率与LIBOR之差作为评估基础进行加权平均利差分析。1987年之后，则更多地以经济因素、政治因素、结构性因素、融资可得性和债务指标为基础进行分类指标分析。评分在0和100分之间，共分为五个等级，分数越高违约风险越低。

2.《机构投资者》

美国著名金融类杂志《机构投资者》（Institutional Investors）定期发布《机构投资者》指数。该指数通过对大约100位国际大型银行主管进行调查，从而获得相应的评估数据，每6个月对外公布一次其对国家风险评估的结果。该调查列出了国家风险的九大要素：经济展望、债务、金融储备/资本账目、财政政策、政治展望、资本市场的准入度、贸易收支、流入的证券投资、外国直接投资。该指数同样在0至100分范围内给予国家信用质量的主观判断评级，100分表示无违约可能性，0分代表必然违约。与《欧洲货币》指数不同的是，《机构投资者》指数的评估依据是世界上主要银行主管的观点。

3. 美国"国际报告集团"的评估

美国纽约集团在每月出版的《国际国别风险指南》（International Country Risk Guide）上发布对国家风险的评估。其评价体系包括政治、金融及经济风险三个部分，分别选取12个、5个和6个基本指标作为代表，并分别对其赋予50%、25%和25%的权重。政治风险与偿付意愿有关，而金融风险和经济风险则与偿付能力有关。该评估体系认为国家风险主要有偿付能力和偿付意愿两个基本组成部分。该综合风险评估指数的结果用0到100的数值表示风险高低值，分数越高风险值越低。

4. 标准普尔、穆迪、惠誉等国际资信评级机构

国际资信评估公司也是外部评估机构的重要组成部分。美国的标准普尔公司（Standard & Poor's）、穆迪投资者服务公司（Moody's Investors Service）和惠誉国际信用评级有限公司（Fitch Ratings）也会对金融机构的信用等级做出统一标准的评定。长期以来，标准普尔、穆迪、惠誉信用评级分析在国际资本市场上广受投资者信赖。标准普尔为全球资本市场提供独立信用评级、指数服务、风险评估、研究投资和数据服务，一直处于领先地位。穆迪作为著名的债券评级机构，首创对铁路债券进行了信用评级。而惠誉作为三大国际评级机构之一，是唯一的欧资国际评级机构。这些评级机构定期发布评级信息，为投资者提供独立的参考指针。

（二）内部模型

内部模型是指由金融机构自己设定的用于评价国家风险的模型。金融机构的内部分析师根据这些模型自行判断哪些变量可以实现对债务重新安排国和债务非重新安排国的

区分,对相关变量根据不同的重要性赋予不同的权重进而实现对债务重新安排的合理解释。

1. 多重差异分析模型

多重差异分析模型是指利用该国的有效经济指标进行比较的实证研究方法。学者通常会采用该模型对国家风险进行计量测度。在选取指标进行实证分析时,需要重点考察对国家债务重新安排产生影响的一些因素能否作为实证变量。其中偿债率、进口率、国际储备比率都是模型中的重要因素。1971年弗兰克和克莱因运用8个指标进行分析,发现偿债率、分期还款与债务、进口与国际储备比率的影响比较显著,并据此进行了多重差异分析,比较理想地正确解释了13次重新债务安排事件中的10次。后来的学者用更多的数据和指标进行分析,找出了更多的影响指标。

2. 逻辑分析模型

逻辑分析模型是在假定某种债务状态(重新安排或非重新安排状态)的前提下进行多重贝努利实验,以便确认该逻辑假定的正确性。在假定通过某一经济变量确定该国处于重新安排或非重新安排状态后,通过构造 n 个解释变量线性组合的多重贝努利实验,根据结果是否与假定具有一致性来确定该国是否重新安排债务。

3. 统计分析模型

统计分析模型可以类比国内信用风险的评分模型,以国家重要的经济比率作为基础建立统计分析的风险评估模型。应用统计分析模型时,可以采取的债务重新安排概率的重要经济变量包括偿债率、进口率、出口收入波动性和投资率。

(1)偿债率。

$$偿债率 = \frac{应偿还的本息}{出口收入} \tag{8-4}$$

在经济、技术、人民生活水平程度较低的国家,获取外汇储备的主要方式为对外出口,如式(8-4)所示,偿债率与债务重新安排之间呈现正相关关系。根据《经济学人》2003年12月的统计数据,阿根廷、巴西与智利等国家的偿债额为其出口额的几倍之多,其偿债率分别为376%、531%与221%。国家应偿还的通货债务占出口收入的比重越大,需要进行债务重新安排的概率也越大。

(2)进口率。

$$进口率 = \frac{进口总额}{外汇储备总额} \tag{8-5}$$

在经济、技术、人民生活水平程度较低的国家,由于国内数量有限的基础生产设施,许多物品都需要依靠进口制成品来维持正常的社会运转。这些国家通常运用外汇储备来支付进口贷款,重要物资的进口需求越大,一国的外汇储备减少得也越快。作为外汇储备的重要用途,进口对外汇储备占比越大,欠发达国家债务重新安排的概率越大。由于在重要性上,偿还外债相比对重要物资的需求优先程度更低,因此进口率与债务重新安排之间呈现正相关关系。

(3)出口收入波动性。

$$出口收入波动性 = \sigma_{ER}^2 \tag{8-6}$$

由于数量风险与价格风险两个因素存在一定的不确定性,欠发达国家的出口收入会产生较大的波动。这会导致债权人更加担心在规定时间内欠发达国家不能履行债务还款承诺。出口收入波动性与债务重新安排之间呈现正相关关系。

(4) 投资率。

$$INVR = \frac{实际投资}{GNP}$$

(8-7)

投资率是衡量国家将其资源投入实际投资(如工厂与机器等)的具体情况。如今对于投资率与债务重新安排概率之间的相关关系,主流的观点是,对于投资率指标而言其越高代表投资水平越高,代表国家实际投资的比例越高,用于消费的比例越低,也说明了国家在未来的生产力更强,因而债务重新进行安排的概率也就越小,从而证明投资率与债务重新安排的概率之间呈现负相关关系。不过,一种相反的观点是:投资率高能使欠发达国家增强基础设施的建设,从而减少其未来对资金的依赖,进而使经济、技术、人民生活水平程度较低的国家在与债权人的谈判中获得更有利的位置;再者,金融机构信贷限额分配带来的风险和威胁也会降低,证明投资率与债务重新安排的概率之间呈现正相关关系。泰国和马来西亚 20 世纪 90 年代经济崩溃前的高投资率证明该观点存在一定的合理性。

四、国家风险的防范

(一)寻求第三者保证

国际性银行在进行跨国的信用贷款、投资与金融交易时,社会的变动及国家主体政策的改变会给这类经济活动带来潜在的风险。为减少这类国家风险造成的潜在金融损失,要求借款方寻求国家政府、中央银行、第三国银行或金融机构等第三方对交易提供保证。在借款国政府作为第三方的保证条件下,债权银行所面对的国家风险主要变成主权风险;在寻求信誉较好的第三国作为第三方的保证情况下,主权风险也能得到一定程度的减小。两种方式都能较好地降低国家风险对交易行为的负面影响。

(二)采用银团贷款

在第三方保证不易获得且贷款的数额庞大时,银团贷款的方式便成为化解国家风险的最优选择。银团贷款通过将个别银行单独承担放款风险转化为由银团组织的多个银行共同承担风险,从而减小国家风险对交易的冲击。银团贷款作为联合放款的组织,可以提供多种货币组合形式的贷款,操作形式也多种多样。银团贷款包括由银团各成员行委托代理行统一进行的直接银团贷款方式,也有由牵头行发起后分别转售给其他银行的间接银团贷款方式。银团贷款可以充分发挥金融整体的功能,通过更加多样化的金融服务形式抵御风险。

(三)债转股方式

债务国由于债务危机,债务方到期的债务无法按约定进行偿还时,债权方为了减小损失的规模,与债务方进行协商,通过债转股在债务支付安排的问题上达成一定程度的和解。债转股的形式是目前最流行的方式,债务方通过向债权方提供比原有账面价值更低的债券市场价值,对债务进行偿还。

(四)金融衍生工具

金融衍生工具是具有较高流动性的债务工具,相比传统贷款来说可转让性更高,更具深入发展的潜力。传统贷款市场的贷款结构相似,可转让程度较低,导致传统贷款市场很难进行深入交易,无法灵活规避风险。

第三节　破产风险

金融机构的稳定对整个经济社会至关重要,我们需要重点关注银行等金融机构的破产风险,因为一旦有金融机构发生破产危机,将会对整个金融市场乃至经济体系产生巨大的破坏。本节将重点探讨金融机构的破产风险。

一、破产风险的定义

破产风险(insolvency risk)是指经济主体的现存资产不足以偿还债务所产生的风险。法律意义上的破产指的是当债务人丧失清偿能力时,法院监督相关机构强制清算其全部财产,以清偿全体债权人的法律制度。破产风险是金融机构风险的重要方面,是利率风险、市场风险、信用风险、表外风险、操作风险、外汇风险、国家风险和流动性风险单独或者共同导致的结果。严格来讲,当金融机构所有者的资本或股东权益的来源不足以弥补前面讨论的一种或多种风险引起的损失时,就会导致破产。

二、破产风险的分类

(一)投资风险

投资的不同阶段会产生不同类型的风险,带来风险后果的严重程度也有所不同。投资风险一般具有造成的损失大、多种风险因素同时并存的特点。一旦各类风险的综合影响值很大,诸多金融机构都会面临破产风险。投资风险具体是指由于未来投资收益的不确定性,在投资中可能遭受收益损失甚至本金损失的风险。

(二)筹资风险

筹资风险是指负债筹资引起的且仅由主权资本承担的附加风险。金融机构承担风险程度因负债方式、期限及资金使用方式等不同,面临的偿债压力也有所不同。因此,筹资决策除规划资金需要数量,并以合适的方式筹措到所需资金以外,还必须正确权衡不同筹资方式下的风险程度,并提出规避和防范风险的措施。

(三)营业风险

营业风险是指金融机构在经营过程中,因技术设备或操作问题、管理人员失误或犯罪引起的风险,包括清算风险、技术风险、犯罪风险和操作风险。商业银行等金融机构对于运营过程中涉及的人员和设备都需要进行严格的管控,最大限度地降低营业风险发生的可能。

(四)交易风险

交易风险是指在约定以外币计价成交的交易过程中,由于结算时的汇率与交易发生时即签订合同时的汇率不同而引起收益或亏损的风险。金融机构在国际交易活动中,应尽量通过一系列风险防范手段稳健地进行交易业务,尽可能降低交易风险发生的概率。

(五)偿债风险

偿债风险是指金融机构不能按期偿还债务本金和利息所带来的风险。商业银行等金融机构的偿债能力在计算破产风险时属于一项重要的考虑因素,偿债能力不足导致外债不断增多,一旦违约将造成无法挽回的局面,银行则面临破产清算的风险。

三、破产风险的计算

破产风险是指经济主体的资产不足以偿还其负债所带来的风险,是其他风险的综合结果。在计算破产风险时,可以通过 Z 评分模型、破产概率推断法等定量识别或模型计算的方式进行破产风险评估。

(一)阿尔特曼 Z 评分模型

Z 评分模型是以多变量的统计方法为基础,以破产企业为样本,通过大量的实验,对企业的运行状况、破产与否进行分析、判别的系统。Z 评分模型是美国学者阿尔特曼 1968 年提出的用于衡量企业信用风险的方法,随后被广泛用于破产风险测度中。Z 评分模型作为一种常用的信用风险评价模型,也适用于评估银行等金融机构的破产风险。Z 值越小,金融机构发生财务危机的可能性就越大;Z 值越大,表明金融机构越稳定,银行发生财务危机的可能性就越小。其计算公式为

$$\text{Z-score} = f(\text{AR}_{it}, \text{CAR}_{it}, \text{EAR}_{it}, \text{ROA}_{it}, \text{ER}_{it}, \text{X}_{it}) \tag{8-8}$$

其中,$i=1,2,3,\cdots,n$;$t=1,2,3,\cdots,n$;AR 表示金融机构的资本充足率、CAR 表示核心资本充足率、EAR 表示附属资本率,这三个指标解释了金融机构的资本结构;ROA 表示资产收益率,ER 表示效率比率,这两个指标在一定程度上表示了金融机构的经营绩效。

Z 评分模型可以作为预测性指标预测企业破产的可能性,也可以作为检测性指标进行检验。企业在走向破产的过程中,分值会不断下降。破产前,变量值会发生较大幅度的变动。更多的学者完成了对 Z 评分模型的适用性验证及对模型的进一步完善等相关工作,证实了该模型也适用于金融行业的破产风险判别,但是相关判断的临界系数要根据实际情况进行调整。由于每个国家的经济环境不同,每个国家临界值的判断标准不同,因此各国企业的临界值也不同。在对 Z 值评分进行分类分析时,得分也可以依据由高到低的标准,对应到 AAA 级至 D 级的评分等级中。

（二）破产概率推断法

破产概率推断法是指在假定风险服从一定的分布函数规律的前提下，对破产风险进行概率推断的方法。金融机构中的保险机构常用该方法进行保险精算，确保对破产概率风险的合理推断和有效预防。对于金融机构中的商业银行业务而言，破产概率依赖贷款损失值与破产概率值之间的特定关系。在利差收益和违约损失一定的情况下，破产概率随着违约概率的减小而减小；在违约概率相同的情况下，破产概率随贷款净损失的减小而减小。可以依据贷款损失和破产概率之间的上述依赖关系对不同贷款类型金融机构的具体情况进行破产概率推断。金融机构利用破产模型可以推导出多种类型的贷款额下的破产概率，进一步描述金融机构对于违约风险的承受能力，有效地衡量金融机构的风险状况。

四、破产风险的防范

金融机构破产制度的建立需要在多个层面进行风险防范。首先，金融机构需要不断建立健全信息披露的流程和制度。其次，需要在业务监督体系上不断完善监督制度。再次，需要运用科学规范的手段对存款保险等相关制度进行管理。最后，基于以上操作还应辅之以必要的政府管制，以便最大限度地疏通市场，从整体上预防金融机构破产可能带来的市场振荡。

（一）针对商业银行的防范措施

1. 业务经营多样化

混业经营类型的商业银行须坚持用科学的组织方式在货币和资本市场上拓展业务、品种及服务模式，以降低破产风险。这类商业银行不仅要经营存、贷款业务，还要经营证券业务等其他金融业务，保持各类型经营业务的相互渗透和交叉。分业经营类型的商业银行在业务分离的基础上仍要保持对已有业务经营模式的不断创新。例如，业务服务对象要尽可能保持多样化，贷款业务中可以有工商业贷款、农业贷款、不动产贷款、消费者信用贷款等。业务多样化及结构合理化既可以使单一风险分散，也可以使不同业务的风险得到整体平衡，从而使商业银行的收益趋于稳定。金融业务的创新有利于实现金融市场自由化，能够在很大程度上分散商业银行的经营风险。

2. 商业银行可进行限额放贷、联合放贷

2015 年最新修订的《中华人民共和国商业银行法》（以下简称《商业银行法》）第 39 条规定："对同一借款人的贷款余额与商业银行的资本余额的比例不得超过 10%。"该限制条件有效地避免了贷款发放过于集中的问题，达到了分散风险的目的，降低了商业银行的破产风险。对大额贷款采取联合贷款或参与贷款的做法（如银团贷款模式等），使贷款的风险由几家商业银行共同分担，一旦所放贷款产生损失，每家商业银行都可以承受。联合放贷的模式实现了综合风险的多家分摊，可以使商业银行的风险处于可控状态。

（二）对金融机构的风险进行"内部化"操作

由于破产风险具有公共性、整体性及系统性的特点，这些外部性的特征导致对金融机

构的破产风险很难做到全方位的防范。因而在防范管控过程中,应尽可能将外部特征内部化,建立内部破产制度及监督管理制度,通过科学手段对金融机构进行管制,达到防范金融机构破产的目的。

(三)在国家层面完善金融机构破产制度

目前《中华人民共和国企业破产法》中并未对金融机构做出专门破产退出的相关规定,而针对性的金融机构破产制度及破产法对金融消费者权益会有很大的帮助。合理的金融机构破产处置程序和机制有助于实现风险处置程序与破产程序的合理、有序衔接,有利于推动金融机构的有序退出,以免扩大破产风险的损害结果,防范破产风险进一步演化为系统性金融风险。

第四节　合　规　风　险

商业银行在合规经营的过程中,需要保持一定的组织结构,制定相应的规章制度及程序对合规风险进行预防、化解。在动态的经营管理过程中,我们不仅要识别合规风险,在认识其重要性的同时还要建立完善的合规风险管理体系。

一、合规及合规风险的含义

中文的"合规"是由英文"compliance"翻译而来的。该词最初在英文语境中指对法律、政策等正式规范的遵守。巴塞尔协议Ⅱ中对"合规风险"的表述是:"银行因未能遵循法律法规、监管要求、规则、自律性组织制定的有关准则,以及适用于银行自身业务活动的行为准则,而可能遭受法律制裁或监管处罚、重大财务损失或声誉损失的风险。"从内涵上看,合规风险主要是强调银行因为自身的各种原因违反法律法规和监管规则等而遭受的经济或声誉的损失。这种风险性质更严重、造成的损失也更大。中国银行业监督管理委员会发布的《商业银行合规风险管理指引》(银监发〔2006〕106号)对合规做出的定义是:"使商业银行的经营活动与法律、规则和准则相一致。"而合规风险(compliance risk)的定义则是:"商业银行因没有遵循法律、规则和准则可能遭受法律制裁、监管处罚、重大财务损失和声誉损失的风险。"《商业银行合规风险管理指引》中对合规风险定义具体内容的理解可以分为以下几点:

(1)法律制裁和监管处罚是指国家专门机关针对违法者的不合规行为依其所应承担的法律责任而进行的强制性处罚,是法律责任实现的一种主要方式。其包括对个人进行行政罚款、取消从业资格等处罚方式的行政处罚,也包括由责任人承担刑事责任的刑事处罚。法律制裁与监管处罚的目的一般是恢复被破坏的法律秩序、教育违法者本人、保护现行的社会制度和社会秩序。

(2)重大财产损失是指违规经营中造成的财务损失,如违规发放贷款最终造成坏账损失等风险。

(3)声誉损失是指商业银行因为不合规行为导致其在社会上的地位受到影响,在社会上的良好声誉发生贬损等。

根据经营管理经过的阶段不同,合规风险可分为流程环节风险、非流程风险及控制派生风险。经营管理流程环节固有的风险属于流程环节风险。因系统性原因产生、非经营管理流程所固有的并且是可以控制的合规风险属于非流程风险。控制派生风险是针对流程中人为控制因素添加后派生出的其他合规风险。根据是否知情,可分为主动违规和无知违规。前者是主观意识明知不合规而为之,后者是由于不熟悉、不了解合规制度而实施了违规行为。

二、商业银行合规风险管理

巴塞尔委员会于 2005 年发布《合规与银行内部合规部门》,提出了银行合规工作的基本要求和基本原则,并对合规部门、岗位设置、合规风险多个方面做出了详细规定。商业银行为了更好地预防、控制和化解风险,实现合规经营的目的,应制定特定的组织构架和实施严格的制度准则,以实现健康经营。

(一)合规风险管理原则

(1)为使合规有效,要遵从由上到下贯彻合规方案的原则。合规应从高层做起,由董事会和高级管理层做出表率,才能更为有效地全体践行。银行应明确董事会和高级管理层在合规方面的特定职责,确定合规部门工作程序及任务。我国商业银行通常推崇将诚信和正义等较高的道德标准作为企业文化坚持践行,合规也应成为企业文化的一部分。银行员工将奉行合规准则作为企业文化的重要一环,有利于保障企业的长远发展。

(2)合规作为银行内部一项核心的风险管理活动,并不只是专业合规人员的责任,而是银行所有职工应该承担的责任。商业银行的所有在职人员均具有合规操作的责任,合规也应当成为员工的基本职业操守。在此行为准则下各个岗位的员工每天自觉遵守法律规定的操作规范,才能共同保证运营符合法律法规的基本要求。

(3)商业银行在开展业务时应时刻遵守法律的规定与精神。合规的必要性在于要时刻遵守法律法规,与法律法规的精神保持高度一致,始终不能触及国家的法律红线。这是一家银行的生存底线,也是其实现长远发展应当坚守的重要准则。

(4)合规创造价值原则。合规风险管理本身并不能增加商业银行的利润,但是在一定程度上通过合规操作活动使利润空间变大,合规情形下可以避免经济行为受到限制。

(5)银行在组织合规部门时应考虑是否与自身的风险管理战略和组织结构足够契合。合规部门虽然作为独立的部门进行决策,但是在制定决策时仍然要充分考虑商业银行本身的组织架构和战略规划。同时,商业银行合规部门仍需要与外部的合规监管机构相协调,与其进行有效互动。

(二)合规风险管理体系基本要素

合规风险管理体系中不仅要考量合规政策的制定,为了全方位地进行合规风险管理,管理体系中应包括以下基本要素:

首先,需要制定合规政策。管理过程中需要肯定合规部门的独立性地位,规定合规部门的功能和职责,确保合规部门可以独立地采取各项措施。其次,应对合规管理部门的组织架构和资源情况进行梳理。应在各部门组织关系中明确合规部门与银行其他风险部门以及内部审计部门之间的关系,不同部门分别承担不同的职责。合规部门为履行职责而具有获取必要信息的权力,其他部门应当予以配合。再次,应明确合规风险管理的计划内容,对合规风险的识别过程和管理流程予以规定。最后,要足够重视合规培训制度和教育制度。应建立健全风险识别和评估体系,并建立监督机制,运用科技手段建立全覆盖形式的监控、评估和预警系统,认真执行违约情况登记制度及进行风险提示。

【拓展阅读8-2】 外汇风险管理之历史经典——海因茨的辩护

【课后习题】

1. 什么是外汇风险?可以采用哪些方法对外汇风险进行管理?
2. 不同金融机构面临哪几类外汇风险?
3. 外汇风险管理的三大原则是什么?
4. 什么是国家风险?它有哪些特点?
5. 国家风险的外部评估机构有哪些?
6. 国家风险可以如何防范和化解?
7. 合规风险的原则有哪些?

即测即练

扫码答题

第九章

资本充足率与巴塞尔协议

学习目的

☞ 掌握资本的功能

☞ 掌握杠杆率的计算方法和监管要求

☞ 掌握资本充足率的计算方法和监管要求

☞ 了解巴塞尔协议Ⅰ、Ⅱ和Ⅲ的演变趋势

本章首先借助资本充足率分析资本在降低金融风险等方面的功能,并介绍资本的经济价值和账面价值在防范风险中的差异;然后重点考察杠杆率和资本与风险加权资产比率两种资本充足性衡量指标,以及人们赞成和反对的理由;最后介绍巴塞尔协议Ⅰ、Ⅱ和Ⅲ的演变趋势及在风险资本要求上的变化。

第一节 资　　本

一、资本的功能

(一)吸收非预期损失,提高风险缓释能力

为了确保生存,金融机构的管理层需要防范破产风险,即避免遭遇会使本机构倒闭的巨额风险。防范破产和倒闭风险的主要手段就是金融机构的资本。资本可以使金融机构有足够的能力化解非预期损失,以激励公众的信心,并使金融机构能够持续经营下去。

(二)保护债权人和其他利益相关者

在遭遇破产清算时,资本还能防止非股权债务持有者遭受损失,尤其是未获得担保(如存款保险公司)的债务持有者。同时,当金融机构倒闭时,存款保险公司这样的监管机构不得不进行干预,以保护被保险的债权人。因此,金融机构的资本还能为保险基金等提供保护,从而最终保护那些承担保险基金破产损失的纳税人的利益。

(三)维持金融机构所有者的保险费用支出

通过持有资本及降低破产风险,金融机构的运行稳定性增强,不必缴纳更多的保险费,而此类保险费来自金融机构的纯收益。例如,存款保险制度是一种金融保障制度,是指由符合条件的各类存款性金融机构集中起来,建立一个保险机构的制度。在这种制度

下,各存款机构作为投保人按一定存款比例向该保险机构缴纳保险费,建立存款保险准备金。当这些存款机构发生经营危机或面临破产倒闭时,存款保险机构向它们提供财务救助或者直接向存款人支付部分或全部存款,从而保护存款人的利益。对于商业银行来说,存款保险是需要缴纳保费的,若风险较大致使保费增加,银行的经营成本也会增加。

(四) 获得实际投资,提供更多的金融服务

与其他企业完全一样,股权或资本也是金融机构的一个重要资金来源。在金融机构的运行过程中,拓展新的业务、开发新的项目也需要大量的资金。具体而言,尽管受到监管约束,金融机构在为新的项目和业务扩张融资时,可以在债务和股权之间进行选择。新资本的注入使金融机构能够在更多的区域开展业务,通过建立新的分支机构、开办新的业务满足扩大市场的需求和客户需求。因此,影响一般企业资本结构选择的一些传统因素也会对金融机构的资本决策产生影响,如债务利息的税收抵扣、倒闭或破产的私人成本等。

(五) 维护金融体系稳定,促进可持续发展

除利用自有资金进行投资外,金融机构还可以运用存款人的资金,但前提是必须随时持有一定的储备以应对公众的提款要求。虽然单个存款人的资金需求是不确定的,但从整体来看,存款人的资金需求是相对稳定的,银行只需保留小部分资金就能满足存款人的取款需求。在这种机制下,金融机构具有无限扩张资产业务的倾向,然而不断变化的内外部环境使这种做法存在极大的风险,一旦有突发事件,将给金融机构带来灭顶之灾。监管机构制定的最低资本比率限制了金融机构资产业务的扩张程度,进一步地,资本有利于维护金融体系的稳定性、抵御经济周期波动风险、促进金融市场实现良性稳定发展。

二、资本的市场价值与账面价值

资本有许多定义,经济学家对资本的定义不同于会计师,而会计师对资本的定义又不同于监管部门。除投资银行业之外,监管部门所定义的资本及所要求的资本充足率,通常是全部或部分以账面价值会计准则为基础的。

(一) 资本的市场价值

经济学家将金融机构的资本或所有者权益定义为资产和负债的市场价值之差。这一差额也被称为金融机构的净值,这是资本的经济含义。金融机构经济净值的概念,实际上是一种市场价值会计准则。

【例 9-1】　假设某金融机构以市场价值衡量的资产负债表如表 9-1 所示。由于经济衰退,长期贷款不能按承诺履行还款计划。贷款当期及预期现金流的下降,使该金融机构贷款组合的市场价值下降为 1 200 万元。

表 9-1　某金融机构以市场价值衡量的资产负债表　　单位:万元

资　　产		负　　债	
长期债券	8 000	负债(短期浮动利率存款)	9 000

续表

资　产		负　债	
长期贷款	2 000	净值	1 000
	10 000		10 000

资产价值的损失要从权益所有者的资本或净值中扣除，即 800 万元贷款的市场价值损失作为金融机构净值的损失，出现在资产负债表的负债方。表 9-2 是调整后的资产负债表。

表 9-2　贷款价值下降后金融机构以市场价值衡量的资产负债表　　单位：万元

资　产		负　债	
长期债券	8 000	负债	9 000
长期贷款	1 200	净值	200
	9 200		9 200

在这种情况下，权益持有者要首先承担资产组合损失。由于债权的总市场价值为 9 000 万元，净值仍然大于 0，负债持有者完全能够得到保护。

只有当贷款组合损失超过 1 000 万元时，负债持有者才会受到损害。例如，由于信用风险加大使长期贷款的市场价值下降到 800 万元，这时资产的市场价值低于其负债的市场价值（见表 9-3），较大的损失使该金融机构丧失了清偿力，所有者净值完全被冲销，从而使净值为负数，导致负债持有者受到了损害。

表 9-3　贷款组合价值大幅下降后金融机构的资产负债表　　单位：万元

资　产		负　债	
长期债券	8 000	负债	9 000
长期贷款	800	净值	−200
	8 800		8 800

由于 1 200 万元贷款组合损失中的前 1 000 万元是由权益持有者承担的，只有当权益持有者完全损失后，负债持有者才开始承担损失，因而负债持有者损失 200 万元，即 2.22%。在金融机构丧失清偿力并对剩余的 8 800 万元的资产进行清理之后，储户将从每一元中获得 88/90，即存款的 97.77%。由于净值的存在，负债持有者损失并不严重。[①]

资产负债表的市场价值能够从经济上准确地反映净值的状况，从而能够准确地反映金融机构的清偿力地位。净值或资本可以作为一笔保险基金，用于防止储户等负债持有者遭受破产风险。从法律上讲，负债持有者对金融机构资产的求偿权要优先于权益持有者。只有当权益持有者完全损失后，负债持有者才开始承担损失。因此，权益持有者要首先承担资产组合损失。在逐日盯市或市场价值方式下，如果该金融机构在经济上具有清偿能力，那么它在此时进行资产清理的话，并不会给储户或监管部门带来破产损失。

相对于其资产而言，金融机构净值的规模越大，负债持有者和负债担保者（如存款保

---

① 在这里，我们忽略存款保险。

险公司)获得的破产保护或保险就越大。这就是监管部门在评估金融机构的破产风险和确定风险存款保险费时,要关注资本要求的主要原因。换句话讲,如果在金融机构的经济净值降为零之前,监管者能及时将其关闭,那么无论是负债持有者还是向负债持有者的债权提供担保的监管部门,都不会遭受损失。

(二) 资本的账面价值

金融机构资本的账面价值是指资产和负债的账面值之差,通常由以下四部分构成。

(1) 股票的面值。金融机构所发行的普通股的面值乘以所发行的股票数。

(2) 股票盈余价值。最初发售时,公众购买普通股或股票所支付的价格与股票面值之差,再乘以所发行的股票数。

(3) 留存收益。过去的利润中未用于支付股息的累积价值。由于这些收益可以用于支付股息,因此它们是金融机构所有者权益的一部分。

(4) 贷款损失准备。来自留存收益的一种特殊准备,用于弥补资产组合预期的和实际的损失。贷款损失准备反映了金融机构的管理层对贷款组合损失的一种估计。尽管法规会影响这种损失准备的规模,但它实际上是由金融机构的管理层确定的。

在账面价值会计准则下,金融机构在面临风险损失时对资产负债表中贷款损失的确认时间有较大的自由决策权,因此在这种风险损失给资本造成的影响上也就拥有较大的自由决策权。事实上,金融机构为了向储户和监管部门展示更好的形象,会尽可能地避免对不良资产价值的冲减。在监管部门的压力下,如中国银行业监督管理委员会(简称银监会)和国务院国有资产监督管理委员会(简称国资委)等释放监管从严信号,金融机构才可能被迫对不良资产的价值进行确认和冲抵。即使对存款机构的现场核查变得更加频繁,但在贷款账面价值的冲抵方面,金融机构仍然存在一种拖延的趋势。国际上一个典型的例子是日本的银行在确认 1996—2000 年的贷款损失时表现出明显的拖延现象。据保守估计,受亚洲金融危机及日本国内经济衰退的影响,截至 2000 年年底,日本的银行呆账总额估计超过 32 万亿日元,但大多数呆账都按原始账面价值记录在资产负债表中。

【例 9-2】 假设某金融机构账面价值的资产负债表如表 9-4 所示。由于经济衰退,长期贷款不能按承诺履行还款计划。贷款组合的市场价值从 2 000 万元降到 1 200 万元,即市场价值损失 800 万元。

表 9-4　某金融机构以账面价值衡量的资产负债表　　　　单位:万元

资　　产		负　　债	
长期债券	8 000	短期负债	9 000
长期贷款	2 000	净值	1 000
	10 000		10 000

在历史账面价值会计方法下,金融机构对其资产负债表中贷款损失的确认时间有较大的自由决策权。假设在监管部门的压力下,金融机构被迫确认其贷款组合的损失为 300 万元,仅这 300 万元的损失从股东权益账面价值中扣除。① 表 9-5 是新的账面价值资

---

① 严格地讲,这 300 万元的资产损失将从权益中的贷款损失准备中扣除。

产负债表。

表 9-5　某金融机构权益账面价值中扣减贷款损失所造成的影响　单位：万元

资　　产		负　　债	
长期债券	8 000	负债	9 000
长期贷款	1 700	净值（从贷款损失中扣除 3 个单位的损失）	700
	9 700		9 700

对比表 9-2、表 9-3 和表 9-5，可见资产账面价值的减计和拖延现象将导致资本账面价值与金融机构实际清偿能力状况之间存在较大的偏差。

在利率风险影响的确认方面，账面价值存在更严重的失误。在账面价值会计准则下，所有的资产和负债都反映了它们的初始购买成本，因此利率的上升对资产、负债的价值或者说对权益的账面价值都没有影响。例如，20 世纪 80 年代初期，美国利率急剧上升，但储蓄机构仍然按历史账面价值报告长期固定利率抵押贷款，造成储蓄机构的资本账面价值仍然为正数，不过抵押贷款的市场价值已经远低于其资产负债表中的账面价值。

因此，在实际中，资本账面价值经常会对金融机构的真实清偿能力状况产生扭曲。由此，它将会对金融机构管理者、所有者、负债持有者和监管部门等产生一定的误导，甚至可能引发相关风险。

（三）二者的比较

金融机构的账面价值与市场价值之间可能存在巨大的差距。例如，20 世纪 80 年代，美国许多储蓄机构因为资本账面价值较低而关闭时，其市场净值在 −30% 以下。造成金融机构资本账面价值与实际市场价值之间偏离的原因是多样的，包括金融机构自身、监管审查方面及外部市场环境变化等。一般而言，二者的偏离程度主要取决于下面两个因素。

一是利率的波动性。利率的波动性越大，二者的差异越大。在利率发生波动时，金融机构资产、负债和表外头寸的市场价值也会随之发生变化，然而金融机构的账面价值并未发生变化。而且随着利率波动的加大，金融机构的市场价值和账面价值的差额会逐渐扩大。

二是核查与法规的执行力度。现场和非现场的核查越频繁，以及核查员和监管部门对不良贷款冲销执行得越严格，二者的差异就越小。通过提高金融机构管理人员的重视程度、加大规章制度与专业能力的培训、规范核查流程等方式，并加强核查与法规的执行力度建设，可以促使账面价值更好地体现金融机构的清偿能力，缩小与市场价值间的差距。

对公开上市的大型金融机构，可以采用市场价值与账面价值的比值来反映金融机构权益资本市场价值与其资产负债表中资本账面价值之间的差异。具体而言，在一个有效的资本市场上，投资者可以在金融机构当期和未来预期的净收益或股息流量的基础上，推测金融机构资产和负债的价值，从而对股票价值进行估值。在实际应用中通常直接利用金融机构的股票价格来反映这种估价。于是，每股权益的市场价值（MV）为

$$MV = \frac{权益所有者股份的市场价值}{股份数} \tag{9-1}$$

根据前面的介绍,金融机构每股权益的账面价值(BV)可以采用如下方法计算:

$$BV = \frac{股权面值 + 盈余价值 + 留存收益 + 贷款损失准备}{股份数} \tag{9-2}$$

因此,市场价值与账面价值的比值越低,资本账面价值相比金融机构的实际权益价值的高估就越严重。

(四)监管选择

尽管市场价值会计准则在衡量金融机构的实际清偿能力方面具有明显优势,但是监管部门在计量资本时通常都是全部或部分以账面价值会计准则为基础的。例如,商业银行监管所定义的资本和资本充足率指标大多以账面价值为主,而投资银行以市场价值为主。除机构类型的特征差异外,这主要是由于市场价值记账方法的实施难度、经济净值的频繁波动、金融机构特殊功能需求等因素造成的。

(1)市场价值记账方法的实施难度较大。由于无法准确知道资产的市场价格,而采用逐日盯市方法可能会有较大误差等原因,导致这种方法难以实施。特别是某些小型商业银行和储蓄机构的资产负债表中有大量的小额贷款等不可交易资产。当然,也有持相反观点者,他们认为只要能够确定资产或负债的当期和预期现金流以及贴现率,则对不可交易资产的市场估价所导致的误差仍然有可能小于使用初始账面价值所导致的误差。此外,随着贷款出售和资产证券化业务的增长,也能获得更多相关资产的市场参考价。

(2)净值波动可能过于频繁。在许多情况下,金融机构会将贷款和其他资产持有到期,因此在当期并未造成实际的资本收益或损失。然而,采用市场价值准则时,利率等的大幅波动可能造成当期金融机构经济净值的显著下降,这将使监管部门被迫过早地关闭大量的金融机构。但也有相反观点认为,现在金融机构越来越多地积极参与资产的交易、买卖和证券化,而不是将其持有到期。此外,如果不能及时充分地体现利率变化所带来的资本收益和损失,金融机构的权益就不能反映其实际的利率风险。

(3)金融机构特殊功能可能受到限制。如果按市场价值来反映信用质量和利率的变化,可能导致金融机构倾向于持有风险相对较小的短期资产,而不愿面对长期的资产风险,这样势必会影响金融机构作为贷款者和监督者的特殊功能,甚至有可能导致或加重重大的信用紧缩。这也是反对市场价值准则最有说服力的理由。

第二节 资本充足率

资本具有金融机构化解非预期损失等重要功能。资本充足与否反映了商业银行在存款人和债权人的资产遭到损失之前,该银行能以自由资本承担损失的程度。因此,资本充足相关指标的监管有利于抑制风险资产的过度膨胀,保护存款人及其他债权人的利益,保证银行等金融机构正常运营和发展。通常,各国金融监管机构都对商业银行的资本充足率有相对严格的管制,目的是监测银行抵御风险的能力。

资本充足率的衡量指标有不同的计算口径,主要比率指标有资本对存款的比率、资本对负债的比率、资本对总资产的比率、资本对风险资产的比率等。作为国际银行监督管理基础的巴塞尔协议规定,资本充足率以资本对风险加权资产的比率来衡量。自巴塞尔协议Ⅰ发布以来,资本充足率作为商业银行一项能够反映自身风险抵御能力的综合指标,日益受到经营者和监管者的青睐。随着 2008 年金融危机的爆发,监管者进一步意识到银行体系的表内外杠杆率的过度累积也可能造成严重危害。因此,巴塞尔协议Ⅲ提出引入以规模为基础而与具体资产风险无关的杠杆率监管,并将其作为资本充足率的补充。

下面以商业银行和储蓄机构为例,在资本分类的基础上,重点介绍两种不同的资本比率:一是杠杆率;二是资本与风险加权资产比(通常又被直接称为资本充足率)。

一、资本分类

银行资本按照来源的不同,通常可以分为权益性资本、债务性资本、盈余及其他资本。基于监管角度考虑,巴塞尔协议对资本定义与分类也做出了明确的规定。

(一)巴塞尔协议的资本分类

1988 年 7 月,巴塞尔协议Ⅰ[①]对银行资本做出了明确的规定:商业银行的资本应当与资产的风险相联系,银行资本的主要作用是吸收和消化银行损失,因此银行的资本构成应当取决于资本吸收银行损失的能力。此外,对于银行资本的具体构成,巴塞尔协议Ⅰ有明确的规定。该协议将资本划分为两档:第一档是核心资本,第二档是附属资本。

第一档:核心资本(Tier 1 Captial,一级资本)。第一档资本与银行股权的账面价值密切相关,反映了银行所有者缴纳的核心资本。从大体上看,第一档资本等于普通股账面价值与永久(无到期日)优先股和银行在附属机构持有的少数权益之和再减去商誉。商誉是一项会计记录,它反映了某家银行收购其他银行或附属机构时,支付的金额高出市场价值的那一部分款项。

第二档:附属资本(Tier 2 Capital,二级资本),是指一系列的次级资本来源,包括银行贷款损失准备,以及一定限额的各种可转换债务工具和附属债务工具。巴塞尔协议Ⅰ中规定的附属资本包括五项:未公开储备、重估储备、普通准备金或普通呆账准备、混合资本工具、长期次级债务工具。

巴塞尔协议Ⅱ将资本分为核心资本和附属资本,同时还有三级资本可用于吸收市场风险损失[②]。相较巴塞尔协议Ⅰ与巴塞尔协议Ⅱ,巴塞尔协议Ⅲ在继承核心监管标准与思路的基础上将银行的资本分为两级(一级资本和二级资本),取消了原来专门用于市场风险的三级资本,市场风险所需资本应与信用风险同等对待。一级资本是维持银行持续经营的资本,主要表现形式是普通股和留存收益,创新性工具作为一级资本将被严格限制。二级资本是在银行清算时发挥作用的资本,原来二级资本中的五种划分被取消,改为11 条严格的条件(如偿还顺序列在存款人、一般债权人之后,必须有减记或核销条款,期限不能短于 5 年,在 5 年之间要按比例摊销等),这也意味着合格的二级资本将大幅减少。银行必须明确披露一级资本中普通股比例、核心一级资本、权益一级资本等,而且普通股

---

① 全称《巴塞尔委员会关于统一国际银行资本衡量和资本标准的协议》。

② 宁喆敏.巴塞尔协议Ⅲ的变革及其影响分析[J].湘潭大学学报(哲学社会科学版),2012,36(3):51-55.

比例必须占主导地位。此外,按照本次资本调整方案,无形资产和递延所得税资产要从普通股项下扣除[①]。

(二)我国银行资本分类

1996 年,我国颁布《商业银行资本负债比例管理暂行监控、监测指标》,对资产的定义、风险资产及对应权重、表外业务和资本充足率都做了说明。1997 年,中国人民银行依据巴塞尔协议Ⅰ的精神,根据我国商业银行体系的具体情况规定了商业银行的资本构成。2004 年 2 月 23 日,《商业银行资本充足率管理办法》经国务院批准由中国银行业监督管理委员会发布,并于 2004 年 3 月 1 日起施行。2012 年 6 月 7 日,《商业银行资本管理办法(试行)》(以下简称《办法》)经中国银监会第 115 次主席会议通过,自 2013 年 1 月 1 日起施行。

根据《办法》的规定,我国商业银行监管资本包括核心一级资本、其他一级资本、二级资本。其中,核心一级资本包括:实收资本或普通股;资本公积;盈余公积;一般风险准备;未分配利润;少数股东资本可计入部分。其他一级资本包括:其他一级资本工具及其溢价;少数股东资本可计入部分。二级资本包括:二级资本工具及其溢价;超额贷款损失准备。

二、杠杆率

商业银行、投资银行等金融机构一般都采取杠杆经营模式。高杠杆意味着在经济繁荣阶段,金融机构能够获得较高的权益收益率,但当市场发生逆转时,将会面临收益大幅下降的风险。2008 年金融危机的重要原因之一是美国等国家银行体系的表内外杠杆率的过度累积。这次危机之前,金融工具的创新及低利率的市场环境导致银行体系积累了过高的杠杆率,使资本充足率与杠杆率的背离程度不断放大。危机爆发期间,这些商业银行的去杠杆化又显著放大了金融体系脆弱性的负面影响。危机最为严重的时期,美国等国家的银行业被迫降低杠杆率,放大了资产价值下滑的压力,进一步恶化了损失、银行资本基础减少与信贷收缩之间的正反馈循环。

(一)杠杆率与监管

1. 巴塞尔协议杠杆率监管

巴塞尔委员会吸取 2008 年金融危机的经验教训,在完善巴塞尔协议Ⅲ时,提出引入基于规模、与具体资产风险无关的杠杆率作为监管指标,设置下限为 3%,作为资本充足率的补充,按监测指标执行。

杠杆率可以作为平行运作期的测试基础,按照资本总量和风险暴露总量的定义,计算过去一个季度里资本总量除以风险暴露总量的月平均值。具体计算方法为

$$杠杆率 = \frac{一级资本 - 资本扣减项}{表内表外总资产风险暴露} \tag{9-3}$$

---

① 杨军.风险管理与巴塞尔协议十八讲[M].北京:中国金融出版社,2013.

在式(9-1)中,资本总量以一级资本为基础。风险暴露总量不使用风险加权,一般按照风险暴露的会计方法计量,与会计账户保持一致,做到监管披露与财务披露的对比。将会计科目的核算结果与杠杆率风险敞口的计算结果进行比较,且对其中差别较大的地方,银行要单独列出说明。

为进一步降低金融机构"大而不能倒"的道德风险,强化杠杆率的底线作用,2017年12月完成修订的巴塞尔协议Ⅲ最终版对杠杆率进行了修正(见表9-6),允许在风险敞口的计算中扣减贷款准备金,同时提高了全球系统重要性银行的杠杆率最低要求。

$$全球系统重要性银行的杠杆率最低要求 = 一般银行杠杆率最低要求 +$$
$$全球系统重要性银行附加资本充足率 \times 50\% \tag{9-4}$$

表 9-6　巴塞尔协议Ⅲ最终版中全球系统重要性银行杠杆率最低要求　　　　%

一 般 银 行	全球系统重要性银行	
杠杠率最低要求	附加资本充足率要求	杠杆率最低要求
3	1.0	3.50
	1.5	3.75
	2.0	4.00
	2.5	4.25
	3.5	4.75

2. 我国杠杆率监管

银监会根据巴塞尔协议Ⅲ相关内容,结合中国银行业改革和发展实际情况,2011年6月颁布了《商业银行杠杆率管理办法》,确立了我国银行业杠杆率监管政策的总体框架,明确了杠杆率的计算方法及其监管的基本原则等。《商业银行杠杆率管理办法(修订)》自2015年4月1日起施行。根据上述规定,杠杆率是指商业银行持有的符合有关规定的一级资本与商业银行调整后的表内外资产余额的比例,其计算公式为

$$杠杆率 = \frac{一级资本 - 一级资本扣减项}{调整后的表内外资产余额} \times 100\% \tag{9-5}$$

其中,分子项的计算口径为《商业银行杠杆率管理办法(修订)》所定义的一级资本和一级资本扣减项。一级资本被认为是具有最高质量的资本工具,能够在银行持续经营的条件下充分吸收损失,是帮助银行免遭破产的根本。分母项调整后的表内外资产余额计算不考虑抵质押品、保证和信用衍生产品等信用风险缓释因素。具体来看:

调整后的表内外资产余额 = 调整后的表内资产余额 + 调整后的表外项目余额 — 一级资本扣减项

$$\tag{9-6}$$

根据银监会2015年发布的《商业银行杠杆率管理办法(修订)》,一级资本占调整后表内外资产余额的比例不低于4%,以弥补资本充足率的不足,控制银行业金融机构以及银行体系的杠杆率积累。对于杠杆率低于最低监管要求的商业银行,银监会及其派出机构可以采取以下纠正措施:要求商业银行限期补充一级资本;要求商业银行控制表内外资产增长速度;要求商业银行降低表内外资产规模。

2022年6月发布的《银保监会关于印发金融资产投资公司资本管理办法(试行)的通知》指出,金融资产投资公司杠杆率不得低于6%,并应每半年披露一次。对于杠杆率低于

最低监管要求的金融资产投资公司,银保监会可以提出以下监管要求:在限定期限内补充一级资本;控制表内外资产增长速度;降低表内外资产规模。

【拓展阅读9-1】 系统重要性银行名单迎首次更新

(二)杠杆率的优缺点

杠杆率监管是一种防范银行系统性风险的有效手段,能够起到增强银行系统性风险防范能力的作用。引入杠杆率作为资本监管的补充手段,其主要优点包括:一是杠杆率的计算简单直观便于监管,能够避免加权风险资本充足率的复杂性问题,可以在绝对规模上避免银行过度扩张;二是杠杆率反映股东出资对保护存款人和抵御风险的作用,可以避免顺周期性,有利于维持银行的最低资本充足水平,确保银行拥有一定水平的高质量资本,如普通股和留存利润等;三是有利于控制银行资产负债表的过快增长,通过引入杠杆率,使资产扩张的规模控制在银行有形资本的一定倍数之内,有利于控制商业银行资产负债表的过快增长。

当然,杠杆率也有其内在缺陷,具体包括以下几种。

第一,市场价值。虽然资本与资产账面价值之比为正值,但有可能市场净值为一个很大的负数。也就是说,杠杆率并不能确保储户和监管部门免受损失。

第二,资产风险。对不同风险的资产不加区分,对所有资产都要求同样的资本,难以起到鼓励银行有效控制资产风险的目的。由于没有风险敏感性,单独的杠杆率指标容易造成大量的监管资本套利。

第三,统一标准。杠杆率缺乏国际统一的标准和定义,同时对会计准则有很强的依赖性。由于杠杆率的相关项目主要来源于资产负债表,受会计并表和会计确认规则的影响很大,在各国会计准则有较大差异的情况下,该指标难以在不同国家之间进行比较。

第四,资产表外化。商业银行可能通过将资产表外化等方式规避杠杆率的监管要求。在短期,杠杆率会从表内外资产总量方面约束银行追逐风险资产的行为,降低系统性风险,但是从长期看,杠杆率监管会促使银行增加表外业务以转移风险,风险传染的负外部性增大将会增加金融系统的整体风险。

由于杠杆率具有以上缺点,不可能简单替代资本与加权风险资产比率作为独立的资本监管手段,但其作为加权风险资本充足率的补充手段,可以从另一个角度反映银行资本充足状况和资产扩张规模。

三、资本与风险加权资产比

资本与风险加权资产比[①](以下简称资本充足率),反映了监管侧重点是防备风险资产而非总资产风险。根据资本充足率规则,总资本充足率的计算公式为

$$总资本充足率 = \frac{资本总额(一级资本 + 二级资本)}{风险加权资产} \tag{9-7}$$

总资本充足率又可分为一级(核心)资本与风险加权资产比(简称核心资本充足率)和

---

① 又称风险资本比、资本风险(加权)资产率、资本与风险资产比率等。

二级资本与风险加权资产比。其中,核心资本充足率的计算公式为

$$核心资本充足率 = \frac{一级资本(核心资本)}{风险加权资产} \tag{9-8}$$

资本充足率作为商业银行一项能够反映自身风险抵御能力的综合指标,日益受到经营者和监管者的青睐。1988 年 7 月,巴塞尔委员会通过了巴塞尔协议Ⅰ,提出了商业银行资本充足率不得低于 8%,核心资本充足率不得低于 4% 的最低资本要求。2004 年发布的巴塞尔协议Ⅱ在巴塞尔协议Ⅰ的基础上构建了"三大支柱"的监管框架,并将最低资本要求作为第一支柱。2010 年发布的巴塞尔协议Ⅲ进一步强化了资本充足率监管标准,明确了三个层次的最低资本要求:核心一级资本充足率 4.5%;一级资本充足率 6%;总资本充足率 8%。

根据银监会 2012 年发布的《商业银行资本管理办法(试行)》,商业银行总资本包括核心一级资本、其他一级资本和二级资本,商业银行应当按照以下公式计算资本充足率。

$$资本充足率 = \frac{总资本 - 对应资本扣除项}{风险加权资产} \times 100\% \tag{9-9}$$

$$一级资本充足率 = \frac{一级资本 - 对应资本扣除项}{风险加权资产} \times 100\% \tag{9-10}$$

$$核心一级资本充足率 = \frac{核心一级资本 - 对应资本扣除项}{风险加权资产} \times 100\% \tag{9-11}$$

2012 年发布的《商业银行资本管理办法(试行)》规定,最低资本要求为:核心一级资本充足率不得低于 5%;一级资本充足率不得低于 6%;总资本充足率不得低于 8%。银行应在最低资本要求的基础上计提储备资本,储备资本要求为风险加权资产的 2.5%。在特定情况下,银行还应在最低资本要求和储备资本要求之上计提逆周期资本。逆周期资本要求为风险加权资产的 0~2.5%。

除上述资本充足率监管要求外,商业银行还应当满足杠杆率监管要求。

(一)信用风险和风险资本

下面以巴塞尔协议Ⅰ和巴塞尔协议Ⅱ的标准框架为基础,介绍资本如何被用于信用风险的缓冲。在这里,资本与风险加权资产比的分母,即信用风险加权资产,由两部分构成:一是表内信用风险加权资产;二是表外信用风险加权资产。

1. 表内信用风险加权资产

表内信用风险加权资产是在巴塞尔协议Ⅰ和巴塞尔协议Ⅱ的标准框架中,对银行的表内资产加以区分,根据不同种类资产的信用风险确定不同的风险度,以风险系数为权重求得的表内信用风险加权资产。即

$$表内信用风险加权资产 = \sum_{i=1}^{n} w_i a_i \tag{9-12}$$

其中,$w_i =$ 第 i 种资产的风险权重,$a_i =$ 第 i 种资产的账面价值。可见,衡量表内资产的风险调整价值的关键在于资产信用风险类别的划分。

1)巴塞尔协议Ⅰ的信用类别

按照巴塞尔协议Ⅰ,每家银行都必须将自己的资产归入下列四类信用风险中的某一

类别中：0、20%、50%或100%。在分类基础上，利用表内资产账面价值和相应的风险权重即可求出表内信用风险加权资产价值。表内信用风险的主要类别以及属于各种类别的资产大致如下：

第一类（风险权重为0）：现金，以本币定值发放并以本币筹集的对中央政府和中央银行的债权，经济合作与发展组织（OECD）国家的政府债券。

第二类（风险权重为20%）：在途现金，经济合作与发展组织（OECD）国家的银行同业存款及担保债权，经济合作与发展组织（OECD）国家之外的部分银行存款和政府债券。

第三类（风险权重为50%）：适用以借款人租住或自住的居住性房产作全额抵押的贷款，其他（收入）市政债券。

第四类（风险权重为100%）：以上未列出的所有其他表内资产，包括向私营实体和个人的贷款，除经济合作与发展组织（OECD）国家之外的部分政府债权和银行债权，实际资产以及在附属机构的投资。

巴塞尔协议Ⅰ中资产类别的每项风险权重取决于借款者所属的总的类别，即借款者是属于主权国家、银行还是公司。例如，根据巴塞尔协议Ⅰ，不管借款公司的信用风险如何，所有的公司贷款的风险权重都是100%。这也是针对巴塞尔协议Ⅰ中风险权重的主要批评。

2）巴塞尔协议Ⅱ的信用类别

巴塞尔协议Ⅱ中，通过引入信用风险权重对风险类别进行了更细致的划分，使监管部门的资本要求与影响银行风险的关键因素更为接近。具体而言，风险权重通过参考外部评级机构（如标准普尔）的评级结果进行了细化。因此，巴塞尔协议Ⅱ中的标准化方法所计算出的资本比率能更准确地反映存款机构所面临的实际信用风险。

根据巴塞尔协议Ⅱ，每家银行都要将自己的资产归入五类信用风险（0、20%、50%、100%或150%）中的某一类。与巴塞尔协议Ⅰ中类似，通过将表内资产账面价值乘以其相应的风险权重，可以计算得出银行的表内信用风险加权资产。信用风险的主要类别及各个类别所属的资产大致如下：

第一类（风险权重为0）：现金，以本币定值发放并以本币筹集的对中央政府和中央银行的债权，经济合作与发展组织（OECD）国家的政府债券，以及信用评级为AA−及以上的主权贷款。

第二类（风险权重为20%）：在途现金，经济合作与发展组织（OECD）国家的银行同业存款以及担保债权；经济合作与发展组织（OECD）国家之外的部分银行存款和政府债券，信用评级在A+到A−之间的主权贷款，信用评级达到或超过AA−的银行同业贷款和公司贷款。

第三类（风险权重为50%）：适用以借款人租住或自住的居住性房产作全额抵押的贷款，其他（收入）市政债券，信用评级在BBB+到BBB−之间的主权贷款，信用评级在A+到A−之间的银行同业贷款和公司贷款。

第四类（风险权重为100%）：信用评级在BB+到B−之间的主权贷款，信用评级在BBB+到B−之间的银行同业贷款，信用评级在BBB+到BB−之间的公司贷款，以上未列出的所有其他表内资产，包括向私营实体和个人的贷款、除经济合作与发展组织（OECD）国家之外的部分政府债权和银行债权、实际资产以及在附属机构的投资。

第五类(风险权重为 150%):信用评级低于 B- 的主权贷款、银行同业贷款和证券公司贷款,信用评级低于 BB- 的公司贷款。

3)应用举例

美国是典型的经济合作与发展组织(OECD)国家,接下来我们以美国某商业银行为例,详细说明资本与信用风险加权资产比的整个计算过程。假设这家美国商业银行的资产负债表如表 9-7 所示,在这里,我们先计算表内信用风险加权资产价值。

表 9-7　美国某商业银行资产负债表　　　　　单位:百万美元

资　　产		负债/权益	
现金	8	活期存款	170
美联储存款余额	13	定期存款	500
短期国债	60	定期存单	415
长期国债	50	购买联邦基金	91
长期政府机构债券 GNMAs	42		
在途现金	10	可转换债券	15
长期政府机构债券 FNMAs	15	次级债券	10
市政债券(普通债务债券)	25	(不受限定的)永久性优先股	5
大学公寓债券(收入债券)	34	留存收益	10
住房(1~4 套家庭住房)抵押贷款	325	普通股	26
向美洲银行贷款(AA+级)	10	(受限定的)永久性优先股	10
商业贷款(AAA-级)	60		
商业贷款(A 级)	75		
商业贷款(BB+级)	390		
商业贷款(CC+级)	15		
第三世界贷款(B+级)	108		
房屋与设备	22		
贷款损失准备	(10)		
资产总额	1 252	负债和权益	1 252

表外业务:

向一家美国大公司(BB+级)提供 8 000 万美元的 2 年期贷款承诺

向一家美国公司(BBB级)签发 2 000 万美元的备用信用证作为直接信用担保

向一家美国公司(A级)签发 6 000 万美元的商业信用证

一笔名义值为 1 亿美元的 4 年期利率互换(定息与浮息互换),重置成本为 -300 万美元

一笔价值为 8 000 万美元的两年期远期外汇合约,重置成本为 150 万美元

【例 9-3】 假设美国某商业银行的资产负债表如表 9-7 所示。根据巴塞尔协议 I 和巴塞尔协议 II,我们首先对表内资产进行信用风险分类(结果见表 9-8)。

表 9-8　表内资产的信用风险权重

资产/百万美元		信用风险权重/%	
		巴塞尔协议 I	巴塞尔协议 II
现金	8	0	0
美联储存款余额	13	0	0

续表

资产/百万美元		信用风险权重/%	
		巴塞尔协议 I	巴塞尔协议 II
短期国债	60	0	0
长期国债	50	0	0
长期政府机构债券 GNMAs	42	0	0
在途现金	10	20	20
长期政府机构债券 FNMAs	15	20	20
市政债券(普通债务债券)	25	20	20
大学公寓债券(收入债券)	34	50	50
住房(1~4套家庭住房)抵押贷款	325	50	50
向美洲银行贷款(AA+级)	10	100	20
商业贷款(AAA−级)	60	100	20
商业贷款(A级)	75	100	50
商业贷款(BB+级)	390	100	100
商业贷款(CC+级)	15	100	150
第三世界贷款(B+级)	108	100	100
房屋与设备	22	100	100
贷款损失准备	(10)		
资产总额	1 252		

(1) 巴塞尔协议 I 框架下。

表内信用风险加权资产＝(8+13+60+50+42)×0+(10+15+25)×20％+(34+325)×50％+(10+60+75+390+15+108+22)×100％＝869.5(百万美元)

可见,尽管表内资产直接的账面价值为 12.52 亿美元,但其信用风险调整价值为 8.695 亿美元。这是因为,这家商业银行表内大量资产的信用等级权重都低于 100％。

(2) 巴塞尔协议 II 框架下。

表内信用风险加权资产＝(8+13+60+50+42)×0+(10+15+25+10+60)×20％+(34+325+75)×50％+(390+108+22)×100％+15×150％＝783.5(百万美元)

巴塞尔协议 II 调整了对待主权贷款、同业贷款和公司贷款的方法,即利用信用评级机构对借款人信用等级的评价来增强标准化方法对风险的敏感性。由于这家商业银行相关资产的级别相对较高,巴塞尔协议 II 的计算结果 7.835 亿美元低于巴塞尔协议 I 的计算结果 8.695 亿美元。

2. 表外信用风险加权资产

资本与风险加权资产比的分母中另一个组成部分是银行表外业务的信用风险加权资产。这些表外业务代表了存款机构的或有债权,而不是实际债权。因此,监管法规并不要求以这些业务的全部面值来持有资本,而是要求以这些证券可能会给存款机构带来的表内信用风险等值额来持有资本。

因此,我们按照下面两个步骤来计算这些表外业务的风险调整资产价值。

第一步:将表外价值转换成表内信用等值额,即与表内业务信用风险等值的金额。

表外业务信用风险等值额的转换方法与表外业务的分类有关。通常我们将表外业务分为两类：一是或有担保合约，如信用证；二是衍生合约，如远期、期权和互换合约。

第二步：赋予表外信用等值额一个风险类别。风险类别的判断方法与前面的表内信用风险加权资产类似。

于是，我们可以得到：

$$表外信用风险加权资产＝表内信用风险等值额×风险权重$$
$$＝或有担保合约的信用等值额×风险权重＋ \quad (9\text{-}13)$$
$$衍生合约的信用等值额×风险权重$$

1）表外或有担保合约

巴塞尔协议Ⅰ中，表外或有担保合约转换成表内信用等值额时，表外业务的信用转换系数分为下面四类。

第一类（转换系数0）：原始期限为一年以内的类似承诺或可以在任何时候无条件取消的承诺。

第二类（转换系数20%）：短期的有自行清偿能力的与贸易相关的或有项目。

第三类（转换系数50%）：与特定交易相关的或有项目，如履约保函、投标保函、认沽权证及为某些特别交易而开出的备用信用证；票据发行便利和循环承购报销便利；期限为一年以上的承诺，如证实的备用安排和信贷额度。

第四类（转换系数100%）：直接信用替代工具，如一般债务担保（包括为贷款和证券提供财务担保的备用信用证）、承兑（包括具有承兑性质的背书）；信用风险仍在银行的销售和回购协议及在有追索权情况下出售的资产；远期资产购买、远期对远期存款和部分交付款项的股票证券。

巴塞尔协议Ⅱ中，初始期限不超过1年的贷款承诺的转换系数为20%，其他表外价值转换成表内信用等值额的方法与巴塞尔协议Ⅰ是一样的。但是，表外或有担保合约的风险权重，巴塞尔协议Ⅱ与巴塞尔协议Ⅰ是不完全相同的，用于向表内资产分配信用风险权重的信用评级结果，同时也被用于这些表外业务信用风险权重的分配。

【例9-4】　假设美国某商业银行（见表9-7）除了其资产负债表中拥有12.52亿美元的表内资产外，还有下列表外或有担保业务：

（1）向美国大企业（BB＋级）提供了8 000万美元的2年期贷款承诺。

（2）向某美国企业（BBB级）提供2 000万美元的备用信用证作为直接信用担保。

（3）向某美国企业（A级）签发6 000万美元的商业信用证。

我们可以按照前文提到的两个步骤来计算这些表外业务的风险调整资产价值，结果见表9-9和表9-10。

表9-9　巴塞尔协议Ⅰ计算结果

表外业务	第　一　步			第　二　步	
	面值/万美元	转换系数	信用等值额/万美元	风险权重/%	风险调整资产/万美元
2年贷款承诺	8 000	0.5	4 000	100	4 000
备用信用证	2 000	1.0	2 000	100	2 000

续表

表外业务	第 一 步			第 二 步	
	面值/万美元	转换系数	信用等值额/万美元	风险权重/%	风险调整资产/万美元
商业信用证	6 000	0.2	1 200	100	1 200
合计					7 200

我们注意到,由于被担保的交易对手都为某一私营机构,根据巴塞尔协议Ⅰ,相应的风险权重均为100%(见表9-9)。因此,银行表外或有或担保业务的信用风险加权资产价值为7 200万美元。

表 9-10 巴塞尔协议Ⅱ计算结果

表外业务	第 一 步			第 二 步	
	面值/万美元	转换系数	信用等值额/万美元	风险权重/%	风险调整资产/万美元
2年贷款承诺(BB+)	8 000	0.5	4 000万	100	4 000
备用信用证(BBB)	2 000	1.0	2 000万	100	2 000
商业信用证(A)	6 000	0.2	1 200万	50	600
合计					6 600

从表9-10可以看出,在商业信用证中,由于被担保的交易对手为A级,根据巴塞尔协议Ⅱ,相应的风险权重调整为50%。因此,银行表外或有或担保业务的信用风险加权资产价值为6 600万美元。

在我国,普通表外项目分为五类:一是等同于贷款的授信业务,包括一般负债担保、远期票据承兑和具有承兑性质的背书,信用转换系数为100%。二是某些交易相关的或有负债,包括投标保函、履约保函、预付保函、预留金保函等,信用转换系数为50%。三是与贸易相关的短期或有项目,主要指有优先索偿权的装运货物作抵押的跟单信用证,信用转换系数为20%。四是承诺,其中原始期限在1年以下或原始期限在1年以上但随时可无条件撤销的承诺,风险转换系数为0;其他承诺为50%。五是信用风险仍在银行的资产销售与购买协议,包括资产回购协议和有追索权的资产销售,信用转换系数为100%。

2)表外市场合约或衍生工具

现代金融机构大量从事期货、期权、远期、互换、利率上限及其他衍生证券合约等表外业务,以达到利率和外汇管理以及套期保值的目的。这些交易有可能使金融机构面临交易对手信用风险,即当面临实际或潜在的巨大交易亏损时,交易对手有可能违约的风险。这种违约意味着金融机构不得不按照新的条件,重新进行市场交易来取代此类合约。

按照资本与风险加权资产比规则,场内衍生证券合约(如期货、场内期权合约)和场外金融工具(如远期、互换、利率上限和下限合约等)之间有着重大的差别。场内衍生合约的信用或违约风险几乎为0。因此,对于银行的期货和期权等表外交易基本没有资本要求,但对大多数的远期、互换、利率上限和下限合约等却都有资本要求。

(1)衍生合约的信用风险加权资产价值。与或有担保合约一样,巴塞尔协议Ⅰ和巴塞尔协议Ⅱ中,表外市场合约风险调整资产价值的计算,同样采用两步计算法。

第一步,将表外价值转换成表内信用等值额。衍生合约信用等值额又被分解为潜在风险和现有风险两部分。

潜在风险主要反映了合约对手将来违约的信用风险。这种违约发生的概率取决于利率或汇率等因素在未来的波动性。通常来说,汇率的波动性远大于利率的波动性,而且合约期限越长,波动性越大。因此,外汇合约潜在风险的转换系数一般大于相应的利率合约。

现有风险主要反映了交易对手目前违约时进行合约替换的成本。如果合约替换成本为负数,那么监管法规则要求将替换成本确定为0。也就是说,交易对手违约时,银行可以从合约替换中获利,现有风险为0。如果替换成本为正数,那么替换成本就要计入现有风险,即交易对手违约时,银行将因为合约替换而遭受损失的价值。

第二步,确定表外信用等值额的风险权重。根据巴塞尔协议Ⅰ,相应的风险权重均为50%。巴塞尔协议Ⅱ则认为,这些表外业务给金融机构带来的风险较大,因此将其风险权重确定为100%。

于是,我们可以得到:

$$表外衍生合约的信用风险加权资产 = 信用等值额 \times 风险权重$$
$$= (潜在风险 + 现有风险) \times 风险权重 \quad (9\text{-}14)$$

【例 9-5】 假设美国某商业银行还进行了如下衍生合约交易(参见表9-7):

(1) 在互换市场上进行了一笔期限为 4 年、名义值为 1 亿美元的利率套期保值交易(定息与浮息互换);

(2) 签订了一笔价值 8 000 万美元的两年远期外汇交易合约。

假设计算利率和外汇合约潜在风险的信用转换系数如表 9-11 所示。

表 9-11 利率和外汇合约潜在风险的信用转换系数

剩余期限	信用转换系数/%	
	利率合约	汇率合约
1 年以内	0	1.0
1～5 年	0.5	5.0
5 年以上	1.5	7.5

衍生合约信用风险调整价值计算步骤如下:

第一步,计算每笔业务的信用等值额,结果见表 9-12。

表 9-12 衍生合约信用等值额计算结果

合约类型	潜在风险/万美元			现有风险/万美元		信用等值额/万美元
	名义本金/万美元	转换系数/%	名义本金×转换系数	替换成本/万美元	Max(替换成本,0)	潜在风险+现有风险
4 年期定息与浮息互换	10 000	0.5	50	−300	0	50
2 年期远期外汇合约	8 000	5	400	150	150	550
合计			450	−150		600

可以注意到,面值为 1 亿美元的互换合约中,替换成本为 −300 万美元,也就是说,如果交易对手违约,该银行实际上可能会获利。但是,监管机构不可能让银行从交易对手的违约中获利,因为这样会激励各种恶意的冒险行为。因此,现有风险为 0。在面值 8 000 万美元的两年期外汇远期合约中,替换成本为 150 万美元。假设目前汇率不太有利,按现值衡量,替换现有未到期合约的成本为 150 万美元,即现有风险为 150 万美元。

第二步,以相应的风险权重乘以全部的信用等值额,得到表外衍生合约的信用风险加权资产价值。

巴塞尔协议 Ⅰ:

$$表外衍生合约的信用风险加权资产价值 = 信用等值额 × 风险权重$$
$$= 600 × 50\%$$
$$= 300(万美元)$$

巴塞尔协议 Ⅱ:

$$表外衍生合约的信用风险加权资产价值 = 信用等值额 × 风险权重$$
$$= 600 × 100\%$$
$$= 600(万美元)$$

(2) 表外衍生工具的冲抵。上面的方法忽视了表外衍生工具风险的相互冲抵。根据巴塞尔协议 Ⅰ 新规则,双边冲抵合约中信用等值额按照净现有风险和净潜在风险进行估算。[①] 即

$$表外衍生合约的总信用等值额 = 净现有风险 + 净潜在风险 \tag{9-15}$$

净现有风险为所有替换成本的代数和。如果替换成本之和为正数,则净现有风险就等于这一数额。如果它为负数,则净现有风险为零。

净潜在风险可以通过前文估算出的总潜在风险进行调整,计算可参考如下:

$$A_{net} = (0.4 \cdot A_{gross}) + (0.6 \cdot NGR \cdot A_{gross})$$

其中,A_{net} 为净潜在风险,A_{gross} 为每份合约潜在风险之和,NGR 为净现有风险与总现有风险之比,0.6 为冲抵所导致的潜在风险下降额。

【例 9-6】 假设在例 9-5 中,两份合约都是与同一交易对手签订的。冲抵后,表外衍生合约的信用风险加权资产价值计算过程如下。

(1) 净现有风险

根据例 9-5,替换成本代数和 = −150 万美元,因此净现有风险 = 0。

(2) 净潜在风险

由于总潜在风险 A_{gross} = 450 万美元,总现有风险 = 150 万美元,则

$$A_{net} = (0.4 \cdot A_{gross}) + (0.6 \cdot NGR \cdot A_{gross})$$
$$= 0.4 × 450 + 0.6 × (0/150) × 450$$
$$= 180(万美元)$$

(3) 总信用等值额

$$总信用等值额 = 净潜在风险 + 净现有风险 = 180 + 0 = 180(万美元)$$

---

① 根据巴塞尔协议 Ⅱ,表外信用衍生合约的冲抵是第二支柱的内容,由监管机构决定。

（4）衍生合约的风险调整资产价值

$$衍生合约的风险调整资产价值 = 总信用等值额 \times 0.5$$
$$= 180 \times 0.5$$
$$= 90（万美元）$$

由此可以看到，冲抵使信用风险加权资产价值从冲抵前的 300 万美元降为 90 万美元。

3. 资本与信用风险加权资产比

根据前面的分析，我们可以得到银行的总信用风险加权资产价值为

总信用风险加权资产 = 表内信用风险加权资产 + （或有担保合约信用风险调整价值 + 衍生合约信用风险调整价值） $\qquad$ (9-16)

最后，按资本分类，即可计算出资本充足率和核心资本充足率。

【例 9-7】 假设美国某商业银行的资产负债表如表 9-7 所示，根据巴塞尔协议 I 和巴塞尔协议 II 的规定，计算该银行资本与信用风险加权资产比。

从表 9-7 可以看到，银行第一档资本包括留存收益、普通股和限定性的永久优先股，其总额为 4 600 万美元；第二档资本包括可转换债券、次级债券、无限定的永久优先股和贷款损失准备，其总额为 4 000 万美元。因此，第一档和第二档资本总和为 8 600 万美元。

（1）巴塞尔协议 I

$$总信用风险加权资产 = 869.5 + 72 + 3 = 944.5（百万美元）$$

$$核心资本与风险加权资产比 = \frac{46}{944.5} = 4.87\%$$

$$总资本与风险加权资产比 = \frac{86}{944.5} = 9.11\%$$

（2）巴塞尔协议 II

$$总信用风险加权资产 = 783.5 + 66 + 6 = 855.5（百万美元）$$

$$核心资本与风险加权资产比 = \frac{46}{855.5} = 5.38\%$$

$$总资本与风险加权资产比 = \frac{86}{855.5} = 10.05\%$$

从前面的分析可知，巴塞尔协议 II 对待主权贷款、银行同业贷款和公司贷款的方法有改变，因此两个资本充足率公式所计算出的结果有差异。具体而言，巴塞尔协议 II 风险权重参照外部信用评级机构的评级结果。

由于所要求的第一档最低资本比为 4%，总资本比为 8%，所以本例中银行的两个资本比率都超出了最低要求。

（二）市场风险和风险资本

资本与信用风险加权资产比只考虑了银行资本的充足率是否满足表内外信用风险的需要，而并没有直接考虑市场风险有可能导致的破产风险。从监管部门的角度来看，只有当存款机构不会遭受过度的利率或市场风险的影响时，资本与信用风险加权资产比才会发挥应有的作用。

随着市场风险的加大,从 1998 年开始,监管部门要求存款机构在 8% 的资本与信用风险加权资产比之外,还要计算一个附加资本比,以反映自己面临的市场风险。存款机构可以利用两种方法计算附加资本比的大小:一是利用监管部门建议的标准化模型;二是利用存款机构自己的内部市场风险模型。

1. 标准化法

使用标准化模型进行计算时,首先按照特定的准则计算资产组合分别暴露于利率风险(IR)、股票风险(EQ)、外汇风险(FX)、商品风险(CO)及期权风险(OP)下的风险大小。银行的总风险是这五类风险的加总。

银行第 t 天的总风险通过加总五类不同风险 j 得到,为

$$\mathrm{MRC}_t^{\mathrm{STD}} = \sum_{j=1}^{5} \mathrm{MRC}_t^j = \mathrm{MRC}_t^{\mathrm{IR}} + \mathrm{MRC}_t^{\mathrm{EQ}} + \mathrm{MRC}_t^{\mathrm{FX}} + \mathrm{MRC}_t^{\mathrm{CO}} + \mathrm{MRC}_t^{\mathrm{OP}}$$

(9-17)

其中,MRC 是指市场风险要求。

利率风险资本要求是一般市场风险资本要求和特殊风险资本要求的总和。一般市场风险资本要求通常会随着金融工具持续期的增加而增加,特殊风险资本要求则覆盖了发行人的特殊风险。这种标准化计算资本要求的方法是通过对所有风险来源的资本要求加总得到的,并没有考虑投资组合分散化带来的好处。这也使银行没有分散资产的动力。

2. 内部模型法

与简单标准化方法不同,内部模型法是基于银行内部建立风险管理系统计算市场资本要求。同时,监管部门并没有放弃自身的权威地位。银行必须得到监管机构的明确核准才能采用内部模型法。银行必须先满足有独立的风险控制部门、建立事后测试程序、高层积极参与银行内部风险控制过程、内部风险模型需与日常风险管理结合在一起、建立内部交易和风险暴露的限额、定期对模型进行压力测试、模型与明文规定的政策相一致、定期进行独立审核等要求。满足上述要求后,银行风险模型还需包含足够数量的风险因子,数量的多少由银行交易活动的范围和复杂程度决定。

(三)操作风险与风险资本

在 2001 年提出的资本充足率规则修正案中,国际清算银行建议针对操作风险提出附加资本要求。在此建议之前,国际清算银行曾经认为,银行的操作风险可以通过 8% 的资本与信用风险加权资产比得到较好的解决。然而,随后越来越明显的操作风险促使监管部门建议为信用风险和操作风险设立单独的资本要求。

2001 年和 2003 年,巴塞尔委员会提出了基本指标法、标准化法和高级计量法三种具体的方法(建议 2006 年采用)。存款机构可以利用这些方法计算出的资本来防范操作风险的影响。计量操作风险的这三种方法正在逐步完善(参见第六章)。随着巴塞尔协议Ⅱ新标准的实施,存款机构将开始使用基本指标法,而且随着它们开发出更完善的操作风险计量体系,存款机构会更加积极地转向其他方法,因为高级计量法所涉及的操作风险资本要求 8%,低于标准化法或基本指标法下的要求 12%。

在应用中,由于各种方法的复杂性、风险敏感度不同,导致计算结果差距很大,缺乏可

比性。同时,基本指标法及标准法通过将银行总收入乘以固定的资本系数计算,不能有效地反映银行操作风险。一是总收入是由净利息收入加上净非利息收入构成的,本质上相当于将银行的操作风险与盈利水平而非业务规模相关联,即银行盈利水平越高,操作风险越高;二是固定的资本系数无法反映银行随着规模扩张、业务增加所导致的操作风险发生概率和损失率提高的问题;三是操作风险与银行自身的风险管理水平之间的正相关关系,无法得到有效体现。

2017年12月7日,巴塞尔委员会发布《操作风险最低资本要求》,该要求将此前的四种操作风险计量方法(基本指标法、标准法、备选标准法、高级计量法)统一为"新标准法"。[①] 新标准法规定:[②]

操作风险资本要求 = 业务规模指数(BI) × 资本边际系数(α) × 内部损失乘数(ILM)

$$(9\text{-}18)$$

其中,业务规模指数(BI)是指银行近三年平均的分红和净利息收入之和与生息资产乘以2.25%的孰小值,分红收入以及其他营业收入/支出、手续费收入/支出的孰大值等之和。新标准法根据银行业务规模指数(BI)确定了累进制资本边际系数(α)。内部损失乘数(ILM)是业务规模参数(BIC)和损失参数(LC)的函数,其中损失参数(LC)是银行过去10年平均操作损失的15倍,即操作风险将与银行的风险管理水平关联,银行风险管理水平越差,操作风险越高。

相比之前的标准法及高级计量法,新标准法同时考虑了风险敏感性和历史损失数据,数据口径统一,可操作性更强,解决了目前各银行操作风险计量方法的差异性,增强了计量结果的可比性。2017年12月7日,巴塞尔委员会发表声明称,巴塞尔协议Ⅲ已完成修订,将从2022年1月1日起逐步实施。2020年3月27日,巴塞尔委员会发布公告称,将巴塞尔协议Ⅲ最终版标准的执行时间推迟至2023年1月1日。

(四) 方法评述

资本与风险加权资产比对杠杆率的改进主要体现在以下几个方面:首先,将信用风险、市场风险和操作风险纳入资本充足率中;其次,对资产的信用风险差异进行更系统的区分;再次,将表外风险考虑进来;最后,将同样的资本要求应用于全球所有主要的存款机构和银行业务中心。

但是,在实现这些目标的过程中,资本与风险加权资产比仍然面临下列理论和应用方面的缺陷。

1. 风险权重

巴塞尔协议中的风险权重并不能完全或充分真实地反映实际的信用风险状况。尽管巴塞尔协议Ⅱ参考贷款的信用等级的结果,在信用风险计量方面对巴塞尔协议Ⅰ进行了改进,取代主权贷款、同业贷款和商业贷款所使用的单一的100%风险权重,然而这些风险权重仍然让人怀疑它们能否准确地衡量借款者个人的相对或绝对信用风险。例如,按

---

① 鲁政委,陈昊. 巴塞尔协议Ⅲ操作风险资本监管的新标准法与实施挑战[J]. 金融监管研究,2019(4):14.

② 孙若鹏.《巴塞尔协议Ⅲ》最终版的背景、变化及对中国银行业的影响[J]. 金融监管研究,2018(10):33-48.

照巴塞尔协议Ⅱ,商业贷款的风险权重在20％和150％之间。严格来讲,这些相对权重是否意味着某些商业贷款的风险是其他贷款的7.5倍? 此外,人们经常指责标准普尔和穆迪的评级结果滞后于而不是领先于商业周期。这样,基于信用评级结果的风险权重可能会使资本要求在经济衰退时期达到高峰,而此时银行却最不容易满足资本要求。

2. 资产组合的特点

从标准化模型来看,巴塞尔协议提出的资本充足率实际上是一种线性风险计量方法。这种方法忽视了各种资产信用风险之间和资产集群信用风险之间的相关性或协方差,比如住房抵押贷款和商业贷款的组合风险分散作用。根据现代投资组合理论,当资产的收益呈负相关或不是完全正相关时,金融机构可以通过分散化来降低其资产组合的风险。然而,资本充足率的计算中,通过分别赋予每一项资产相应的风险权重,再将这些数据相加,获得总体信用风险指标的做法完全没有考虑资产风险之间的协方差。

3. 存款机构的特殊性

按现在的赋权方法,银行提供贷款等特殊功能可能会被削弱。例如,无论实际风险高低,私营部门的商业贷款都有相对较高的信用风险权重,这种做法会使存款机构提供此类贷款的积极性低于持有其他资产的积极性。这会降低存款机构向这些企业贷款的规模,降低存款机构的监控力度,而且还有可能给经济带来负面外部效应。20世纪90年代初,美国出现信用紧缩及银行资产组合再次从商业贷款转向证券的现象,有研究表明造成这种现象的部分原因,就在于商业银行贷款的风险权重高于证券的风险权重。存款机构特殊功能的减弱往往也是学者与机构关注和争议的焦点。

4. 其他风险

虽然市场风险被纳入了1998年的风险资本要求中,而且操作风险也于2006年被纳入,但银行流动性风险等其他一些风险还没有被考虑在内。2007年次贷危机造成的流动性危机不仅使多家中小银行被迫倒闭,就连花旗银行、德意志银行、汇丰银行等风险管理水平较高的国际性银行也蒙受了巨大损失。更为完整的风险资本要求应该将流动性等风险考虑进去。

5. 资产表外化

资本与风险加权资产比的测度方法有可能促使银行大规模地将贷款移出表外,同时进行"贷款证券化"等,从而有可能导致实际资本并未得到明显提升,甚至造成更大的风险。例如,在混业经营中,华尔街的商业银行家和投资银行家违背金融市场与金融中介功能边界划分的原则,导致了过度证券化和过度金融产品衍生化,使投资者甚至机构投资者丧失了风险判断能力。现有研究甚至表明,资本与风险加权资产比的规则不仅不能防范更大的损失,反而使美国银行的现有资本下降。

第三节　巴塞尔协议

1988年7月,巴塞尔委员会正式颁布了《关于统一国际银行资本衡量和资本标准的协议》,即巴塞尔协议Ⅰ。该协议第一次建立了一套完整的、国际通用的、以加权方式衡量表内与表外风险的资本充足率标准,界定了银行资本的组成,这对于推进全球银行监管的一致性和可操作性具有划时代的意义。2004 年 6 月,巴塞尔委员会正式通过《在国际上统一资本计量和资本标准:修订框架》(即巴塞尔协议 II)的定稿。巴塞尔协议 II 由相互支持的三大支柱构成:最低风险资本要求、资本充足率监管和内部评估过程的市场监管。

2010 年 9 月 12 日,巴塞尔委员会召集各国央行行长及监管机构负责人召开会议,就巴塞尔协议 III 的基本框架达成一致,这是对国际银行监管架构及监管理念的进一步完善。2017 年 12 月,巴塞尔委员会发布了《巴塞尔协议 III:后危机时代监管改革最终版》,标志着 2008 年金融危机爆发以来,历时近十年的国际银行监管架构改革进程最终告一段落。

一、巴塞尔协议 I

(一)巴塞尔协议 I 产生的历史背景

巴塞尔协议 I 产生于全球银行业经历重大变革的时期。从当时的国际金融形势来看,首先,由于银行业务的全球化及各国银行的激烈竞争,监管机构迫切要求有统一的标准来管理银行;其次,解决 20 世纪 80 年代初爆发的国际债务危机希望渺茫,要求各发达国家的银行必须联合行动;最后,新的融资工具和融资形式层出不穷,利率、汇率乃至国家风险越来越大,在这种情况下,银行面临的风险如何衡量与测算就需要有国际统一的标准。

1975 年 2 月,巴塞尔委员会成立,它为国际银行业发布监管原则和建议、讨论监管问题提供了舞台。1975 年 9 月,巴塞尔委员会颁布了第一个巴塞尔协议,即《对银行的外国机构的监管》,首次规定了对跨国银行的监督责任,为国际银行业与国际金融市场的安全和稳定奠定了基础。

1988 年 7 月,巴塞尔委员会正式颁布了《关于统一国际银行资本衡量和资本标准的协议》。最初制定该协议有两个重要目标:一是通过制定银行的资本与风险加权资产比,规定资本充足率的计算方法和计算标准,以保障国际银行体系健康而稳定地运行;二是通过制定统一的标准,消除国际金融市场上各国银行之间的不平等竞争。

(二)巴塞尔协议的组成部分

巴塞尔协议就银行的资本与风险资产的比率,确定了国际认可的计算方法和计算标准,其内容主要包括资本的组成、风险加权的计算、标准比率的目标、过渡期及实施的安排四个部分。

银行的资本组成分为核心资本和附属资本两部分。核心资本又称一级资本,应占银行全部资本的 50% 以上。附属资本又称二级资本,其作为资本基础的第二档,不能超过核心资本,包括未公开储备、重估储备、普通准备金和普通呆账准备金、带有债务性质的资本工具、长期次级债务。巴塞尔委员会还明确了从一级资本和总资本中的扣除项。资产风险加权的计算分为表内项目和表外项目(具体计算方法参见第二节)。

巴塞尔委员会提出了标准化比率的目标是资本与风险加权资产的比率为 8%,其中核心资本成分至少为 4%。巴塞尔委员会希望在 1992 年之前,成员国的国际银行应达到这个共同的最低标准,并对过渡期和实施进行了安排。

1996 年 1 月,巴塞尔委员会发布了《〈资本协议〉关于市场风险的修订案》,将银行的业务活动分成正常的银行业务活动和交易活动两类。前者指表内和表外正常的业务活动,银行在经营这些业务时要满足巴塞尔资本协议的要求;后者指诸如衍生产品交易等交易活动,银行在参与这些活动时会遭遇利率风险、股权风险、汇率风险和商品价格风险等市场风险,因此必须保持适当的"资本保险金",以应付其承受的市场风险。

二、巴塞尔协议Ⅱ

20世纪90年代以来,国际银行业的运行环境和监管环境发生了很大的变化。随着国际金融危机的爆发和扩散与金融衍生产品的增多,监管机构对银行资本金的监管要能更好地反映银行的风险状况,银行和金融监管机构也需要更多地衡量资本充足性的可供选择的方法。这就要求巴塞尔委员会的资本充足框架具有更大的灵活性来适应金融体系的变化,以便更准确、及时地反映银行经营活动中的实际风险水平及其需要配置的资本水平。

1999年,巴塞尔委员会公布了修改资本协议的框架性文件并开始征求意见,此后又在2001年和2003年先后发布了征求意见第二稿和第三稿。2004年6月,巴塞尔委员会正式通过《在国际上统一资本计量和资本标准:修订框架》,即巴塞尔协议Ⅱ的定稿。

巴塞尔协议Ⅱ全面继承了以1988年巴塞尔协议Ⅰ为代表的一系列监管原则,继续延续以资本充足率为核心、以信用风险控制为重点,着手从单一的资本充足约束转向突出强调银行风险监管。

巴塞尔协议Ⅱ的主要内容可以概括为三大支柱:最低资本金要求、外部监管、市场约束。巴塞尔协议Ⅱ的结构如图9-1所示。

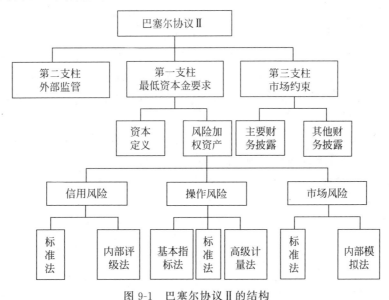

图9-1　巴塞尔协议Ⅱ的结构

(一)第一支柱:最低资本金要求

在第一支柱中维持了原有资本的范围和计算方法,但强调巴塞尔协议Ⅱ的应用范围扩大到全面并表后的作为银行集团母公司的控股公司,通过并表的方式最大限度地涵盖银行集团内部所有的银行业务及其他有关金融业务。如果所有或所控制的证券或金融实体不并表,所有对这些实体的股权及其他监管资本投资都必须从集团中扣除,这些实体在附属机构中的资本投资和资产也必须扣除。对于单笔超过银行资本总额15%的投资以及此类对非银行机构的投资总额超过银行资本规模60%的投资都要从银行资本中扣除。巴塞尔协议Ⅱ考虑了信用风险、市场风险和操作风险,总资本的比率的分母也由上述三个部分组成:所有信用风险加权资产,以及12.5倍的市场风险和操作风险的资本。

(1)提出了两种信用风险的基本计量方法。第一种是标准法,它延续了1988年巴塞尔协议Ⅰ的思路,建议风险管理水平较低的银行使用外部评级结果来计量风险,计算银行资本充足率。与1988年巴塞尔协议Ⅰ中的风险权数进行比较,其进步主要是去掉了对于非OECD国家的歧视,采用按外部评级的高低进行加权,对于公司评级在BB−以下的、主权和银行评级在B−以下的由100%的风险权重系数调为150%,以更为灵敏地反映银行的风险状况。

零售债权有两点变化:一是零售资产的风险暴露由100%的风险权重降低为75%;二是对完全由借款人占有或将要占有,或出租的住房抵押贷款,由50%的风险权重降低为35%。

第二种是内部评级法(简称IRB法)。巴塞尔委员会提出的内部评级法允许银行在评估资产组合的信用风险时,应用银行自己对借款人资信情况的评估,前提条件是银行的评估方式和信息披露都必须符合一系列的严格标准,并获得监管机构的批准。巴塞尔协议Ⅱ将银行的账面资产定义为公司、主权、银行、零售、项目融资和股权六类,由银行对每一个借款人的资信情况进行评估,并将结果转换为对未来潜在损失量的估计值,以此构成确定最低资本要求的基础。巴塞尔协议Ⅱ允许银行对公司类、主权类及银行类资产使用初级法和高级法两种方法。在初级法中,银行测算与每个借款人相关的违约概率,其他数值由监管部门提供。高级法中,则允许内部资本配置方式较发达的银行自己测算其他必需的数值。无论是在初级法中还是在高级法中,风险权重的范围都比标准法更加多样化,因而更具风险敏感性。

(2)关于操作风险,巴塞尔委员会认为,操作风险是指由不完善或有问题的内部程序、人员及系统或外部事件所造成损失的风险。为应付操作风险可能带来的损失,银行也要像对待信用风险那样,将操作风险的资本准备列入资本监管的第一支柱,并保有相应的最低资本金。这是巴塞尔协议Ⅱ不同于巴塞尔协议Ⅰ的重要特点之一。对操作风险资本金的计算,巴塞尔协议Ⅱ提出了由简到繁的三种计算方式:基本指标法、标准法、高级计量法。银行要增加12%的资本作为操作风险的资本金配置。在使用高级计量法的情况下,可以相应减少一部分操作风险的资本金配置。

(二)第二支柱:外部监管

巴塞尔委员会认为,监督检查是最低资本规定和市场纪律的重要补充,具体包括以下几个方面。

1. 监督检查的四大原则

原则一,银行应具备与其风险状况相适应的评估总量资本的一整套程序,以及维持资本水平的战略;原则二,应检查和评价银行内部资本充足率的评估情况及其战略,以及银行监测和确保满足监管资本比率的能力,若对最终结果不满足,监管机构应采取适当的监管措施;原则三,监管机构应希望银行的资本高于最低监管资本比率,并应有能力要求银行持有高于最低标准的资本;原则四,监管机构应争取及早干预从而避免银行的资本低于抵御风险所需的最低水平,如果资本得不到保护或恢复,则须迅速采取补救措施。

2. 检查各项最低标准的遵守情况

作为检查内容之一,对最低标准和资格条件的检查是第二支柱下监管检查的有机组成部分,监管机构必须确保上述条件自始至终得到满足。

3. 监督检查的其他内容包括监督检查的透明度及对银行账簿利率风险的处理

巴塞尔协议Ⅱ更为强调各国金融监管机构结合国内银行业的实际风险对银行进行灵活的监管。由于不同国家的具体金融环境和金融体制差异,所以开始强调各国监管机构承担更大的责任。例如,各国金融监管机构可以根据本国的具体情况,自主确定不低于8%的最低资本充足率要求,同时,许多风险衡量的水平和指标需要各国金融监管机构根据实际情况确定,而且金融监管机构还要能够有效地对银行内部的风险评估体系进行考察。这样,各国金融监管机构的重点将从原来的单一的最低资本充足水平转向银行内部的风险评估体系的建设状况。

(三)第三支柱:市场约束

市场约束具有强化资本监管,帮助监管机构提高金融体系安全、稳健的潜在作用。因此,巴塞尔协议Ⅱ增加了信息披露的有关强制性规定和建议,并在四个领域制定了更为具体的定量及定性的信息披露内容,包括适用范围、资本构成、风险暴露的评估和管理程序以及资本充足率。

巴塞尔协议Ⅱ认为银行应具有经董事会批准的信息披露政策,该政策应当阐述银行公开披露财务状况与经营状况的目的和战略,另外银行还应实施一定的程序来评价其核心披露与补充披露的适当性,包括信息披露的频率,如大型银行按季度披露。不经常披露信息的银行要公开解释其政策,监管机构还要做出反应,纠正问题。监管机构的反应力度取决于不披露的性质、影响和期限长短。一般来讲,监管机构应对银行管理部门进行"道义劝说"、批评,严重的可以进行罚款。

三、巴塞尔协议Ⅲ

美国次贷危机的爆发和蔓延暴露了金融市场的缺陷和金融监管的漏洞,巴塞尔协议Ⅱ也因监管标准的顺周期性和监管要求的风险覆盖能力不足而面临实质性调整的需要。为了进一步加强对银行部门的监管,巴塞尔委员会以巴塞尔协议Ⅱ为基础,制定了一套全面的改革措施,即巴塞尔协议Ⅲ。2010年9月12日,巴塞尔委员会召集各国央行行长及监管机构负责人召开会议,就巴塞尔协议Ⅲ的基本框架达成一致。2010年11月,二十国集团领导人首尔峰会正式通过了该框架。该协议主要包括关于提高资本的标准和关于过渡期安排两个方面的内容。

2017年12月,巴塞尔委员会发布了《巴塞尔协议Ⅲ:后危机时代监管改革最终版》

（简称"巴塞尔协议Ⅲ最终版"）。巴塞尔协议Ⅲ最终版框架针对巴塞尔协议Ⅱ暴露出的计量方法过于复杂、计量结果不可比、模型方法容易低估风险等诸多问题，对风险加权资产计量监管框架进行了全面修正，力图实现计量方案的风险敏感性、简单性和可比性。简言之，巴塞尔协议Ⅲ最终版对各个风险的风险管理、资本计量和信息披露均提出了更高的要求。

（一）监管结构

巴塞尔协议Ⅲ修订和完善了部分监管指标，主要包括对市场风险框架的改进、对流动性覆盖率指标的大幅修订、对杠杆率风险暴露计算方法的细化等。同时，引入了新的监管指标和风险计量方法，将大额风险暴露的监管要求从第二支柱中的软约束要求调高至类似第一支柱的硬约束，明确系统重要性银行的评估方法，提出了内部模型法和信用估值调整等方法以强化交易对手信用风险的度量，提出了计算证券化风险暴露的两种新方法，修订了第三支柱的信息披露要求。为了防范出现类似贝尔斯登的流动性危机，设置了流动性覆盖率、净稳定资金比例等流动性监管类指标。巴塞尔协议Ⅲ的结构如图 9-2 所示。

针对现行以交易目的作为账户划分标准的规则可能导致审慎性不足和监管套利的问题，巴塞尔委员会在确定账户划分不可取消的基础上，提出了给予交易证据和基于估值两种可选的重新划分账户属性的方法。其中，基于交易证据的划分方法旨在将现行基于交易动机相对主观的划分方法客观化，要求交易账户中的头寸必须符合以下特征：相关头寸能够每日按市值计算损益，有证据证明相关头寸得到银行的积极管理，银行具备正式的政策和程序、书面的投资和对冲政策以及定期的监控和风险评估等。基于估值的划分方法则要求将所有以公允价值计量的头寸划入交易账户，即包括了现行会计准则下的交易金融资产、可供出售的金融资产和其他可以以公允价值计量的金融资产，旨在反映以公允价值计量的头寸市场价值的变动对银行偿债能力的影响，显著扩大了交易账户的规模，增加了巴塞尔协议Ⅲ资本定义下的市场资本要求。

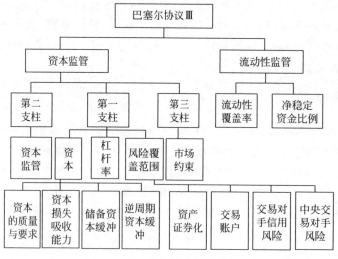

图 9-2　巴塞尔协议Ⅲ的结构

(二)提高资本标准的要求

（1）最低普通股要求。最低普通股要求，即弥补资产损失的最终资本要求，将由现行的2％严格调整到4.5％。这一调整分阶段实施到2015年1月1日结束。同一时期，一级资本要求也由4％调整到6％。

（2）建立资本留存缓冲协议规定，在最低监管要求之上的资本留存缓冲应达到2.5％，以满足扣除资本扣减项后的普通股要求。资本留存缓冲的目的是确保银行维持缓冲资金以弥补在金融和经济压力时期的损失。银行在经济金融处于压力时期，资本充足率越接近监管最低要求，越要限制收益分配。这一框架将强化良好银行监管目标并且解决共同行动的问题，从而阻止银行在面对资本恶化的情况下仍自主发放奖金和分配高额红利的行为。

（3）建立逆周期资本缓冲。根据经济环境，建立比率范围在0～2.5％的普通股或者是全部用来弥补损失的资本，也就是逆周期资本缓冲（见表9-13）。逆周期资本缓冲的建立是为了达到保护银行部门承受过度信贷增长的更广的宏观审慎目标。对任何国家来说，这种缓冲机制仅在信贷过度增长导致系统性风险累积的情况下才起作用。反周期的缓冲一旦生效，将被作为资本留存缓冲的扩展加以推行。

表 9-13　资本划分框架资本要求和超额资本　　　　　　　　　　　　　％

	普通股权益（扣减后）	一级资本	总资本
最低标准	4.5	6.0	8.0
资本留存缓冲	2.5		
最低标准加资本留存缓冲	7.0	8.5	10.5
逆周期资本缓冲	0～2.5		

（4）考虑以杠杆率指标作为最低资本要求的补充。杠杆率指标与资本充足率的主要差别是，资本充足率是风险加权的指标，可以通过人为操纵来达到监管要求，而杠杆率对风险不敏感，较难操纵。协议规定，监管机构应从2011年开始对杠杆率进行监测，在2013—2016年的过渡期内就3％的一级资本杠杆率进行测试。根据过渡期的测试结果，2017年上半年进行最终调整，并在合理评优和校准的基础上，从2018年1月起纳入资本协议的最低资本要求中。

（5）建立流动性风险监管标准，包括衡量短期流动性比例指标的流动性覆盖率（LCR）和衡量中长期结构化比例指标的净稳定融资比率（NSFR）。LCR是指优质流动性资产储备与未来30天的资金净流出量之比，该比率的标准是不低于100％，2015年1月开始实施。引入这一指标的目的在于保证国际活跃银行具有长达30天的高质量流动资产，以应对短期机构性或系统性压力情景，同时可抵御银行批发性融资的大量流出。NSFR是指可用的稳定资金与业务所需的稳定资金之比，该比率应大于100％，2018年1月前开始实施。引入这一指标的目的在于促使银行在压力情景下进行更长期限的融资，减少对不稳定融资来源的依赖。

（6）对系统重要性银行增加资本要求。系统重要性银行应在上述最低资本要求的基础上具备更强的吸收损失能力。巴塞尔委员会和金融稳定理事会制定了针对系统重要性银行的相关政策,包括额外资本要求、应急资本、自救债券及大型金融机构分拆和破产制度框架等。

四、小结

巴塞尔协议Ⅰ构建的国际银行监管架构对于维护国际金融体系的稳定性具有划时代的历史意义。巴塞尔协议Ⅰ是全球第一个统一的、详细的国际银行监管架构,同时还提出了资本充足率监管的概念,将资本充足率作为监管架构的核心,用以评估银行对风险的覆盖和抵御水平。但随着全球金融体系复杂程度的进一步增加,巴塞尔协议Ⅰ简单、粗线条式的划分和计量,已经无法全面衡量银行的风险程度和资本充足水平。

巴塞尔协议Ⅱ的颁布是巴塞尔委员会在国际银行监管架构及监管理念上的重大突破。巴塞尔协议Ⅱ建立了风险与资本动态联系的机制,提出了完整的全面风险管理框架,构建了三大支柱的国际银行监管架构。同时,扩大了风险计量覆盖范围,并首次引入内部模型计量。巴塞尔协议Ⅱ兼顾了银行风险覆盖的全面性和计量的敏感度,提升了监管架构的有效性。但巴塞尔协议Ⅱ也存在一定的缺陷,并在 2008 年全球金融危机中凸显出来,包括模型套利问题、监管难度问题、资本的顺周期、对资本质量没有提出新标准、对于表外业务或复杂证券化资产资本要求不足等问题。

巴塞尔协议Ⅲ与巴塞尔协议Ⅰ和巴塞尔协议Ⅱ一脉相承,并集中体现了 2008 年金融危机后的监管变革。巴塞尔协议Ⅲ中重点对第一支柱"最低资本要求"进行了完善,围绕资本充足率做出了监管规则上的调整和改进,在资本质量和资本要求等方面进行了一系列改革,并引入了流动性、杠杆率等指标。这些都是在资本充足率监管基础上提出的补充和加强措施,进一步对银行全面风险管理体系建设提出了更高的要求。巴塞尔协议Ⅲ最终版的颁布标志着全球金融危机以来,国际银行监管架构第二阶段改革的完成。巴塞尔委员会在杠杆率、交易对手、信息披露等方面,对监管架构相继进行了补充,有效提高了第一支柱最低资本要求,进一步强化了国际银行监管架构的权威性,但对作为国际银行监管架构主要组成部分的风险资产计量方法,并未进行有效改革。

【拓展阅读 9-2】 雷曼兄弟破产事件

【课后习题】

1. 与非金融机构相比,监管部门为什么对金融机构持有的资本数量更加关注?

2. 资本的经济定义和账面价值定义之间有什么区别?

3. 与权益的账面价值相比,权益的市场价值为什么能够较好地衡量金融机构承担损失的能力?

4. 阐述表外或有担保合约风险调整价值的计算方法。

5. 某商业银行资产负债表如下,且没有表外业务。

单位：百万美元

资　　产		负债和权益	
现金	25	存款	1 125
短期国债	45	次级债券	22
住房抵押贷款	450	普通股	30
其他贷款	680	留存收益	23
总资产	1 200	总负债和权益	1 200

（1）该银行的杠杆率是多少？

（2）核心资本充足率是多少？

（3）总资本充足率是多少？

6. 某商业银行资产负债表如下，其中括号中的数为风险权重。

单位：万美元

资　　产		负债和权益	
现金(0%)	2 000	存款	15 320
抵押贷款(50%)	6 400	次级债务(＞5年)	1 000
消费贷款(100%)	8 500	普通股	580
总资产	16 900	总负债和权益	16 900

此外，该银行还有 2 500 万美元的商业备用信用证和 9 000 万美元的 10 年期外汇远期合约（替换成本为 250 万美元，转换系数为 7.5%）。根据巴塞尔协议 I 的定义，请计算：

（1）该银行的表内风险调整资产是多少？

（2）表内外总风险调整资产是多少？

（3）该银行有足够的资本满足巴塞尔协议的要求吗？其资本的余缺额是多少？

7. 巴塞尔协议 II 的三大支柱是什么？

8. 请简要介绍巴塞尔协议 III 相比巴塞尔协议 II 有哪些变化。

9. 根据巴塞尔协议的变化，分析国际金融监管发展趋势。

即测即练　　扫码答题

参考文献

［1］ BLACK F,SCHOLES M. The Pricing of Options and Corporate Liabilities[J]. Journal of Political Economy,1973,81(3).

［2］ CAUETTE J B,ALTMAN E I,NARAYANAN P. Managing credit risk:the next great financial challenge[M]. New Jersey:John Wiley & Sons,Inc. ,1999.

［3］ MARKOWITZ H M. Portfolio selection[J]. The Journal of Finance,1952,7(1):77.

［4］ SHARPE W F. Capital Asset Prices:A Theory of Market Equilibrium Under the Conditions of Risk [J]. Journal of Finance,1964,19(3):425-442.

［5］ GARP. Financial Risk Manager Handbook+ Test Bank:Sixth Edition,FRM Part I/Part II [M]. New Jersey:John Wiley & Sons,Inc. ,2010

［6］ 巴曙松,朱元倩.巴塞尔资本协议Ⅲ研究[M].北京:中国金融出版社,2011.

［7］ 巴曙松.巴塞尔新资本协议研究[M].北京:中国金融出版社,2003.

［8］ 班克斯.流动性风险:企业资产管理和筹资风险[M].褚韵,译.北京:经济管理出版社,2011.

［9］ 贝西斯.银行风险管理[M].史建平,译.北京:中国人民大学出版社,2009.

［10］ 陈嘉智.风险管理理论综述[J].特区经济,2008(6):278-279.

［11］ 陈琦伟.国际金融风险管理[M].上海:华东师范大学出版社,1997.

［12］ 陈颖,甘煜.巴塞尔协议Ⅲ的框架、内容和影响[J].中国金融,2011(1):24-26.

［13］ 陈忠阳.巴塞尔协议Ⅲ改革、风险管理挑战和中国应对策略[J].国际金融研究,2018(8):66-77.

［14］ 陈忠阳.金融机构现代风险管理基本框架[M].北京:中国金融出版社,2006.

［15］ 池国华.基于管理视角的企业内部控制评价系统模式[J].会计研究,2010(10):55-61+96.

［16］ 多尔蒂.综合风险管理:控制公司风险的技术与策略[M].陈秉正,王珺,译.北京:经济科学出版社,2005.

［17］ 付强,刘星,计方.商业银行流动性风险评价[J].金融论坛,2013,18(4):9-16.

［18］ 格罗,布拉塔诺维克.银行风险分析与管理:评估公司治理和金融风险的框架[M].王汀汀,译.北京:中国人民大学出版社,2006.

［19］ 谷秀娟.金融风险管理:理论、技术与应用[M].上海:立信会计出版社,2006.

［20］ 顾孟迪,雷鹏.风险管理[M].北京:清华大学出版社,2005.

［21］ 哈林顿,尼豪斯.风险管理与保险[M].陈秉正,王珺,周伏平,译.北京:清华大学出版社,2005.

［22］ 赫尔.风险管理与金融机构[M].王勇,金燕敏,译.北京:机械工业出版社,2010.

［23］ 霍再强.现代金融风险管理[M].北京:科学出版社,2004.

［24］ 蒋彧,高瑜.基于 KMV 模型的中国上市公司信用风险评估研究[J].中央财经大学学报,2015(9):38-45.

［25］ 李晟,张宇航.中国上市商业银行信用风险分析及比较——基于 KMV 模型及面板数据[J].中央财经大学学报,2016(10):31-38.

[26] 李文泓.关于宏观审慎监管框架下逆周期政策的探讨[J].金融研究,2009,349(7):7-24.

[27] 梁世栋.商业银行风险计量理论与实务[M].北京:中国金融出版社,2009.

[28] 刘玉廷.全面提升企业经营管理水平的重要举措——《企业内部控制配套指引》解读[J].会计研究,2010(5):3-16.

[29] 刘园.商业银行表外业务及风险管理[M].北京:对外经济贸易大学出版社,2000.

[30] 陆静.金融风险管理[M].北京:中国人民大学出版社,2015.

[31] 罗平.巴塞尔新资本协议研究文献及评述[M].北京:中国金融出版社,2004.

[32] 马滕.银行资本管理:资本配置和绩效测评[M].王洪,漆艰明,译.北京:机械工业出版社,2004.

[33] 麦茨,诺伊.流动性风险计量与管理[M].孙国申,译.北京:中国金融出版社,2010.

[34] 美国反虚假财务报告委员会.企业风险管理:应用技术[M].张宜霞,译.大连:东北财经大学出版社,2006.

[35] 美国反虚假财务报告委员会.企业风险管理:整合框架[M].方红星,王宏,译.大连:东北财经大学出版社,2005.

[36] 奈特.风险、不确定性和利润[M].王宇,王文玉,译.北京:中国人民大学出版社,2015.

[37] 乔瑞.风险价值 VAR:金融风险管理新标准[M].郑伏虎,万峰,杨瑞琪,译.北京:中信出版社,2010.

[38] 乔瑞.风险价值 VAR[M].陈跃,译.北京:中信出版社,2005.

[39] 乔瑞.金融风险管理师考试手册[M].王博,刘伟琳,赵文荣,译.北京:中国人民大学出版社,2011.

[40] 桑得斯,科尼特.金融机构管理[M].王中华,陆军,译.北京:人民邮电出版社,2012.

[41] 施罗克.金融机构风险管理与价值创造[M].贾维国,译.北京:中国人民大学出版社,2006.

[42] 施先旺.内部控制理论的变迁及其启示[J].审计研究,2008(6):79-83.

[43] 史密森.管理金融风险:衍生产品、金融工程和价值最大化管理[M].应惟伟,译.北京:中国人民大学出版社,2003.

[44] 孙赫.监管视角下商业银行表外业务创新与风险管理[D].长春:吉林财经大学,2020.

[45] 孙若鹏.《巴塞尔协议Ⅲ》最终版的背景、变化及对中国银行业的影响[J].金融监管研究,2018,82(10):33-48.

[46] 唐东升.利用资产负债表分析企业流动性风险的方法探讨[J].商业会计,2010(12):41-42.

[47] 田国强,赵禹朴,宫汝凯.利率市场化、存款保险制度与银行挤兑[J].经济研究,2016,51(3):96-109.

[48] 王东.国外风险管理理论研究综述[J].金融发展研究,2011(2):23-27.

[49] 王胜邦.国际金融危机与金融监管改革[M].北京:中国金融出版社,2013.

[50] 王胜邦.资本约束与信贷扩张:兼论资本充足率监管的宏观经济效应[M].北京:中国金融出版社,2008.

[51] 王周伟.风险管理[M].北京:机械工业出版社,2017.

[52] 吴晓灵,李德.金融业的风险管理与信用评估[M].北京:中国金融出版社,1996.

[53] 严复海,党星,颜文虎.风险管理发展历程和趋势综述[J].管理现代化,2007(2):30-33.

[54] 杨军.财务杠杆、信号博弈与信用风险识别[J].金融研究,2004(2):71-78.

[55] 杨军.风险管理与巴塞尔协议十八讲[M].北京:中国金融出版社,2013.

[56] 杨军.商业银行授信业务定价问题研究[J].管理世界,2001(3):191-192.

[57] 伊特韦尔,纽曼,米尔盖特.新帕尔格雷夫经济学大辞典[M].许明月,译.北京:经济科学出版社,1996.

[58] 张华.上市公司财务流动性风险管理问题浅析[J].金融理论与实践,2004(9):62-63.

[59]　张剑光,刘江涛.我国商业银行市场风险计量及波动性研究[J].国际金融研究,2009(9):79-86.

[60]　张云,刘帅光,李宝伟,等.当代银行挤兑理论与模型研究述评[J].经济问题探索,2021(6):173-178.

[61]　周蓓蓓.浅谈证券公司内部控制制度的有效性问题[J].财会研究,2008(17):56-57.

[62]　朱晋.证券投资学[M].北京:机械工业出版社,2015.

[63]　朱淑珍.金融风险管理[M].北京:北京大学出版社,2012.

教师服务

感谢您选用清华大学出版社的教材！为了更好地服务教学，我们为授课教师提供本书的教学辅助资源，以及本学科重点教材信息。请您扫码获取。

≫ 教辅获取

本书教辅资源，授课教师扫码获取

≫ 样书赠送

财政与金融类重点教材，教师扫码获取样书

 清华大学出版社

E-mail: tupfuwu@163.com
电话：010-83470332 / 83470142
地址：北京市海淀区双清路学研大厦 B 座 509

网址：http://www.tup.com.cn/
传真：8610-83470107
邮编：100084